MW01156928

Padres James Killgallon,
Gerard Weber y Leonard Ziegmann

Revisada por Padres
Michael Place y Sammie Maletta

CATECISMO
PARA ADULTOS

LA VIDA EN CRISTO

Revisada de acuerdo con el
Nuevo Catecismo de la Iglesia Católica

EDITORIAL
BONUM

Nihil Obstat
Reverendo John J. Mc Donnell, S.T.D.
Censor
Abril 4, 1995

Imprimatur
Monseñor Raymond E. Goedert, MA, S.T.L., J.C.L.
Vicario General
April 7, 1995

El Nihil Obstat y el Imprimatur son declaraciones oficiales de que este libro está exento de errores doctrinales o morales.

Traducción al castellano: Norma Muñoz.

4ª edición 1997

© Copyright por **Editorial Bonum**
Av. Corrientes 6687 - 1427 Buenos Aires
República Argentina
Telefax: (011) 4554-1414

Composición de originales: Gea 21
Diseño de tapa: Adrián Ares / Gea 21

950-507-558-8

PRIMERA PARTE
EL DON DE LA VIDA

Sección 1
La felicidad

En diversas ocasiones y bajo diferentes formas Dios habló a nuestros padres por medio de los profetas, hasta que en estos días, que son los últimos, nos habló a nosotros por medio del Hijo, a quien hizo destinatario de todo, ya que por él dispuso las edades del mundo.

El es el resplandor de la Gloria de Dios y en él expresó Dios lo que es en sí mismo. El, cuya palabra poderosa mantiene el universo, también es el que purificó al mundo de sus pecados, y luego se sentó en los cielos, a la derecha del Dios de majestad. (Heb 1, 1-3)

Hace dos mil años vivió alguien cuya influencia en la historia del mundo no tiene paralelo. No vivió en uno de los grandes centros de la civilización sino en un rincón remoto de la tierra. No nació dotado de las ventajas materiales que pueden dar el dinero y la posición social; nació en un establo. No tuvo una larga carrera, que lo llevara a viajar a muchos países; su vida duró sólo treinta y tres años; sus actividades se desarrollaron en un radio de unas decenas de hectáreas. Su vida no acabó triunfalmente; sufrió una muerte vergonzosa en la cruz.

Y sin embargo hoy, veinte siglos después, este hombre es adorado por cientos de millones de personas, en todos los países de la tierra, como el Salvador de la raza humana. A lo largo de los siglos transcurridos desde su muerte millones de personas han renunciado con alegría a todo lo que está más cerca del corazón del hombre —hogar, familia, riquezas y amigos— para llevar su nombre a otros rincones de la tierra. Es amado por doquier, como ninguna otra persona ha sido amada. Su cruz, en una época símbolo de muerte criminal, es ahora exhibida triunfalmente sobre las iglesias de todo el mundo como símbolo de esperanza y amor. Sus enseñanzas han humanizado y ennoblecido a pueblos y naciones.

¿Qué es lo que hace a Jesucristo único entre todas las personas y justifica la influencia que ha tenido y tiene todavía en el mundo?

La respuesta es, por supuesto, que Jesucristo no fue solamente un gran maestro y líder religioso: El es el Hijo de Dios, el Redentor prometido por Dios, que trajo la salvación a la raza de los hombres, que rescató a todas las gentes con su muerte en la cruz.

Jesucristo es un verdadero ser humano. Es el mediador entre Dios y los hombres de todos los tiempos. Nadie puede llegar al Padre excepto a través de El. Jesucristo es también Dios. Sus enseñanzas, por lo tanto, son la palabra de Dios revelada.

Jesucristo es *"el camino, la verdad y la vida" Jn 14 :6.* Es por medio de esta unión con Jesús que la gente recibe la vida de la gracia. Es a través de la aceptación de las enseñanzas de Jesús que encontramos la salvación. Es mediante la sumisión a las reglas de Jesús que encontramos la libertad como hijos de Dios.

Jesús dijo a sus discípulos, *"Yo estoy con ustedes todos los días, hasta el fin de la historia"* (Mt 28,20). Aunque ascendió al cielo, y no podemos ya verlo y escucharlo como hicieron sus contemporáneos, Jesús, en su gran amor, permanece con nosotros en su Iglesia, y continúa dando vida, verdad y guía a quienes están unidos a El.

1. ¿Qué promete Jesucristo a aquellos que lo aman?

Jesucristo promete felicidad eterna a aquellos que lo aman. *"Yo he venido para que tengan vida y la tengan en plenitud"* (Jn 10, 10).

2. ¿Nos promete Jesucristo felicidad en esta vida?

Jesucristo nos promete felicidad en esta vida. Cuando Jesús se hizo hombre, no sólo se reveló a sí mismo como la imagen del Dios invisible; también devolvió a la humanidad aquello que había sido perdido por el pecado: toda la belleza y la majestad de nuestra dignidad como creaturas hechas a imagen de Dios. La verdadera felicidad es el resultado, cuando vivimos de acuerdo con nuestra dignidad de personas humanas.

3. ¿Con qué palabras nos dijo Dios cómo alcanzar la felicidad en esta vida?

En el Sermón de la Montaña, que contiene lo que se conoce como las Bienaventuranzas, Jesús dijo:
"Felices los que tienen el espíritu del pobre,
porque de ellos es el Reino de los Cielos.
Felices los que lloran,
porque recibirán consuelo.
Felices los pacientes,
porque recibirán la tierra en herencia.
Felices los que tienen hambre y sed de justicia,
porque serán saciados.
Felices los compasivos,
porque obtendrán misericordia.
Felices los de corazón limpio,
porque verán a Dios.
Felices los que trabajan por la paz,
porque serán reconocidos como hijos de Dios.
Felices los que son perseguidos por causa del bien,
porque de ellos es el Reino de los Cielos". (Mt 5, 3-10)

En el pasaje anterior, Jesús nos promete la felicidad. En efecto, la palabra "bienaventurado" significa "feliz". Las Bienaventuranzas están en el corazón de la enseñanza de Cristo. Cumplen la promesa hecha al pueblo judío, al apuntar más allá de la felicidad terrenal a la felicidad eterna del cielo. La recompensa prometida en cada una de las Bienaventuranzas es principalmente el cielo.

> "Las bienaventuranzas descubren la meta de la existencia humana, el fin último de los actos humanos. Dios nos llama a su propia bienaventuranza. Esta vocación se dirige a cada uno personalmente, pero también al conjunto de la Iglesia, pueblo nuevo de los que han acogido la promesa y viven de ella en la fe" —Catecismo de la Iglesia Católica— 1719.

Si vivimos de acuerdo con este plan de Cristo tendremos una experiencia anticipatoria del cielo en esta vida. Cristo nos dice que seremos felices haciendo por él las mismas cosas que creemos que pueden hacernos infelices. Nos dice que no debemos poner nuestro corazón en las riquezas, aunque mucha gente parece querer tener más dinero del que tiene. Cristo nos dice que debemos perdonar a nuestros enemigos, mientras que muchos parecen querer "desquitarse", o al menos evitar a aquellos que los dañan. Nos dice que debemos evitar todo pecado, que debemos estar dispuestos a ocupar un lugar menos prominente, que debemos sufrir por El, etc. Estas son condiciones que podrían parecer tendientes a nuestra infelicidad, pero las palabras del Señor nos dicen otra cosa.

4. ¿Cómo nos será posible vivir de acuerdo con estos elevados criterios que nos propone Cristo ?

Cristo no sólo nos ha dicho cómo vivir; también nos lo ha demostrado con su ejemplo. Más aún: El nos da toda la ayuda necesaria para seguir su ejemplo. Si amamos a Cristo e intentamos seguir su ejemplo, recibiremos la fuerza que nos prometió cuando dijo :

"Yo soy la vid y ustedes las ramas. El que permanece en mí y yo en él, ése da mucho fruto, pero sin mí, no pueden hacer nada" (Jn 15,5).

PRÁCTICA

▲   En años recientes la Iglesia ha revivido el antiguo Orden de Iniciación Cristiana (llamado a veces el Rito de la Iniciación Cristiana de Adultos) mediante el cual los individuos pueden convertirse en miembros de la Iglesia Católica. Una parte integral del proceso de iniciación es la asistencia a los servicios dominicales. La asistencia semanal a la Misa del domingo no sólo familiariza a los candidatos (es decir, a aquellos que se convertirán en catecúmenos y a aquellos cristianos que serán recibidos en la Iglesia Católica) con el orden del servicio y las distintas prácticas y gestos de la Misa, sino que también los introduce a la comunidad parroquial. En el contexto de la oración, los candidatos son bienvenidos a la Iglesia mientras aprenden las enseñanzas y la tradición de la misma. Generalmente, al cierre de la Liturgia de la Palabra, se invita a los candidatos a abandonar la asamblea de los fieles para meditar más cuidadosamente sobre la Palabra. Aún cuando los candidatos no participen en esta despedida formal y permanezcan para la Liturgia de la Eucaristía, no podrán recibir la Sagrada Comunión hasta que sean admitidos a la total comunión con la Iglesia.

*

Sección 2
Dios, nuestro Padre

"Yo soy el Camino, la Verdad y la Vida. Nadie va al Padre sino por mí. Si me conocen a mí, también conocerán al Padre. Pero ya lo conocen y lo han visto... El que me ve a mí ve al Padre. ¿Cómo es que dices: 'Muéstranos al Padre'? ¿No crees que yo estoy en el Padre y que el Padre está en mí? Cuando les enseño, esto no viene de mí, sino que el Padre, que permanece en mí, hace sus propias obras. Yo estoy en el Padre y el Padre está en mí. Crean en esto, o si no, créanlo por las obras mismas". (Jn 14, 6-7, 9-11).

A través de la historia, las religiones de las distintas culturas y épocas han expresado su comprensión de Dios como "Padre". Moisés dijo al pueblo judío que Dios no sólo era su Creador sino también su Padre. Los israelitas veían el amor paternal de Dios particularmente presente con los pobres, los huérfanos y las viudas. Del mismo modo, Jesús llama a Dios "Padre", pero lo hace en una forma enteramente nueva. Jesús anuncia que Dios no es sólo nuestro Padre como Creador, sino que también es Padre eternamente en relación al Hijo, así como el Hijo lo es siempre en relación al Padre.

Este es el gran mensaje de Cristo: Dios no es un poder remoto que gobierna el universo desde lejos. Es nuestro Padre amante, que envió a su único Hijo al mundo para que compartiera su vida con nosotros.

Dios quiere unirnos a El. Por lo tanto, debemos conocerlo. Y no solamente observando el mundo que nos rodea, el trabajo de sus manos, sino escuchando lo que nos ha contado acerca de sí mismo.

1. ¿Cómo podemos hablar de Dios?

Cuando hablamos de Dios nos vemos necesariamente forzados a emplear el lenguaje humano. Sólo podemos tener un conocimiento parcial de la omnipotencia de Dios y, siendo nuestro conocimiento de Dios limitado, también lo es nuestro lenguaje respecto a El. Por ejemplo, no podemos nombrar a Dios excepto en relación a las creaturas, a causa de nuestros limitados medios de pensamiento y de conocimiento humanos. Pero, puesto que Dios trasciende a todas las creaturas, debemos constantemente purificar nuestro lenguaje de cuanto sea limitado, demasiado imaginativo, o imperfecto, para evitar distorsionar nuestra imagen de Dios mediante expresiones que no alcancen a expresar el misterio divino.

2. ¿Por qué llamamos a Dios "el Padre"?

Dios es el Padre de todos los seres humanos porque Dios los ha creado a todos. *Y creó Dios al hombre a su imagen. A imagen de Dios lo creó. Macho y hembra los creó* (Gen 1, 27).

3. ¿Qué significa llamar "Padre" a Dios?

Cuando llamamos a Dios "Padre" estamos usando el lenguaje de la fe. Llamar a Dios "Padre" no significa limitar a Dios al sexo masculino. Dios no es ni hombre ni mujer. Dios trasciende dichas categorías. En algunos casos, Dios ha sido comparado a una madre. En el Libro de Isaías Dios asegura a Israel: *"Como un hijo a quien consuela su madre, así yo los consolaré a ustedes"* (Is 66, 13). De la misma manera, David alienta a Israel a confiar en Dios *como un niño saciado que se aprieta a su madre* (Sal 131, 2).

El lenguaje de la fe intenta expresar significado, y en este caso deberíamos comprender que cuando llamamos a Dios "Padre" lo hacemos para ayudarnos a

11

apreciar el amor parental que Dios nos demuestra en distintas formas:

a) Dios provee a las necesidades de sus hijos:

"No se atormenten por su vida con cuestiones de alimentos, ni por su cuerpo con cuestiones de ropa. Miren que la vida es más que el alimento y el cuerpo más que el vestido. Aprendan de los cuervos: no siembran ni cosechan, no tienen bodegas ni graneros, y sin embargo Dios los alimenta. ¡Y ustedes valen mucho más que las aves! ¿Quién de ustedes, por más que se preocupe, puede añadir algo a su estatura? Si ustedes no tienen poder sobre cosas tan pequeñas, ¿cómo van a preocuparse por las demás? Aprendan de los lirios del campo: no hilan ni tejen, pero yo les digo que ni Salomón, con todo su lujo, se pudo vestir como uno de ellos. Y si Dios da tan lindo vestido a la hierba del campo, que hoy está y mañana se echará al fuego, ¿qué no hará por ustedes, gente de poca fe? No estén pendientes de lo que comerán o beberán: ¡no se atormenten! Estas son cosas tras las cuales corren todas las naciones del mundo, pero el Padre de ustedes sabe que ustedes las necesitan. Busquen más bien el Reino, y se les darán también esas cosas" (Lc 12, 22-31).

b) Dios nos ama tanto que envió a su Hijo para salvarnos:

¡Así amó Dios al mundo! Le dio al Hijo Unico, para que quien cree en él no se pierda, sino que tenga vida eterna. Dios no envió al Hijo al mundo para condenar al mundo, sino para que se salve el mundo gracias a él (Jn 3, 16-17).

c) Dios ha compartido su vida con todas las gentes:

Miren qué amor tan singular nos ha tenido el Padre que no sólo nos llamamos hijos de Dios, sino que lo somos. Por eso el mundo no nos conoce, porque no lo conoció a él. Amados, a pesar de que ya somos hijos de Dios, no se ha manifestado todavía lo que seremos; pero sabemos que cuando él aparezca en su gloria, seremos semejantes a él, porque lo veremos tal como es. Y si es esto lo que esperamos de él, querremos ser santos como él es santo (1Jn 3, 1-3).

4. ¿Cómo sabemos que Dios existe?

Sabemos que Dios existe por la observación del mundo que nos rodea y por el uso de nuestras facultades racionales como personas humanas.

a) Observación: En todas partes, en la naturaleza, encontramos belleza y orden. Tratar de explicar esta belleza y este orden como resultado de la casualidad es tonto. La increíble belleza del mundo y su orden intrincado son signos obvios del trabajo de una inteligencia. La magnificencia de una puesta de sol incendiando el cielo nocturno es algo hermoso para observar, y al mismo tiempo una experiencia fascinante para entender —los gases variados de nuestra atmósfera combinados con el calor, la humedad y la altura trabajando juntos armoniosamente para lograr unos pocos momentos de gloria. La asombrosa grandeza del Gran Cañón, de las Cataratas del Niágara o de las Montañas Rocosas nos dejan mudos, mientras que los detalles de su formación geológica desafían nuestra capacidad de comprensión. Observando la belleza y el orden en la naturaleza, concluimos que sólo un ser viviente e inteligente pudo haber creado el universo.

b) Razón. El ser humano tiene la capacidad de razonar. Este atributo especial también nos permite conocer la existencia de Dios. Nuestro deseo de verdad, nuestro sentido de rectitud moral, el llamado de nuestra propia conciencia, nos llevan a razonar que hay en nuestra existencia, y en la vida toda, un sentido que trasciende lo aparente. Por esta apertura percibimos las señales de nuestras almas espirituales.

Así, a través de nuestra observación y de nuestra razón, podemos discernir que somos parte de una existencia mucho más grande que nosotros. A través de la historia los seres humanos han identificado la existencia de una fuente, de una fuerza, de un ser que está más allá del tiempo, que no está definido por nuestros límites, y que es al mismo tiempo la causa y la meta final de toda vida. En la tradición judeo-cristiana, hemos llamado siempre Dios a este ser.

5. ¿Nos ha hablado Dios de su existencia?

Dios nos ha hablado de su existencia en la Biblia, en las Sagradas Escrituras. Sabemos, por ejemplo, por medio del autor del Génesis, que Dios se reveló a sí mismo a la humanidad desde sus comienzos. En la historia de Adán y Eva, Dios invitó a nuestros primeros padres a conocerlo como un Padre amante.

En la historia de Noé, Dios hace el pacto de no destruir nunca a la raza humana, y en la historia de Abraham, Dios hace de los hebreos su "pueblo elegido".

Cuando Dios habla a Moisés en el Libro del Exodo, ordenándole sacar a su pueblo de Egipto y conducirlo a la tierra prometida, llega a decir su nombre a Moisés: "Yahveh" o "Yo Soy":

Moisés contestó a Dios: "Si voy a los hijos de Israel y les digo que el Dios de sus padres me envía a ellos, si me preguntan: ¿Cuál es su nombre?, yo ¿qué les voy a responder?" Dios dijo a Moisés: "Yo soy: YO-SOY." "Así dirás al pueblo de Israel: YO-SOY me ha enviado a ustedes" (Ex 3, 13-15).

Dios ha revelado también su existencia a través de su Hijo único, Jesucristo:

En diversas ocasiones y bajo diferentes formas Dios habló a nuestros padres por medio de los

profetas, hasta que en estos días, que son los úl-
timos, nos habló a nosotros por medio del Hijo, a
quien hizo destinatario de todo, ya que por él
dispuso las edades del mundo (Heb 1, 1-2).

6. ¿Qué ha revelado Dios acerca de sí mismo?

Dios es espíritu. El es el único espíritu ilimitado, todopoderoso y omnisciente. No tiene necesidad de nada ni de nadie fuera de sí mismo. No depende de nada ni de nadie, pero todas las cosas dependen de El. Sin embargo Dios ama y sostiene a todas las cosas que ha creado. Y llama a las personas a convertirse en sus hijos adoptivos.

Aunque en muchos aspectos Dios es incomprehensible para los seres humanos, sabemos, por los muchos autores de la Biblia, a quienes Dios inspiró, que:

a) Dios es amor:

Por nuestra parte, hemos conocido el amor que
Dios nos tiene, y hemos creído en él. Dios es
amor: el que permanece en el amor, permanece
en Dios y Dios en él (1Jn 4, 16).

b) Dios es todo bondad. Creó el mundo para mostrar su gloria y compartir su felicidad con los seres que había creado:

Y gritaban, respondiéndose el uno al otro: "San-
to, Santo, Santo es Yavé de los ejércitos, su Glo-
ria llena la tierra toda." (Is 6, 3).

c) Dios comparte con nosotros su vida divina:

Por ellas nos ha concedido lo más grande y pre-
cioso que se pueda ofrecer: ustedes llegan a ser
partícipes de la naturaleza divina, escapando
de la corrupción que en este mundo va a la par
con el deseo (2 Pe 1, 4).

d) Dios ama a todos los hombres y quiere que nos salvemos:

De lejos Yavé se le apareció: "Con amor eterno te he amado, por eso prolongaré mi cariño hacia ti" (Jer 31, 3).
¡Así amó Dios al mundo! Le dio al Hijo Unico, para que quien cree en él no se pierda, sino que tenga vida eterna. Dios no envió al Hijo al mundo para condenar al mundo, sino para que se salve el mundo gracias a él (Jn 3, 16-17).
... pues él quiere que todos los hombres se salven y lleguen al conocimiento de la verdad (1 Ti 2, 4).

e) Dios es todo-misericordioso, y muestra su misericordia más claramente en su disposición para perdonar a todo pecador que se arrepiente:

El Señor es ternura y compasión, lento a la cólera y lleno de amor... Cuanto se alzan los cielos sobre la tierra, tan alto es su amor con los que le temen... Pero el amor del Señor con los que le temen es desde siempre y para siempre (Sal 103, 8, 11, 17).
Yo les digo que de igual modo habrá más alegría en el cielo por un solo pecador que vuelve a Dios que por noventa y nueve justos que no tienen necesidad de convertirse (Lc 15, 7).

f) Dios es omnisciente:

No hay criatura a la que su luz no pueda penetrar; todo queda desnudo y al descubierto a los ojos de aquél al que rendiremos cuentas (Heb 4, 13).
El sondea tanto los abismos del mar como los espíritus de los hombres; él ve claro en sus proyectos. El Altísimo conoce todo lo que se puede saber: conoce los signos de los tiempos. Dice lo que ha sido y lo que será, descubre las huellas de las cosas pasadas. Ni un pensamiento se le escapa, ni una palabra se le oculta (Sir 42, 18-20).

g) Dios es justo:

Es Dios leal, enemigo del mal,
es recto y justo (Dt 32, 4).
Dará vida eterna a quien haya seguido el cami-
no de la gloria, del honor y la inmortalidad,
siendo constante en hacer el bien; y en cambio
habrá sentencia de reprobación para quienes no
han seguido la verdad, sino más bien la injusti-
cia (Rom 2, 7-8).

h) Dios es infinito, no existe límite para su vida:

Grande es el Señor, muy digno de alabanza...
(Sal 145, 3).
Tu trono está erigido desde siempre, pues tú
eres, Señor, desde la eternidad (Sal 93, 2).

i) Dios es inmutable:

Son las cosas buenas y los dones perfectos los
que proceden de lo alto y descienden del Padre
que es luz; allí no retornan las noches ni pasan
las sombras (Sant. 1,17).

j) Dios es eterno, no tuvo comienzo y no tendrá fin:

Antes que nacieran las montañas
y aparecieran la tierra y el mundo,
tú ya eras Dios y lo eres para siempre,
Mil años para ti son como un día,
un ayer, un momento de la noche (Sal 90, 2-4).
"... antes que Abraham existiera, Yo soy" (Jn 8, 58).
¡Que Yavé reine eternamente! (Ex 15, 18).

k) Dios es todopoderoso:

"Tú eres grande, Señor, eres glorioso, admirable
e insuperable en poder. Que te sirvan todas las
criaturas, pues tú hablaste y fueron hechas, en-
viaste tu espíritu y las hizo, nadie puede resistir
tu voz" (Jdt 16, 13-14).

l) Dios está en todas partes :

¿Adónde iré lejos de tu espíritu,
adónde huiré lejos de tu rostro?
Si escalo los cielos, tú allí estás,
si me acuesto entre los muertos,
allí también estás.
Si le pido las alas a la aurora
para irme a la otra orilla del mar,
también allá tu mano me conduce
y me tiene tomado tu derecha.
Si digo entonces:
"¡Que me oculten, al menos, las tinieblas
y la luz se haga noche sobre mí!"
Mas para ti ni son oscuras las tinieblas
y la noche es luminosa como el día (Sal 139, 7-12).

PRÁCTICA

▲   Ahora que hemos aprendido por qué Dios puede adecuadamente ser llamado nuestro Padre, podemos rezar el Padrenuestro con mayor comprensión y significado. La belleza del Padrenuestro radica en que no sólo describe sino que también expresa nuestra relación con Dios.

▲   Otras dos oraciones que los católicos recitan regularmente son el "Avemaría" y el "Acto de contrición". Estas plegarias tradicionales tienen una belleza y una simplicidad que puede ayudar a construir una sólida vida de oración. Sin embargo, los católicos no estamos limitados a esas formas de plegaria tradicionales; más aún, se nos alienta a estudiar y meditar las Sagradas Escrituras y también a ofrecer nuestra plegaria personal desde nuestros corazones.

*

Sección 3
El don de la vida divina

¡Así amó Dios al mundo! Le dio al Hijo Unico, para que quien cree en él no se pierda, sino que tenga vida eterna. Dios no envió al Hijo al mundo para condenar al mundo, sino para que se salve el mundo gracias a él (Jn 3, 16-17).

Cuando Jesús dice: *"Yo he venido para que tengan vida y la tengan en plenitud"*, (Jn 10, 10), está hablando de la vida divina, del don de Dios que nos permite compartir la vida misma de Cristo.

Por el poder del Espíritu Santo, comenzamos el proceso de renacer mediante una conversión interna. Rechazamos nuestras costumbres pecadoras y abrazamos la vida de Dios, aceptando su don de gracia. Unidos a la muerte de Jesús morimos a nuestras conductas habituales, ganando por ello una parte en la gloria de su resurrección. Volvemos a nacer a una nueva vida como hijos adoptivos de Dios y nos convertimos en miembros de su Cuerpo, la Iglesia.

A través de este renacimiento y a causa de él, somos justificados, es decir, nuestros pecados nos son perdonados y somos renovados en santidad. La justificación nos permite actualizar nuestra verdadera libertad humana cooperando con la gracia de Dios en la construcción del Cuerpo de Cristo. El don de la vida divina nos reinstala en nuestro rol original en el plan divino para la creación.

1. ¿Qué es lo que quiere Dios para nosotros?

Dios quiere lo que nosotros queremos — que seamos felices. Este deseo natural de felicidad fue colocado en el corazón del hombre en el momento de la creación. Dios lo puso allí para que pudiéramos ser atraídos hacia El, que es el único que puede verdaderamente satisfacer nuestro deseo. En otras palabras, Dios convoca a cada uno de nosotros a su propia felicidad. Esta felicidad definitiva es descripta a veces como la "bienaventuranza" de Dios. Es nuestra entrada en —o el compartir de— la gloria de Dios, la vida divina de Dios.

2. La vida divina ¿nos vuelve divinos?

La vida divina nos hace divinos en el sentido de que compartimos la vida de Dios. No lo hace en el sentido de que nos convirtamos en Dios o en "parte de Dios". Esa idea sería absurda. Aún en el cielo, viendo y amando a Dios cara a cara, no perderemos nunca nuestra identidad, nuestra individualidad, nuestra completa dependencia de Dios.

3. ¿Por qué se llama sobrenatural a esta felicidad definitiva?

Se llama sobrenatural porque no podemos merecerla ni ganarla: es un don de Dios. Este tipo de felicidad no es algo que podamos imaginar ni comprender. Es *sobre*-natural, es decir, que está por encima de lo natural.

4. ¿Cómo alcanza tal felicidad un pecador?

Es el Espíritu Santo el que hace posible que un pecador logre este don extremo. A través de la gracia del Espíritu Santo los pecadores son "justificados". La justificación es el resultado de la oferta de misericordia de Dios, que quita el pecado y santifica a la persona entera. El pecador, por la invitación de Dios, es santificado y se convierte en hijo adoptivo de Dios.

5. ¿Qué significa "hijo adoptivo" de Dios?

Como creaturas, hemos sido hechos a imagen y semejanza de Dios. A través de la vida divina de la gracia, sin embargo, somos transformados desde nuestro interior y nos parecemos internamente a Dios.

6. ¿Qué es esta gracia del Espíritu Santo?

"Gracia" es una palabra simple que describe una realidad hermosa pero compleja. En primer lugar, es un don — un favor — libremente dado por Dios. La gracia es algo que nunca ganamos ni merecemos. En segundo lugar, la gracia es una participación en la vida misma de Dios. Es nuestro compartir la intimidad de la Trinidad. En tercer lugar, la gracia es el origen de nuestra santidad o santificación. A través de la vida divina de la gracia se nos da el poder de vivir como Dios vive, es decir, de conocer a Dios como El se conoce a sí mismo y a amarlo como El se ama a sí mismo.

7. ¿Significa esto que no tenemos ninguna elección acerca de ser santos?

El ofrecimiento por parte de Dios de su amor necesita, para ser efectivo, para que seamos santificados, de nuestra libre respuesta.

8. ¿Cómo experimentamos nosotros los cristianos el misterio de la gracia?

Aun cuando la gracia, que justifica y santifica, está presente en todo lugar y en todos los tiempos, la vida de amor de Dios es vivida en una forma especial en la vida sacramental de la Iglesia y en los dones especiales (o carismas), que son dones del Espíritu para el bien de la Iglesia y la salvación del mundo.

9. ¿Somos capaces de saber si "estamos en gracia"?

La gracia es sobrenatural. No es algo que podamos conocer o experimentar como otros aspectos de nuestra vida. Aún cuando no podamos tener certeza abso-

21

luta de la gracia, sí podemos, observando nuestras propias buenas acciones y las de los demás, aprender a confiar en la presencia de la gracia de Dios.

PRÁCTICA

▲ La gracia es parte de la vida diaria. En el hogar, en la escuela, en el trabajo — solos o con otros — Dios busca traspasar nuestros sentidos mundanos y revelarnos su voluntad. Estos momentos de insight y de fortaleza especial pueden ser comprendidos como gracia. Cuanto más capaces seamos de reconocer estos momentos como lo que realmente son, más podremos aprovechar el don de la gracia de Dios.

▲ Una manera especial de desarrollar una mejor conciencia de la gracia es mediante la meditación. La plegaria puede ser expresada en palabras, pero también puede ser la comunión de nuestros corazones y nuestras mentes en silencio, dejando caer nuestras máscaras y viviendo la presencia de Dios. Esta oración no estructurada no es fácil de lograr, pero vale la pena realizar el esfuerzo.

*

Sección 4
El don de la Revelación

En diversas ocasiones y bajo diferentes formas Dios habló a nuestros padres por medio de los profetas, hasta que en estos días, que son los últimos, nos habló a nosotros por medio del Hijo, a quien hizo destinatario de todo, ya que por él dispuso las edades del mundo (Hb 1, 1-2).

La persona humana puede conocer ciertos aspectos de la existencia de Dios a través de la observación de la naturaleza y mediante el uso de la razón natural. Sin embargo, el misterio del plan de Dios, que ningún hombre puede comprender por sí mismo, se hace manifiesto en el don de la divina revelación. Este misterio del plan de Dios se ve muy clara y plenamente en la encarnación, vida y resurrección de su Hijo, nuestro Señor Jesucristo.

Por haberse revelado Dios a nosotros, podemos amarlo y conocerlo mejor. En consecuencia, podemos responder mejor a su amante invitación de vivir en Cristo.

El método gradual que Dios elige para revelarse es a través de los pensamientos, sentimientos y experiencias de su pueblo. Encontramos el rico depósito de la autorevelación de Dios en dos fuentes independientes pero relacionadas: las Sagradas Escrituras (la Biblia) y la Tradición.

1. ¿Qué es la revelación?

La razón humana, por sí misma, no puede aprehender todo lo que necesitamos saber acerca de Dios. Es por ello que el mismo Dios eligió revelarse a nosotros, y lo hizo gradualmente, inspirando a escritores y a maestros sagrados a través de los siglos. Estos hombres y mujeres reflexionaban sobre lo que ocurría a su alrededor y escribían la revelación que Dios quería que supiéramos. Sin embargo, estos autores inspirados tenían la libertad de escribir en su propio estilo, usando sus propias palabras.

2. ¿Debemos aceptar la revelación?

Debemos aceptar la revelación de Dios porque Dios es veraz y no puede engañar ni ser engañado.

3. ¿Dónde podemos encontrar los contenidos de la revelación?

Una parte de la revelación es llamada las Sagradas Escrituras (o la Biblia). Es una colección de libros sagrados, escritos por seres humanos bajo la inspiración del mismo Dios. De esta manera, Dios es el verdadero autor.

La Biblia está dividida en dos grandes partes. La primera es llamada el Antiguo Testamento y contiene los libros inspirados escritos antes del tiempo de Jesús. Estos cuarenta y seis libros contienen la revelación de Dios a los judíos.

La segunda — y más breve — parte de la Biblia es el Nuevo Testamento. Contiene el registro de la vida de Jesús y los escritos de algunos de sus primeros seguidores. Cuando Jesús murió no había ningún Nuevo Testamento escrito. La gente sólo podía aprender acerca de Jesús escuchando a sus discípulos predicar su mensaje. Eventualmente, éstos comenzaron a escribir lo que recordaban acerca de Jesús. Tengamos en cuenta que los veintisiete libros del Nuevo Testamento tienen por lo menos ocho autores diferentes. Los primeros libros no fueron escritos inmediatamente después de la muerte de Jesús. Por lo menos uno no fue escrito hasta después de pasados casi sesenta años. San Juan nos recuerda:

Muchas otras señales milagrosas hizo Jesús en presencia de sus discípulos que no están escritas en este libro. Estas han sido escritas para que crean que Jesús es el Cristo, el Hijo de Dios. Crean, y tendrán vida por su Nombre (Jn 20, 30-31).

La otra parte de la revelación es llamada "Tradición". Es el cuerpo de verdades acerca de Dios transmitidas dentro de la Iglesia. Las verdades de la Tradición se encuentran en las doctrinas de la Iglesia, los decretos de los papas y de los concilios, y en los trabajos de los tempranos maestros de la Iglesia, los "padres" y "doctores" de la Iglesia.

4. ¿Quiénes son los padres y los doctores de la Iglesia?

Se llama padres de la Iglesia a algunos líderes de los primeros siglos del Cristianismo que se caracterizaron por la ortodoxia de su doctrina y la santidad de su vida.

San Hilario, San Atanasio y San Agustín son ejemplos de padres de la Iglesia. San Gregorio Magno, que murió en el año 604 d.C., es considerado generalmente como el último de los padres de la Iglesia Occidental. San Juan Damasceno, que murió alrededor de mediados del siglo VIII, es el último padre de la Iglesia Oriental.

Los doctores de la Iglesia son teólogos y maestros de siglos posteriores que tuvieron las mismas cualidades de ortodoxia y santidad. Santo Tomás de Aquino, que vivió en el siglo XIII, es considerado por muchos como el más grande de los doctores de la Iglesia. Santa Teresa de Avila, del siglo XVI, es una doctora de la Iglesia, ejemplo de las muchas mujeres que la sirvieron como maestras y teólogas.

5. Puesto que la Biblia fue escrita a lo largo de un período de muchos años, por diferentes autores, en distintos países, ¿quién los reunió en un sólo libro?

A lo largo de los primeros años del Cristianismo, muchos libros fueron presentados a la Iglesia, todos pretendiendo haber sido divinamente inspirados. Pero, ¿era eso cierto? ¿Quién podía decidirlo? Sólo un concilio de líderes de la Iglesia podía contestar una pregunta así. Un concilio local en Cartago en el año 397 compiló una lista, aceptando 73 libros de la Biblia y rechazando otros. Fue enviada al Papa Siricius, quien a su vez la aprobó. Así surgió una lista (o canon) de libros divinamente inspirados.

6.¿Debe la persona común leer la Biblia?

La Iglesia siempre ha usado las Escrituras en la sagrada liturgia en oficios públicos, y alienta a todos sus miembros a leer algún trozo diariamente en sus devociones privadas. Por desgracia, ésta no ha sido siempre una costumbre tan habitual como la Iglesia hubiera querido. La Biblia no es una lectura fácil.

7. ¿Qué son las formas literarias?

La razón por la cual algunas personas tienen dificultad para comprender la Biblia es que ésta está escrita en muchas diferentes formas literarias.

La expresión "formas literarias" se refiere a los distintos tipos o estilos literarios que pueden diferenciarse entre sí. Hay muchos tipos de estilos literarios empleados en las Escrituras. La Biblia no es simplemente un libro de declaraciones acerca de distintos hechos, escritas en prosa. Algunas partes de las Escrituras están escritas en forma de poesía; otras partes son profecías. Para comprender adecuadamente cada sección, el lector debe no sólo tener conocimiento del tipo de forma literaria empleada, sino también de las reglas para interpretar ese tipo de literatura.

8. ¿Cómo debemos leer las Sagradas Escrituras?

Puesto que la Biblia tiene muchas distintas formas literarias, necesitamos asistencia para determinar el significado de algún pasaje en particular. El Concilio Vaticano II nos ha proporcionado lineamientos al respecto. En primer lugar, debemos estar atentos al contenido y unidad total de las Escrituras. No puede leerse una parte o sección, independientemente del todo. En segundo lugar, la Biblia debe ser leída en el contexto de toda la Tradición de la Iglesia. Y finalmente, el lector debe tener presente lo que se conoce como la "analogía de la fe". En otras palabras, la integridad que se encuentra dentro de las verdades de la fe y del plan total de salvación debe ser respetada cuando se leen las Escrituras.

9. ¿Cuál es la diferencia entre una Biblia protestante y una Biblia católica?

Actualmente, muy escasa. Algunas de las ediciones más antiguas de la llamada Biblia protestante omiten algunos de los libros, tanto del Antiguo como del Nuevo Testamento. Los libros que las Biblias protestantes omiten a veces, actualmente, son: 1 y 2 Macabeos, Tobías, Judit, Sirácides (Eclesiástico), Sabiduría, Baruc, más partes de Daniel y Ester. Las ediciones protestantes más recientes, sin embargo, incluyen los 73 libros.

PRÁCTICA

▲ A la Iglesia se le ha confiado la tarea de salvaguardar la revelación de Dios ofreciendo la auténtica interpretación, tanto de la Biblia como de la Tradición, de generación en generación. Se alienta a los católicos romanos a familiarizarse con ambas fuentes de revelación.

▲ Es una buena práctica leer la Biblia diariamente. Muchas parroquias tienen clases de estudio de la Biblia en las cuales se puede participar.

▲   En su parroquia también pueden recomendarle diversos escritos de los padres y doctores de la Iglesia que puede querer leer. Debería también familiarizarse con los documentos del Segundo Concilio Vaticano (Vaticano II), lo mismo que con otros documentos de la Iglesia.

▲   Existen muchos diarios y revistas católicas que habitualmente exploran la Biblia y la Tradición. Considere la posibilidad de suscribirse a una o algunas de ellas.

*

Sección 5
El don de las Sagradas Escrituras

En el principio era la Palabra,
y la Palabra estaba ante Dios,
y la Palabra era Dios (Jn 1,1).

La Biblia cuenta nuestra historia como pueblo de Dios. Al leer la historia de Adán y Eva aprendemos acerca de nuestros orígenes humanos. Vemos las luchas de Israel por convertirse en el pueblo elegido de Dios por medio de su obediencia y fidelidad. Los dramas de personas como Abraham, Jacob, Moisés, Rut y David nos enseñan cómo Dios llama a cada uno de nosotros a una vida de santidad y servicio. Las advertencias de los profetas nos recuerdan las consecuencias que atraemos sobre nosotros cuando nos apartamos del recto camino de Dios. Los Evangelios nos llenan de entusiasmo y de esperanza a medida que la vida de Jesucristo —la Palabra viviente de Dios— se manifiesta a todas las gentes. Ganamos en sabiduría al estudiar las implicancias de las Cartas (o Epístolas), y la historia del viaje hacia la unidad y santidad de la Iglesia primitiva, en los Hechos de los Apóstoles y el Libro de la Revelación.

Como Iglesia encontramos nuestra fuerza y nuestro alimento en el contenido de las Escrituras. Como católicos romanos es nuestra creencia que cada libro de la Biblia, —aunque escrito en tiempos diversos y por personas distintas, de lenguaje y cultura diferentes— es en realidad la revelación de Dios expresada en lenguaje humano.

1. ¿Qué es el Antiguo Testamento (las Escrituras Hebreas)?

El Antiguo Testamento (o Escrituras Hebreas) es una colección de los libros sagrados del pueblo hebreo. Cuenta la historia de su relación con Dios. Se presenta habitualmente como cuarenta y seis libros, que varían en extensión y en forma literaria. Hay veintiún libros de Historia, dieciocho libros de Profecías y siete libros de Sabiduría.

Estos libros deben ser comprendidos a la luz del estilo literario y la mentalidad de los tiempos en que fueron escritos. Recientes estudios arqueológicos han indicado en muchos casos sus raíces geográficas e históricas. Los libros del Antiguo Testamento fueron escritos por muchos autores, a lo largo de un período de tiempo muy prolongado. Las tradiciones del pueblo hebreo, relatadas en los primeros cinco libros de la Biblia, se remontan ciertamente a la época de Moisés (1400-1200 A.C), mientras que la historia de los Macabeos, contada en los dos últimos libros del Nuevo Testamento, fue escrita alrededor del año 100 A.C.

2. ¿Por qué se llama Antiguo Testamento a esta colección de libros?

Estos libros son llamados "testamento" porque son el relato de la alianza (el acuerdo) entre Dios y su pueblo elegido, realizada por intermedio de Moisés en el Monte Sinaí. Para los cristianos, este testamento o alianza es llamado "antiguo" para distinguirlo de la nueva alianza que Dios estableció con todas las gentes por intermedio de Jesús en el Monte del Calvario. El profeta Jeremías predijo esta transición de la antigua a la nueva alianza quinientos años antes del nacimiento de Cristo:

Ya llega el día, dice Yavé, en que yo pactaré con el pueblo de Israel (y con el de Judá) una nueva alianza. No será como esa alianza que pacté con sus padres,cuando los tomé de la mano, sacándolos de Egipto. Pues ellos quebraron la alianza, siendo que yo era su Señor. Esta es la alianza que yo pactaré con Israel en los días que están por llegar, dice Yavé: pondré mi ley en su interior, la escribiré en sus corazones, y yo seré su Dios y ellos serán mi pueblo. Ya no tendrán que enseñarle a su compañero, o a su hermano, diciéndoles: "Conozcan a Yavé." Pues me conocerán todos, del más grande al más chico, dice Yavé; yo entonces habré perdonado su culpa, y no me acordaré más de su pecado (Jer 31, 31-34).

Más recientemente, algunos o todos estos libros de la Biblia han sido denominados "Escrituras Hebreas", para enfatizar que son la historia del pueblo hebreo (judío).

3. ¿Qué tipo de historia registra el Antiguo Testamento?

El Antiguo Testamento es una historia teológica de las relaciones de Dios con su pueblo elegido. En consecuencia, es una historia interpretativa, que no pretende brindar un recuento exhaustivo de todos los hechos seculares de ese tiempo.

a) El Antiguo Testamento es la historia del Reino de Dios en la tierra. Los hebreos (o judíos) eran el pueblo de Dios. El era el Rey que ejercía su autoridad a través de los profetas, jueces y reyes. Dios separó a los judíos de todos los otros pueblos y les prometió grandes familias, cosechas abundantes, paz, y su presencia y protección continua si permanecían fieles a él. Los amenazó con guerras, hambre, plagas y el exilio si le eran infieles. Los judíos se apartaron frecuentemente de Dios. En cada ocasión, Dios los castigó, los perdonó y los aceptó nuevamente como su pueblo elegido.

b) El Antiguo Testamento cuenta la historia de un

solo pueblo, los hebreos. Otros pueblos son mencionados sólo incidentalmente. No es siquiera una historia completa del pueblo judío, sino que se refiere únicamente a aquellos hechos que tienen una relación directa con el plan de Dios. La narración saltea a veces siglos enteros, y sólo figuran significativamente en ella aquellas personas que tienen un impacto directo en el plan de salvación.

c) El Antiguo Testamento anticipa la venida del Mesías. Cuenta los hechos históricos que conducen a su llegada. Registra las profecías que Jesús vino a cumplir.

4. ¿Cuál es la importancia del pueblo hebreo en el plan de salvación de Dios?

Los hebreos fueron el pueblo por medio del cual el único Dios verdadero fue revelado a lo largo de los siglos transcurridos antes de la llegada de Cristo. La antigua revelación de Dios fue entregada a los judíos. Fueron ellos quienes la conservaron y la transmitieron. Cuando el Hijo de Dios se hizo hombre, nació judío.

Los judíos, por lo tanto, son los antepasados espirituales de todos los cristianos. El cristianismo es la religión judía llevada a su culminación y abierta a todo el mundo. Debemos tomar nota, sin embargo, de que los judíos siguen siendo el pueblo elegido de Dios, puesto que la Alianza de Dios con ellos no ha sido revocada nunca.

(Los hebreos no fueron llamados "judíos" hasta más adelante en la historia. Sin embargo, por una razón de claridad, los términos "judío", "pueblo judío" y "hebreos" son usados indistintamente a lo largo de este libro).

5. ¿Quién fué Abraham?

Abraham, que vivió, supuestamente, alrededor del año 1850 A.C., fue llamado por Dios para ser el fundador del pueblo hebreo. Dios entró en una alianza con Abraham y, a través de dicha alianza, hizo de los descendientes de Abraham su "pueblo elegido". Fue a este pueblo a quien Dios se reveló.

6. ¿Quién fue Moisés?

Moisés fue el gran líder y legislador a quien Dios eligió para sacar a los hebreos del cautiverio de Egipto y llevarlos a la tierra que les había prometido. Fue a Moisés a quien Dios dio los diez mandamientos en el Monte Sinaí, cuando renovó su alianza con los judíos.

7. ¿Qué es un profeta?

Un profeta es una persona enviada por Dios para revelar a la gente Su voluntad. Los profetas del Antiguo Testamento lucharon continuamente para mantener a los hebreos fieles a Dios, recordándoles las promesas que Dios les había hecho, sus beneficios en el pasado y la gloria futura si permanecían fieles a El. Algunos de los profetas anticiparon también hechos futuros, como la destrucción del reino de Israel. Muchos hablaron de la venida del Mesías y de su reino:

> Me llegó una palabra de Yavé:
> "Antes de formarte en el seno de tu madre, ya te conocía; antes de que tú nacieras, yo te consagré, y te destiné a ser profeta de las naciones".
> Yo exclamé: "Ay, Señor, Yavé, ¡cómo podría hablar yo, que soy un muchacho!"
> Y Yavé me contestó: "No me digas que eres un muchacho. Irás adondequiera que te envíe, y proclamarás todo lo que yo te mande"
> (Jer 1, 4-7)

8. ¿Qué cosas predijeron los profetas con respecto a Dios y a su reino?

Los profetas predijeron muchos rasgos individuales de la persona, carácter, reino y gobierno del Mesías. Estas revelaciones fueron hechas a lo largo

33

de un período de tiempo muy amplio y nunca fueron reunidas en un solo lugar, en ningún libro determinado del Antiguo Testamento. Muchas de las profecías eran oscuras. Es muy probable que los profetas mismos no comprendieran con exactitud cómo se cumplirían sus profecías. De hecho, varias profecías parecen contradecirse entre sí. Un conjunto de ellas muestra a un rey victorioso gobernando con justicia a un pueblo en paz, mientras que otro preanuncia la humillación, el rechazo, el sufrimiento y la muerte violenta del Mesías. Muchas profecías no fueron claramente comprendidas hasta que Cristo vino y las cumplió con su vida y sus actos — aún aquellas que habían parecido ser contradictorias. Por ejemplo:

Pero tú, Belén Efrata, aunque eres la más pequeña entre todos los pueblos de Judá, tú me darás a aquel que debe gobernar a Israel (Mi 5,1).

Una vez que le crucificaron, se repartieron sus vestidos, echando a suertes (Mt. 27, 35).

*Me observan y me miran,
repártense entre sí mis vestiduras
y se sortean mi túnica (Sal. 22, 18-19).*

9. ¿Qué es el Nuevo Testamento?

El Nuevo Testamento es una colección de escritos compuestos en distintos tiempos por diferentes autores luego de la muerte de Jesús. No fueron reunidos hasta fines del siglo II, y sólo al fines del siglo IV la Iglesia decidió definitivamente cuáles eran los libros que pertenecían al Nuevo Testamento. Hay tres tipos de escritos en el Nuevo Testamento: Evangelios, Cartas (o Epístolas), y los escritos apocalípticos de San Juan.

10. ¿Cómo fueron compuestos los Evangelios?

Hay tres etapas en la composición de los Evangelios. En primer lugar, la de la vida y enseñanzas mismas de Jesús. El fundamento de los Evangelios se encuentra en esa realidad histórica. En segundo lugar, la de la comunicación oral, por medio de la cual los apóstoles y discípulos de Jesús transmitieron lo que ellos habían visto y vivido. Y en tercer lugar, la de los Evangelios escritos. Estos textos finales reunieron la tradición oral y los textos escritos pre-existentes. Cada uno de los autores (o evangelistas) fue fiel a la verdad de la revelación, pero cada uno buscó comunicar esta verdad de un modo que enfocara diferentes situaciones de la Iglesia primitiva. Puesto que la versión final de cada Evangelio era una forma de predicación, y carecía de la intención de ser la presentación literal de la historia, existen divergencias de estilo y de secuencia entre los distintos Evangelios. Los cristianos creen que esas diferencias son meramente literarias y que la verdad de la revelación de Dios a través de Jesucristo fue protegida del error por la guía del Espíritu Santo.

PRÁCTICA

▲ San Jerónimo dijo: "Ignorar las Escrituras es ignorar a Jesús".

▲ La celebración litúrgica de la Iglesia ha sido dividida en tres ciclos (A, B y C), que se alternan cada tres años. El ciclo A se centra en lecturas del Evangelio según San Marcos; el ciclo B en el de San Mateo y el ciclo C en el de San Lucas. A través de los tres ciclos litúrgicos se intercalan lecturas del Evangelio según San Juan. Esto asegura que todas las partes importantes de los cuatro Evangelios y una variada cantidad de otras lecturas del Antiguo y el Nuevo Testamento sean leídas públicamente cada tres años.

▲   Existen en este momento varias traducciones aprobadas de la Biblia a disposición de los católicos. Estas incluyen la Nueva Biblia Americana, la Nueva Versión Standard Revisada y la Nueva Biblia de Jerusalén.

*

Sección 6
La creación del mundo

En el principio era la Palabra,
y la Palabra estaba ante Dios,
y la Palabra era Dios.
Ella estaba ante Dios en el principio.
Por Ella se hizo todo,
y nada llegó a ser sin Ella (Jn 1, 1-3).

Aunque a menudo nos referimos a Dios Padre como Creador, las Escrituras enseñan que no se puede separar la acción creadora del Hijo y del Espíritu de aquella del Padre.

Es muy difícil para nosotros comprender el misterio de la labor creadora de la Santísima Trinidad; sin embargo, el plan original de la creación era bellísimamente simple. Dios dio a sus criaturas el don de la vida divina en el instante de la creación, y los puso en el mundo con el propósito de prepararlos para el cielo. Debíamos nacer en posesión de la vida divina y conservarla siempre. No existirían el desorden, la enfermedad, ni la muerte —con la condición de que permaneciéramos fieles a Dios y no nos rebeláramos contra El pecando. Pero, como cuenta la historia de la creación, aquellos que comenzaron nuestra raza defraudaron a Dios y a nosotros sus descendientes. Pecaron, y perdieron por ello la posesión más preciosa de la humanidad, la vida divina, que nos hace hijos de Dios.

La historia de la creación del mundo por Dios, de nuestros primeros padres, Adán y Eva, de su elevación a la vida divina y de su rebelión contra Dios es contada en el primer libro de la Biblia, el libro del Génesis.

En el principio, cuando Dios creó los cielos y la tierra, todo era confusión y no había nada en la tierra. Las tinieblas cubrían los abismos mientras el espíritu de Dios aleteaba sobre la superficie de las aguas. Dijo Dios: "Haya luz", y hubo luz. Dios vio que la luz era buena, y separó la luz de las tinieblas. Dios llamó a la luz "Día" y a las tinieblas "Noche". Atardeció y amaneció: fue el día Primero.

Dijo Dios: "Haya una bóveda en medio de las aguas, para que separe unas aguas de las otras." Hizo Dios entonces como una bóveda y separó unas aguas de las otras: las que estaban por encima del firmamento, de las que estaban por debajo de él. Y así sucedió. Dios llamó a esta bóveda "Cielo". Y atardeció y amaneció: fue el día Segundo.

Dijo Dios: "Júntense las aguas de debajo de los cielos en un solo depósito, y aparezca el suelo seco." Y así fue. Dios llamó al suelo seco "Tierra" y al depósito de las aguas "Mares". Y vio Dios que esto era bueno. Dijo Dios: "Produzca la tierra hortalizas, plantas que den semilla, y árboles frutales que por toda la tierra den fruto con su semilla dentro, cada uno según su especie." Y así fue. La tierra produjo hortalizas, plantas que dan semillas y árboles frutales que dan fruto con su semilla dentro, cada uno según su especie. Dios vio que esto era bueno. Y atardeció y amaneció: fue el día Tercero.

Dijo Dios: "Haya lámparas en el cielo que separen el día de la noche, que sirvan para señalar las fiestas, los días y los años, y que brillen en el firmamento para iluminar la tierra." Y así sucedió. Hizo, pues, Dios dos grandes lámparas: la más grande para presidir el día y la más chica para presidir la noche, e hizo también las estrellas. Dios las colocó en lo alto de los cielos para iluminar la tierra, para presidir el día y la noche y separar la luz de las tinieblas; y vio

Dios que esto era bueno.Y atardeció y amaneció: fue el día Cuarto.

Dijo Dios: "Llénense las aguas de seres vivientes y revoloteen aves sobre la tierra y bajo el firmamento." Dios creó entonces los grandes monstruos marinos y todos los seres que viven en el agua según su especie, y todas las aves, según su especie. Y vio Dios que todo ello era bueno. Los bendijo Dios, diciendo: "Crezcan, multiplíquense y llenen las aguas del mar, y multiplíquense asimismo las aves sobre la tierra." Y atardeció y amaneció: fue el día Quinto.

Dijo Dios: "Produzca la tierra animales vivientes de diferentes especies, animales del campo, reptiles y animales salvajes." Y así fue. Dios hizo las distintas clases de animales salvajes según su especie, los animales del campo según su especie, y todos los reptiles de la tierra según su especie. Y vio Dios que todo esto era bueno.

Dijo Dios: "Hagamos al hombre a nuestra imagen y semejanza. Que tenga autoridad sobre los peces del mar y sobre las aves del cielo, sobre los animales del campo, las fieras salvajes y los reptiles que se arrastran por el suelo".

Y creó Dios al hombre a su imagen. A imagen de Dios lo creó. Macho y hembra los creó.

Dios los bendijo, diciéndoles: "Sean fecundos y multiplíquense. Llenen la tierra y sométanla. Tengan autoridad sobre los peces del mar, sobre las aves del cielo y sobre todo ser viviente que se mueve sobre la tierra". Dijo Dios: "Hoy les entrego para que se alimenten toda clase de plantas con semillas que hay sobre la tierra, y toda clase de árboles frutales. A los animales salvajes, a las aves del cielo y a todos los seres vivientes que se mueven sobre la tierra, les doy pasto verde para que coman." Y así fue. Dios vio que todo cuanto había hecho era muy bueno. Y atardeció y amaneció: fue el día Sexto.

Así estuvieron terminados el cielo, la tierra y

todo lo que hay en ellos.El Séptimo día Dios
tuvo terminado su trabajo, y descansó en ese día
de todo lo que había hecho. Bendijo Dios el Sép-
timo día y lo hizo santo, porque ese día descansó
de sus trabajos después de toda esta creación
que había hecho (Gn 1, 1-31 ; 2, 1-3).

La historia de la creación, tal como la cuenta la
Biblia, está basada en las tradiciones orales del antiguo pueblo hebreo. Fue escrita para ellos y, por
supuesto, inspirada por Dios. No es, sin embargo, un
relato científico. No debemos esperar encontrar en él
respuestas a preguntas científicas. Corresponde al
conocimiento y a la investigación humanas, por
ejemplo, determinar la antigüedad de la tierra y el
problema de la evolución. No se escribió la Biblia
para contestar tales preguntas.

1. ¿Qué enseña este relato bíblico de la creación?
Nos enseña algunas importantes verdades religiosas:
a) Hay un solo Dios.
b) Dios es el Creador de todas las cosas.
c) Dios creó todo sin esfuerzo, meramente por su
palabra.
d) Todas las cosas creadas por Dios son buenas.
e) Todo lo que existe depende de Dios.
f) El mundo fue creado para gloria de Dios.
g) La humanidad es el punto más alto de la obra
divina en el mundo visible.

**2. ¿Nos enseña el relato bíblico de la creación
que el mundo fue hecho en seis días?**
Hablar de la creación en seis días es simplemente
una figura literaria, empleada por los autores del
Génesis para facilitar a su audiencia el comprender
y recordar lo que escuchaban o leían.
De esta manera, se describe a Dios creando "lugares" en los primeros tres días, y a los habitantes de
esos "lugares" en los segundos tres.

Por ejemplo, el "trabajo" del primero y cuarto día es descripto como la separación de la luz y de la oscuridad, en primer término, y como la creación de los cuerpos celestes que regulan la luz y la oscuridad, después. El "trabajo" del segundo y quinto día es descripto primero como la separación de las aguas (los hebreos creían que había agua sobre el cielo y bajo la tierra), y luego como la creación de los peces que viven en las aguas y los pájaros que viven en el aire que separa las aguas. El "trabajo" del tercero y sexto día es descripto como la creación de la tierra y de la vida vegetal primero, y de los animales y los hombres después.

3. ¿Por qué usó el autor del Génesis figuras literarias?

Si el autor hubiera conocido lo que la ciencia sabe ahora acerca del origen del mundo, y hubiera mostrado esta información en términos científicos, el pueblo hubiera quedado confundido y no hubiera comprendido el mensaje religioso.

En vez de ello, el autor buscó transmitir al lector ciertas verdades importantes por medio de artificios literarios. El autor inspirado intentaba expresar "...las verdades de la Creación, de su origen y de su fin en Dios, de su orden y de su bondad, de la vocación del hombre y, por último, del drama del pecado y de la esperanza de la salvación" —Catecismo de la Iglesia Católica— 289.

4. Este relato bíblico ¿descarta la evolución?

Este relato de la creación revela que Dios es el Creador de todas las cosas. La forma en que la creación se realizó no se revela en la Biblia. La ciencia moderna nos enseña la evolución de la vida vegetal y animal. Esta enseñanza no contradice la revelación mientras no excluya a Dios como Creador y director del proceso de la evolución.

5. ¿Cómo creó Dios al mundo?

No podemos de ninguna manera saber cómo creó

Dios al mundo pero creemos que la creación se realizó de acuerdo con la sabiduría divina. Toda creación tiene su origen en la libre voluntad de Dios, participando, por lo tanto, en su bondad y sabiduría. Aún más: creemos que Dios no necesitó ninguna ayuda ni empleó ninguna cosa pre-existente en su acto creador. Dios creó todo libremente de la nada.

Crear significa más que hacer algo de la nada. Cuando Dios crea algo también lo mantiene en existencia. Si no lo hiciera, volvería a la nada.

6. ¿Fue necesario que Dios creara?

Dios es absolutamente libre. No necesitó crear nada. Dios no necesita nada fuera de sí mismo.

7. ¿Por qué creó Dios, entonces, al mundo?

Dios creó al mundo para mostrar su gloria y compartir su bondad con los seres que creó. La gloria de Dios es la manifestación y comunicación de su bondad a toda la creación.

Dios logra esto compartiendo su existencia con toda su creación, que lo refleja con distintos grados de claridad.

Dios ha creado imágenes de sí mismo en el mundo espiritual: los ángeles, y en el mundo material: los seres humanos. En su infinita bondad Dios ha querido dar a los ángeles y a los hombres, como un don totalmente libre e inmerecido, una participación en su naturaleza, la vida divina.

8. ¿Qué son los ángeles?

Los ángeles son seres espirituales creados por Dios. Ellos, como los seres humanos, son creados a imagen de Dios. Los ángeles, más claramente a imagen de Dios que los hombres, por ser completamente espirituales, no necesitando cuerpos ni nada material.

9. ¿En qué difieren los ángeles de Dios?

Los ángeles son criaturas, es decir, fueron creados

por Dios. Dependen absolutamente para su existencia y actividad de la mano sostenedora de Dios. Aunque de naturaleza superior a la del hombre, son también seres limitados.

¿Cuál es la historia de la elevación y la caída de los ángeles?

En el momento en que Dios creó a los ángeles les dio la vida divina. Puesto que son seres con libre albedrío, ellos también debían probar su fidelidad a Dios. Una gran multitud de ángeles se rebeló contra Dios fijando su poderosa voluntad para siempre en el mal. Estos espíritus malignos viven ahora en el infierno y son llamados "demonios".

Los ángeles que permanecen fieles a Dios gozan de la visión de Dios en el cielo.

11. Los ángeles, ¿juegan algún papel en nuestras vidas?

Nuestros ángeles guardianes nos protegen y nos ayudan. El demonio nos tienta y trata de conducirnos al pecado. Satán, el líder de los demonios, tentó y condujo al pecado a nuestros primeros padres.

PRÁCTICA

▲   Todo en la tierra fue creado para dar gloria a Dios. Nosotros, las más grandes de sus creaturas terrenales, debemos alabarlo con nuestras mentes, con nuestros corazones, con todo nuestro ser. La adoración de Dios es nuestra primera, nuestra más importante y más exaltada función.

▲   La celebración de la Eucaristía (la Misa) es central a la fe y la práctica de la Iglesia católica. Ninguna otra forma de adoración puede expresar mejor el amor de Dios por nosotros y nuestra respuesta a ese amor que la reunión de la comunidad de creyentes alrededor de la mesa del Señor. Puesto que la Eucaristía es tan esencial a nuestra fe como católicos, la Iglesia obliga a todos a participar regularmente en la Misa del domingo y de toda fiesta de precepto.

*

Sección 7
La Creación de los hombres

Y creó Dios al hombre a su imagen.
A imagen de Dios lo creó.
Macho y hembra los creó (Gn 1, 27).

Dios, al crear a hombres y mujeres, exaltó la naturaleza humana dando a los hombres la vida divina de la gracia santificante. Luego, a causa de una gran tragedia que ocurrió en los comienzos mismos de la raza humana, los hombres perdieron la vida divina y los medios de alcanzar el cielo. Dios escogió entonces participar en nuestra humanidad, para que nosotros pudiéramos llegar a participar en su divinidad, es decir, que pudiéramos recibir de El la vida divina que había sido perdida con el pecado de Adán y Eva. A través de Jesús, Dios hizo que nuestra restitución en la vida divina fuera más maravillosa aún que el don original. *"Yo he venido para que tengan vida y la tengan en abundancia" (Jn. 10, 10).*

1. ¿Cuáles son los puntos principales que Dios nos enseña en el relato de la creación de la raza humana en el Génesis?
Los puntos principales que Dios nos enseña son éstos:

a) Dios tiene un amor y un cuidado especial por los seres humanos. Esto ocurre porque estamos hechos a su imagen y semejanza.

b) Tanto hombres como mujeres comparten la misma naturaleza humana. Por lo tanto, los dos sexos se complementan mutuamente y son interdependientes y de igual dignidad ante los ojos de Dios.

c) El alma de cada individuo es creada directamente por Dios.

d) Existe una igualdad fundamental entre todos los pueblos de la familia humana, a causa de nuestro origen común.

2. ¿Puede el origen de los seres humanos ser explicado por la teoría de la evolución?

La Biblia no da respuestas a esta pregunta. La teoría de la evolución del cuerpo humano podría adaptarse a la historia tal como la leemos en la Biblia, siempre que comprendamos por evolución un proceso dirigido por Dios y no por la casualidad.

La Revelación aclara, sin embargo, que las almas de Adán y Eva fueron creadas directamente por Dios, al igual que las almas de todo ser humano.

3. ¿Qué es un ser humano?

La persona humana ha sido creada por Dios como un ser tanto corporal como espiritual. Cuando hablamos del "alma" humana nos referimos a la dimensión espiritual única de la persona humana. El alma es el principio espiritual dentro de cada persona humana; ha sido creada directamente por Dios y es inmortal. El alma es aquello por lo cual participamos de una manera muy especial en la semejanza misma de Dios, y el cuerpo humano participa también en la dignidad de Dios. De hecho, hay en la persona humana una unidad básica.

4. El alma, ¿tiene vida por sí misma?

El alma es algo viviente e inmortal, del más grande valor para la persona humana. La existencia del alma no es "producida" por los padres humanos, sino que es creada directamente por Dios. El alma es la fuente de nuestra dignidad humana por reflejar claramente la imagen divina. Aun separada del cuerpo, el alma no dejará de existir y se reunirá con el cuerpo glorificado en la resurrección final.

5. ¿Cuál fue el don más grande que Dios dio a nuestros primeros padres?

Entre los muchos dones que Dios otorgó a los hombres el mayor fue el don de la vida divina. Así, nuestros primeros padres gozaban de una amistad especial con Dios y participaban en lo que se denomina santidad y justicia originales.

6. ¿Cómo debemos interpretar la "caída", tal como se describe en el relato del Génesis?

En esta parte de las Escrituras se emplea un lenguaje de imágenes para afirmar que, al comienzo de la historia del hombre, ocurrió un acontecimiento en el cual se cometió una falta libremente elegida, marcando toda la historia humana.

7. ¿Cómo podemos comprender el pecado de Adán y Eva en la historia de la creación?

La naturaleza exacta del pecado no nos ha sido revelada. Por el símbolo del árbol del conocimiento del bien y del mal, y las palabras del tentador: *"... se les abrirán a ustedes los ojos; entonces ustedes serán como dioses y conocerán lo que es bueno y lo que no lo es"* (Gn 3, 5), parece haber sido un pecado de desobediencia y una negativa a confiar en la bondad de Dios. Este pecado es llamado pecado original.

8. ¿Cómo afectó su pecado a Adán y a Eva?

Un solo hombre hizo entrar el pecado en el mundo, y por el pecado la muerte.
Después la muerte se propagó a todos los hombres, ya que todos pecaban... (Rom 5, 12).

Sin duda alguna la consecuencia más trágica para el hombre fue la pérdida de la vida divina. Pero Adán y Eva también perdieron otros dones. Aunque por su misma naturaleza, la unión de espíritu y materia que constituye la persona humana podría ser en sí conflictiva, no existía dicho conflicto en el caso de nuestros primeros padres. Todas las inclinaciones de sus cuerpos estaban bajo el perfecto control de sus almas; todos los poderes de sus almas estaban orientados a Dios. A causa de su pecado nuestros primeros padres perdieron este don especial. Perdieron la armonía interior. Sus cuerpos ya no estaban completamente sujetos a sus almas; sus almas no más orientadas a Dios. Y por esto quedaron sujetos, también, a la enfermedad, el sufrimiento y la muerte.

9. ¿Cómo nos afecta el pecado de nuestros primeros padres?

Por el pecado de nuestros primeros padres llegamos al mundo privados de la vida divina y sujetos a la muerte, la enfermedad y la inclinación al pecado.

El pecado original —el hecho de que venimos al mundo sin la vida divina— no debe ser confundido con el pecado actual o personal que nosotros mismos cometemos. El pecado actual puede ser mortal o venial. El pecado mortal es una ofensa tan seria contra Dios que destruye nuestra vida divina y rompe nuestra amistad con El. El pecado venial es una ofensa contra Dios que no destruye la vida divina, pero debilita nuestra voluntad y prepara el camino para el pecado mortal.

10. ¿Cuál fue la respuesta de Dios al pecado de Adán y Eva?

Dios no les devolvió sus dones menores, como la libertad de la muerte. Lo más importante, sin embargo, es que Dios les prometió que su propio Hijo se haría hombre para redimirnos y devolver la vida divina a todos.

Cuando el Hijo de Dios se hizo hombre tomó el nombre de Jesús, que significa salvador.

11. ¿Qué quiso significar Jesús cuando dijo que había venido para que pudiéramos tener "vida sobreabundante"?

Desde que Dios se hizo hombre hemos sido honrados y exaltados más que los ángeles. Tenemos a Jesucristo como nuestra cabeza, enseñándonos y santificándonos a través de la Iglesia. Tenemos los sacramentos, en los cuales recibimos la vida divina. Comemos y bebemos el cuerpo y la sangre de Dios en la Eucaristía.

Tenemos como nuestra madre y modelo la mayor de todas las creaturas de Dios, el único ser humano concebido sin pecado original, María, Madre de Dios.

A pesar del trágico pecado de Adán y Eva y el combate por la salvación que ahora debemos librar, y a pesar del sufrimiento y el mal que se encuentran en el mundo como consecuencia de ese pecado, la Iglesia todavía se alegra en esta impresionante y bella canción, que se canta en el oficio de Vigilia Pascual:

"Padre, ¡qué maravilloso es tu cuidado! ¡qué ilimitado tu misericordioso amor! Para rescatar a un esclavo entregaste a tu Hijo. ¡Oh, falta feliz!, ¡Oh, pecado necesario de Adán, que nos ganó tan grande Redentor!"

PRÁCTICA

▲   La historia del pecado de Adán y de Eva nos ayuda a comprender nuestra tendencia hacia el mal y nuestra necesidad de cuidarnos con diligencia para no someternos a esa inclinación. Algunas veces nuestras acciones y actitudes pueden ser influenciadas por el orgullo y el egoísmo. Los católicos creemos que aun nuestros deseos naturales, buenos en sí mismos, pueden descontrolarse fácilmente y llevarnos a conductas excesivas. Pese a nuestra bondad innata, todos debemos lidiar con la realidad de nuestra debilidad.

▲   La Tradición católica enseña que podemos fortalecer nuestra resolución de hacer el bien y evitar el mal mediante prácticas de auto-negación o actos de caridad. Por ejemplo, se alienta a los católicos a dejar de comer carne los viernes, o a realizar algún otro acto de sacrificio. Este tipo de ejercicios pueden fortalecernos espiritualmente, pues nos recuerdan que necesitamos la ayuda de Dios para evitar el pecado.

▲ En el Padrenuestro, la plegaria que Jesús mismo nos enseñó, pedimos "no nos dejes caer en la tentación, y líbranos del mal."

*

PARTE II: CRISTO, LA VIDA

Sección 8
Jesucristo, Dios-Hombre

"Todo lo que el Padre me ha dado vendrá a mí, y yo no rechazaré al que venga a mí, porque yo he bajado del cielo, no para hacer mi voluntad, sino la voluntad del que me ha enviado. Y la voluntad del que me ha enviado es que yo no pierda nada de lo que él me ha dado, sino que lo resucite en el último día.

Sí, ésta es la decisión de mi Padre: toda persona que al contemplar al Hijo crea en él, tendrá vida eterna, y yo lo resucitaré en el último día" (Jn 6, 37-40).

Cuando "en la plenitud de los tiempos" Dios envió al Redentor prometido, no envió simplemente a un ser humano con poder de enseñar y actuar en su nombre, sino a su Hijo unigénito. Jesucristo no es meramente un hombre: es Dios-hecho-hombre para ser el mediador entre Dios y nosotros.

Jesucristo expresó su triple función como Dios-Hombre con estas palabras: *"Yo soy el Camino, la Verdad y la Vida"* (Jn 14, 6).

Jesús es la vida: nuestro sacerdote, que nos redimió por su muerte en la cruz, que comparte con nosotros su vida divina.

Jesús es la verdad: nuestro maestro, que nos revela por su palabra y su ejemplo las verdades eternas del reino de los cielos.

Jesús es el camino: nuestro rey, que vino a atraer

a sí a todos los hombres en un reino espiritual, iniciado aquí en la tierra en su Iglesia y que será completado en su reino eterno en el cielo.

El Hijo de Dios llenó estas tres funciones como hombre. Fue como hombre que Jesús primero se reveló a sí mismo y que, más tarde, proclamó y probó abiertamente su divinidad. Pero antes ganó el amor y la confianza de todos los que lo rodeaban mostrándoles su verdadera humanidad. Estudiando la vida de Cristo, por lo tanto, nos acercamos al Dios-Hombre tal como El se reveló, en primer lugar, a través de su naturaleza humana.

1. ¿Quién es la madre de Jesús?

La Santa Virgen María es la madre de Jesús.

2. ¿Cómo se convirtió la Santa Virgen en madre de Jesús?

Al sexto mes el ángel Gabriel fue enviado por Dios a una ciudad de Galilea, llamada Nazaret, a una joven virgen que estaba comprometida en matrimonio con un hombre llamado José, de la familia de David. La virgen se llamaba María. Llegó el ángel hasta ella y le dijo: "Alégrate, llena de gracia, el Señor está contigo." María quedó muy conmovida al oír estas palabras, y se preguntaba qué significaría tal saludo. Pero el ángel le dijo: "No temas, María, porque has encontrado el favor de Dios. Concebirás en tu seno y darás a luz un hijo, al que pondrás el nombre de Jesús. Será grande y justamente será llamado Hijo del Altísimo. El Señor Dios le dará el trono de su antepasado David; gobernará por siempre al pueblo de Jacob y su reinado no terminará jamás". María entonces dijo al ángel: "¿Cómo puede ser eso, si yo soy virgen?" Contestó el ángel: "El Espíritu Santo descenderá sobre ti y el poder del Altísimo te cubrirá con su sombra; por eso el niño santo que nacerá de ti será llamado Hijo de Dios. También tu parienta Isabel está esperando un hijo en su vejez, y aunque no podía tener familia, se encuentra ya en el sexto mes del embarazo. Para Dios, nada es imposible". Dijo María: "Yo soy la servidora del Señor, hágase en mí tal como has dicho". Después la dejó el ángel. (Lc 1, 26-38).

3. ¿Por qué el ángel saludó a María diciendo "Alégrate, llena de gracia, el Señor está contigo"?

El ángel saludó a María de esta forma porque, por estar destinada a ser la Madre de Dios, María fue la más privilegiada de todas las creaturas de Dios. Fue el único ser humano preservado de toda mancha de pecado original desde el momento de su concepción. Llamamos a esto su "Inmaculada Concepción". Aún más: con tanta perfección cooperó María con el plan de Dios que es, por ello, la más santa de todas sus creaturas. A lo largo de su vida nunca fue culpable del pecado más leve ni dejó de cumplir con la voluntad de Dios.

4. ¿Qué significan las palabras: "El Espíritu Santo descenderá sobre ti y el poder del Altísimo te cubrirá con su sombra"?

Estas palabras significan que Jesús sería concebido milagrosamente en el útero de María, sin la ayuda de un padre humano. Llamamos a este mensaje la Anunciación.

5. ¿Por qué Jesús nació de una virgen?

Jesús nació de una virgen porque su Padre así lo quiso. Hubiera sido posible que Cristo tuviera un padre humano, pero era eminentemente adecuado que su madre fuera una virgen y que su concepción fuera milagrosa. A lo largo de siglos de preparación para la llegada de Cristo, Dios había obrado maravillas en la concepción de los siervos que prepararon el camino para la venida de su Hijo. Abraham recibió un hijo de Sara cuando ella era ya vieja y había pasado la edad de poder concebir. Isabel, que había sido estéril, concibió milagrosamente en su vejez a Juan el Bautista, precursor de Cristo. Era adecuado, por lo tanto, que un milagro aún mayor marcara la concepción y nacimiento del Redentor mismo. Dios determinó que Jesús no tuviera un padre terrenal. El sería el Hijo del mismo Dios. Era adecuado, también, que el útero que llevó al Hijo de Dios no llevara luego a una creatura meramente humana. Por lo tanto, María, Madre de Dios y Esposa del Espíritu Santo, permaneció siempre virgen luego del nacimiento de Cristo.

6. ¿Quién fue San José?

San José fue el esposo de María y el padre adoptivo de Jesús. Sabemos que José era de la Casa de David (cf. Mt 1, 16), que era carpintero (cf. Mt 13, 55), y que era obediente a Dios, quien le hablaba por intermedio de los ángeles (cf. Mt 1, 19-25; 2, 13-15, 19-23). José es venerado como el santo patrón de todos los trabajadores y padres.

7. ¿Quienes son los "hermanos de Jesús" mencionados en la Biblia?

No son hermanos sino parientes.La palabra hermano era empleada usualmente en esa época para nombrar cualquier relación de sangre. Igualmente, la palabra "primogénito" no significa que María y José tuvieran otros hijos. Es un término que se refiere al primogénito varón, quien debía, bajo la ley judía, ser ofrecido a Dios (cf. Ex 13, 2).

8. ¿Cuál es la historia del nacimiento de Cristo?

Por aquellos días salió un decreto del emperador Augusto, por el que se debía proceder a un censo en todo el imperio. Este fue el primer censo, siendo Quirino gobernador de Siria. Todos, pues, empezaron a moverse para ser registrados cada uno en su ciudad natal. José también, que

estaba en Galilea, en la ciudad de Nazaret, su-
bió a Judea, a la ciudad de David, llamada
Belén, porque era descendiente de David; allí se
inscribió con María, su esposa, que estaba em-
barazada. Mientras estaban en Belén, llegó
para María el momento del parto, y dio a luz a
su hijo primogénito. Lo envolvió en pañales y lo
acostó en un pesebre, pues no había lugar para
ellos en la sala principal de la casa (Lc 2, 1-7).

9. ¿ Donde vivió Jesús la mayor parte de su vida?

Luego de su nacimiento en Belén y de su exilio en Egipto (para escapar del rey Herodes, que buscaba matarlo), Jesús vivió en el pequeño pueblo de Nazaret en Galilea de Judea, una parte de lo que es hoy Israel, hasta alrededor de los treinta años de edad.

10. ¿Por qué pasó Jesús treinta años de vida oculta?

Jesús hizo esto para darnos el ejemplo de cómo vivir una vida humana, santa, ordinaria. La mayor parte de nosotros no puede imitar a Jesucristo en su vida de predicar y enseñar. Pero todos podemos imitarlo en su callada vida familiar en Nazaret.

11. Jesús, ¿sentía y actuaba como lo hacen los demás hombres?

Al hacerse hombre Jesús tomó en sí mismo todo lo que pertenece a la naturaleza humana, excepto el pecado y la ignorancia.

12. ¿Cuáles son algunos de los incidentes en los Evangelios que nos muestran la humanidad de Jesús?

A lo largo de su infancia la conducta de Jesús fue la de un niño normal; tanto es así que, cuando siendo hombre, se proclamó a sí mismo como el Mesías, la gente de su propio pueblo se negó a creerle (cf. Lc 4, 16-30).

Dentro del canon de las Escrituras vemos un solo episodio inusual durante la infancia de Jesús: cuando a los doce años enseñó en el templo (cf. Lc 2, 42-51)

Sabemos también que Jesús sintió hambre, sed, fatiga (cf. Lc 4, 2; Jn 19, 28; Jn 4, 6).

Amaba a los niños (cf. Mc 10, 13-16).

Sintió tristeza y lloró (cf. Jn 11, 32-36) ; (Lc 19, 41-44).

Se sintió solo (cf. Mt 26, 37-46).

Le gustaba la compañía humana (cf. Jn 2, 1-12).

Visitaba la casa de sus amigos (cf. Lc 19, 1-10).

Sintió agudamente la traición de Judas y la negación de Pedro (cf. Lc 22, 39-62).

Experimentó la agonía de su pasión y muerte. La sola anticipación de ésta le provocó tal sufrimiento mental que sudó sangre (cf. Lc 22, 41-44).

El tierno amor de Jesús por todos los hombres es evidente continuamente a lo largo de los Evangelios. Y en ningún lugar se muestra tan bellamente como en su discurso a los apóstoles en la Ultima Cena. Este discurso y plegaria de Jesús por sus apóstoles toma cuatro capítulos del Evangelio de San Juan (cf. Jn 14-17).

13. ¿Cuándo comenzó Jesús su vida pública?

Jesús comenzó su vida pública alrededor de los treinta años. En ese tiempo deja Nazaret y recorre Galilea predicando, enseñando y haciendo milagros.

PRÁCTICA

▲ La fe católica nos enseña que Jesucristo es verdadero Dios y verdadero Hombre — no "verdaderamente" uno o "verdaderamente" otro. Esta doctrina de la Encarnación (es decir, que Dios se convierta en hombre) también nos dice que Jesús no es una mezcla, parte divino y parte humana. Expresamos este misterio de la encarnación diciendo que la divinidad de Jesús "asumió" la humanidad de Jesús. Esta creencia cristiana fundamental está claramente enunciada en el Credo Niceano, escrito en el siglo III D.C., que aún se recita en la Misa.

▲ Una tradición estacional que aún se observa en la iglesia y en el hogar es la de la "Corona de Adviento" Se arma una corona con laurel o alguna otra planta verde perenne, y se coloca en un lugar importante en la iglesia y/o el hogar. Se colocan espaciadas sobre la corona cuatro velas, y al comienzo de cada semana de Adviento se enciende una de ellas para señalar la cercana venida de Cristo. El Adviento, tiempo de anticipación, nos prepara para celebrar la Navidad, que comienza con la Misa de medianoche.

▲ Hay tres diferentes misas en Navidad: la Misa de medianoche, la del amanecer, y la Misa posterior por la mañana. En la Misa de medianoche el énfasis está puesto en la generación eterna de la Palabra de Dios antes de todos los tiempos. En la Misa del amanecer se pone el acento en Cristo como Luz del mundo. La tercera Misa enfatiza que Dios ha enviado a su Hijo al mundo para salvar a todas las gentes. Todos los que le escuchan y lo siguen son hechos hijos e hijas de Dios.

▲ En la gran fiesta de la Epifanía celebramos la manifestación de Cristo a los gentiles (a todos aquellos que no son judíos) con la historia de los Magos (sabios, astrólogos o reyes) que vinieron de Oriente a rendir homenaje al Cristo Niño.

*

Sección 9
Jesucristo: Supremo Maestro

Jesús les habló de muchas cosas, usando comparaciones o parábolas.
Les decía: "El sembrador salió a sembrar. Y mientras sembraba, unos granos cayeron a lo largo del camino: vinieron las aves y se los comieron. Otros cayeron en terreno pedregoso, con muy poca tierra, y brotaron en seguida, pues no había profundidad. Pero apenas salió el sol, los quemó y, por falta de raíces, se secaron. Otros cayeron en medio de cardos: éstos crecieron y los ahogaron. Otros granos, finalmente, cayeron en buena tierra y produjeron cosecha, unos el ciento, otros el sesenta y otros el treinta por uno" (Mt 13, 3-8).

Cristo fue enviado al mundo por su Padre para comunicar a los hombres caídos el amor salvador de Dios y la venida del Reino. Jesús predicaba a los judíos, pues era a ellos a quienes Dios había prometido el Redentor. Nuestro Señor pasó los tres años de su vida pública buscando al pueblo elegido para proclamar esta buena nueva.

Predicó en las ciudades y en el campo, en las calles y en las colinas, en el templo y en los hogares del pueblo. En el Evangelio de Juan, cuando a Jesús le quedaba un solo día de vida, resumió cómo había enseñado al decir:

"He manifestado tu Nombre a los hombres: hablo de los que me diste, tomándolos del mundo. Eran tuyos, y tú me los diste y han guardado tu Palabra. Ahora reconocen que todo aquello que me has dado viene de ti. El mensaje que recibí se lo he entregado y ellos lo han recibido, y reconocen de verdad que yo he salido de ti y creen que tú me has enviado" (Jn 17, 6-8).

Jesús era un maestro valiente. No modificó su doctrina para contentar a los líderes de la gente ni a la gente misma. Sabía que muchas de sus palabras caerían en oídos sordos, pero sabía también que cada persona que reciba sus palabras con alegría *"...dará fruto y producirá cien, sesenta o treinta veces más"* (Mt 13, 23) y llevará su mensaje a los confines de la tierra.

1. ¿Qué enseñó a la gente Nuestro Señor?

Nuestro Señor enseñó a la gente que la Redención estaba cerca y que el Reino de Dios había llegado. San Marcos cuenta que El proclamaba el jubiloso anuncio del reino de Dios (cf. Mc 1, 14). San Mateo dice que Jesús andaba *proclamando la buena nueva del reino* (Mt 4, 23).

Jesús vino a consumar la Ley Antigua de los hebreos. Tomó cada parte de la antigua revelación de doctrina, ley moral y celebración y la completó en una nueva y más perfecta revelación. *"No crean que he venido a suprimir la Ley o los Profetas. He venido, no para deshacer cosa alguna, sino para llevarla a la forma perfecta"* (Mt 5, 17).

Al predicar su Evangelio Jesús nos habló del infinito amor de Dios por todos nosotros, del misterio de la Trinidad, de su propia divinidad, de su Iglesia y de los sacramentos.

2. ¿Cómo enseñó Jesús?

Jesús enseñó en distintas formas. Algunas de sus enseñanzas —por ejemplo, la ley del amor— fueron enunciadas simple y directamente. Otras están presentadas en forma de parábolas, historias como la del sembrador que sembraba buena semilla (cf. Mt 13,18-23). Aunque Jesús enseñaba con palabras de gran autoridad y realizaba milagros que asombraban a la gente, enseñaba más que nada con su ejemplo. San Agustín, refiriéndose al ejemplo de Cristo, expresa: "No dijo: 'Aprendan de mí cómo construir un mundo y resucitar a los muertos', sino 'Aprendan de mí: Yo soy manso y humilde de corazón'."

3. ¿Qué es una parábola?

Una parábola es la ilustración de una verdad por medio de un ejemplo o una historia. Al emplear parábolas, Jesús pudo presentar grandes verdades religiosas de una manera que permitía que éstas fueran comprendidas y recordadas por todos, tanto por las personas ilustradas como por quienes no lo eran.

Por ejemplo, Jesús enseñó:

a) La necesidad de las buenas obras, en la parábola de la higuera que no daba fruto (cf. Lc 13, 6-9).

b) Las virtudes de la humildad y del arrepentimiento, en la parábola del fariseo y el publicano (cf. Lc 18, 9-14).

c) La necesidad de estar preparado para la muerte en todo momento, de estar en posesión de la vida divina en todo instante, en las parábolas de las vírgenes descuidadas y precavidas (cf. 25, 1-13) y del casamiento del hijo del rey (cf. Mt 22, 1-14).

d) La necesidad de perdonar a los enemigos, en la parábola del sirviente despiadado (cf. Mt 18, 23-35).

e) La necesidad de amar al prójimo, en la parábola del buen Samaritano (cf.Lc 10, 30-37).

f) El amor y la misericordia de Dios, en la parábola del hijo pródigo (cf. Lc 15, 11-32).

4. ¿Cuáles son algunas de las doctrinas que Jesús enseñó, tanto con el ejemplo como con las palabras?

Nuestro Señor ejemplificó en su vida todas sus enseñanzas, en particular aquéllas sobre el amor de Dios y del prójimo, la oración, el sometimiento a la voluntad de Dios, la pobreza y el desprendimiento.

5. ¿Cómo enseñó Jesús el amor?

"Ustedes han oído que se dijo: 'Amarás a tu prójimo y no harás amistad con tu enemigo.' Pero yo les digo: Amen a sus enemigo y recen por sus perseguidores, para que así sean hijos de su Padre que está en los Cielos. Porque él hace brillar su sol sobre malos y buenos, y envía la lluvia sobre justos y pecadores. Si ustedes aman solamente a quienes los aman, ¿qué mérito tiene? También los cobradores de impuestos lo hacen. Y si saludan sólo a sus amigos, ¿qué tiene de especial? También los paganos se comportan así. Por su parte, sean ustedes perfectos como es perfecto el Padre de ustedes que está en el Cielo" (Mt 5, 43-48).

Jesús ejemplificó esta enseñanza dando libremente su vida por todos. *"No hay amor más grande que dar la vida por sus amigos"* (Jn 15, 13).

Oró en la cruz por aquellos que lo crucificaron. *"Padre, perdónalos, porque no saben lo que hacen"* (Lc 23, 34).

La mayor parte de sus milagros fueron hechos por compasión hacia los enfermos y los que sufren:

a) La cura del sirviente del centurión (cf. Mt 8, 5-13).

b) La resurrección de los muertos: de la hija de Jairo (cf. Mt 9, 18-26); del hijo de la viuda (cf. Lc 7, 11-16) y de Lázaro (cf. Jn 11, 1-44).

c) La cura del paralítico en la piscina de Betesda (cf. Jn 5, 1-9).

d) La cura del ciego de nacimiento (cf. Jn 9, 1-38).

6. ¿Cómo enseñaba Jesús a orar?

Jesús enseñaba el verdadero espíritu de la oración, insistiendo en la sinceridad y en la simplicidad, y denunciando la hipocresía y el palabrerío en las plegarias (cf. Mt 6, 5-9).

La vida entera de Jesús fue vivida en constante unión con su Padre. Todas sus acciones estaban en perfecto acuerdo con Su voluntad. Su vida íntegra fue, por lo tanto, una continua plegaria.

Pero Jesús pasaba también largos períodos absorto en la oración. Los Evangelios declaran con frecuencia que pasaba toda la noche en oración.

Antes de comenzar su vida pública se retiró al desierto, donde pasó cuarenta días y noches orando y ayunando (cf. Lc 4, 1-2).

Cuando estaba por elegir a sus discípulos, pasó toda la noche en oración (cf. Lc 6, 12).

Gran parte de sus milagros fueron precedidos por la oración: la curación del sordomudo (cf. Mc 7, 34); la resurrección de Lázaro (cf. Jn 11, 41); la multiplicación de los panes (cf. Mt 14, 19).

Comenzó su pasión con la oración en la Ultima Cena (cf. Jn 17, todo el capítulo).

Oró durante su agonía en el jardín (cf. Mt 26, 36-44).

Oró mientras colgaba de la cruz (cf. Lc 23, 34-46).

7. ¿Cómo enseñó Jesús la perfecta sumisión a la voluntad de Dios?

"...no hago nada por mi cuenta, sino que sólo digo lo que el Padre me ha enseñado. El que me ha enviado está conmigo y no me deja nunca solo, porque yo hago siempre lo que le agrada a él" (Jn 8, 28-29).

La característica sobresaliente de Jesús fue su entrega total, sin reservas, a la voluntad de Dios, su grande y ardiente amor por el Padre. Ninguna otra persona cumplió nunca tan completamente el primer mandamiento de la ley: *"Y tú amarás a Yavé, tu*

Dios, con todo tu corazón, con toda tu alma y con todas tus fuerzas" (Dt 6, 5).

Las primeras palabras registradas de Jesús, en ese momento un muchacho de 12 años, fueron: *"¿No saben que yo debo estar donde mi Padre?"* (Lc 2, 49). Estas palabras fueron dirigidas a María y José, para explicarles por qué se había quedado en Jerusalén. Sin embargo, luego de decir esto, bajó a Nazaret y *"...siguió obedeciéndoles"* (Lc 2, 51), porque ésa era la voluntad de su Padre.

Todo acto de Jesús fue dictado por el amor a su Padre. En medio de la angustia que sintió al contemplar los sufrimientos y la muerte que estaba a punto de sufrir, oró: *"Padre, si es posible, que esta copa se aleje de mí. Pero no se haga lo que yo quiero, sino lo que quieres tú"* (Mt 26, 39).

8. ¿Cómo enseñó Jesús la pobreza y el desprendimiento?

"Por eso yo les digo: No anden preocupados por su vida con problemas de alimentos, ni por su cuerpo con problemas de ropa. ¿No es más importante la vida que el alimento y más valioso el cuerpo que la ropa? Fíjense en las aves del cielo: no siembran, ni cosechan, no guardan alimentos en graneros, y sin embargo el Padre del Cielo, el Padre de ustedes, las alimenta. ¿No valen ustedes mucho más que las aves?

¿Quién de ustedes, por más que se preocupe, puede añadir algo a su estatura? Y ¿por qué se preocupan tanto por la ropa? Miren cómo crecen las flores del campo, y no trabajan ni tejen. Pero yo les digo que ni Salomón, con todo su lujo, se pudo vestir como una de ellas. Y si Dios viste así el pasto del campo, que hoy brota y mañana se echa al fuego, ¿no hará mucho más por ustedes? ¡Qué poca fe tienen! No anden tan preocupados ni digan: ¿tendremos alimentos? o ¿qué beberemos? o ¿tendremos ropas para vestirnos? Los que no conocen a Dios se afanan por esas cosas,

*pero el Padre del Cielo, Padre de ustedes, sabe
que necesitan todo eso. Por lo tanto, busquen
primero el Reino y la Justicia de Dios, y se les
darán también todas esas cosas. No se preocupen por el día de mañana, pues el mañana se
preocupará por sí mismo. A cada día le bastan
sus problemas" (Mt 6, 25-34).*

*"No junten tesoros y reservas aquí en la tierra,
donde la polilla y el óxido hacen estragos, y donde los ladrones rompen el muro y roban. Junten
tesoros y reservas en el Cielo, donde no hay polilla ni óxido para hacer estragos, y donde no
hay ladrones para romper el muro y robar. Pues
donde está tu tesoro, allí estará también tu corazón". (Mt 6, 19-21).*

Jesús ejemplificó sus enseñanzas con su propio y
total desprendimiento. Nació en un establo. Trabajó
como carpintero en el pequeño pueblo de Nazaret.
Durante los tres años de su vida pública no tuvo ni
hogar ni posesiones. Dijo de sí mismo : *"Los zorros
tienen cuevas y las aves tienen nidos, pero el Hijo del
Hombre ni siquiera tiene dónde recostar la cabeza"*
(Mt 8, 20).

Jesús tuvo un especial amor y preocupación por
los pobres. Eligió como discípulos, en su mayor parte, a aquellos de pocos medios, y les pidió que deja-
ran todo para seguirlo.

PRÁCTICA

▲   Jesús todavía enseña al mundo. Ahora lo
hace a través de su Iglesia. Una de las maneras más
efectivas por medio de las cuales Nuestro Señor nos
enseña hoy es a través de la liturgia de la Iglesia.
Recordemos, al escuchar la lectura de las lecciones
de las Escrituras y la homilía de la Misa, que es
Jesús mismo quien nos habla y enseña.

▲   Lee con cuidado las parábolas de Jesús que se encuentran en los cuatro Evangelios. Las historias contadas por Jesús deberían inspirarnos a contar a los demás nuestras propias historias personales de fe.

▲   Todo cristiano debería seguir el ejemplo de Jesús y orar todos los días.

▲   La Iglesia promueve el espíritu de pobreza y desprendimiento de Jesús a través del ejemplo de muchas de sus órdenes religiosas, algunas de las cuales tienen auxiliares especiales para los laicos.

*

Sección 10
La gran enseñanza de Cristo:
la Santísima Trinidad

"Me ha sido dada toda autoridad en el Cielo y en la tierra. Vayan, pues, y hagan que todos los pueblos sean mis discípulos. Bautícenlos en el Nombre del Padre y del Hijo y del Espíritu Santo" (Mt 28, 18-19).

Jesucristo nos ha revelado los secretos del reino de los cielos. En la mayor de sus enseñanzas nos ha revelado el secreto de Dios mismo. Nos ha hablado de la vida más íntima de Dios, del misterio de la Santísima Trinidad. Dios, nos ha dicho, no es una sola Persona, como podríamos creer, sino tres Personas: Padre, Hijo y Espíritu Santo. Eso puede sernos difícil de aprehender o de comprender, pero deberíamos recordar las palabras del profeta Isaías:

Pues sus proyectos no son los míos, y mis caminos no son los mismos de ustedes, dice Yavé.
Así como el cielo está muy alto por encima de la tierra así también mis caminos se elevan por encima de sus caminos
y mis proyectos son muy superiores a los de ustedes (Is 55, 8-9).

De todos los misterios de nuestra fe, el de la Santísima Trinidad es el más profundo. Sin embargo, Dios nos lo ha revelado a través de su Hijo Jesús. Y lo ha hecho porque quiere que conozcamos a Dios como realmente es, que sepamos tanto como sea posible de Dios para devolverle en alguna medida el amor sin límites que nos profesa.

1. ¿Qué nos enseñó Jesús de la vida más íntima de Dios?

Jesús enseñó, como ya lo sabían los hebreos de su tiempo, que hay un solo Dios, un supremo Creador y Legislador.

Pero, al revelarnos la vida íntima de Dios, Jesús enseñó que en Dios hay tres Personas distintas, cada una absolutamente igual a las otras. Nos dijo el nombre de esas tres Personas Divinas: Padre, Hijo y Espíritu Santo.

2. ¿Cómo nos dijo Dios que hay tres Personas Divinas?

Jesús habla continuamente de su Padre, llamándolo por ese nombre. Cuando echó a los mercaderes del Templo, les dijo: *"Saquen eso de aquí y no conviertan la Casa de mi Padre en un mercado."* (Jn 2,16).

A sus apóstoles les dijo:

"Mi Padre es glorificado cuando ustedes producen abundantes frutos: entonces pasan a ser discípulos míos. Como el Padre me amó, así también los he amado yo: permanezcan en mi amor. Si cumplen mis mandamientos, permanecerán en mi amor, como yo he cumplido los mandamientos de mi Padre y permanezco en su amor" (Jn 15, 8-10).

Jesús reveló también que El es el Hijo, el único Hijo concebido de ese Padre, igual al Padre. Hablando de sí mismo dice: *"¡Así amó Dios al mundo! Le dio al Hijo Unico, para que quien cree en él no se pierda, sino que tenga vida eterna"* (Jn 3, 16).

En la Ultima Cena Jesús oró al Padre:

"Padre, ha llegado la hora: ¡glorifica a tu Hijo para que tu Hijo te dé gloria a ti! Tú le diste poder sobre todos los mortales, y quieres que comunique la vida eterna a todos aquellos que le encomendaste.Y ésta es la vida eterna: conocerte a ti, único Dios verdadero, y al que tú has enviado, Jesús, el Cristo. Yo te he glorificado en la tierra y he terminado la obra que me habías encomendado.

Ahora, Padre, dame junto a ti la misma Gloria que tenía a tu lado antes que comenzara el mundo" (Jn 17, 1-5).

Dijo a sus apóstoles: *"Todo lo que tiene el Padre es mío"* (Jn 16, 15).

En respuesta a las palabras de Felipe: *"Señor, muéstranos al Padre, y eso nos basta"* (Jn 14, 8), Jesús le dijo :*"Hace tanto tiempo que estoy con ustedes, ¿y todavía no me conoces, Felipe? El que me ve a mí ve al Padre. ¿Cómo es que dices: Muéstranos al Padre ? ¿No crees que yo estoy en el Padre y que el Padre está en mí? Cuando les enseño, esto no viene de mí, sino que el Padre, que permanece en mí, hace sus propias obras"* (Jn 14, 9-10).

Finalmente, Jesús promete enviar a una tercera Persona Divina, el igual de El y del Padre. En la Ultima Cena dijo a sus apóstoles:

"Y yo rogaré al Padre y les dará otro Protector que permanecerá siempre con ustedes, el Espíritu de Verdad, a quien el mundo no puede recibir, porque no lo ve ni lo conoce. Pero ustedes lo conocen, porque está con ustedes y permanecerá en ustedes" (Jn 14, 16-17).

"En adelante el Espíritu Santo, el Intérprete que el Padre les va a enviar en mi Nombre, les enseñará todas las cosas y les recordará todo lo que yo les he dicho" (Jn 14, 26).

"Cuando venga el Protector que les enviaré desde el Padre... dará testimonio de mí" (Jn 15, 26).

Cuando envió a los apóstoles a predicar el Evangelio al mundo entero, Jesús les dijo que bautizaran *"... en el nombre del Padre y del Hijo y del Espíritu Santo"* (Mt 28, 19). Aquí Cristo expresa en un corta fórmula la idea de un Dios ("en el nombre") en tres Personas Divinas iguales y definidas ("del Padre, del Hijo y del Espíritu Santo").

3. ¿Por qué la primera Persona Divina es llamada el Padre?

La primera Persona Divina es llamada el Padre porque ésta es la forma en que lo llamaba Jesús. Es el Padre el que engendra a la Segunda Persona Divina, al Verbo eterno, quien es *"el resplandor de la Gloria de Dios...* (en quien Dios expresó) *lo que es en sí mismo"* (Heb 1, 3).

4. ¿Por qué la segunda Persona Divina es llamada el Hijo?

La segunda Persona Divina es llamada el Hijo porque es la perfecta imagen del Padre: "Dios de Dios, Luz de Luz, Dios verdadero de Dios verdadero, engendrado, no creado, de la misma naturaleza del Padre" —Credo Niceano.

5. ¿Por qué la tercera Persona Divina es llamada el Espíritu Santo?

La tercera Persona Divina es llamada el Espíritu Santo porque es la Persona del amor Divino, el Aliento del Padre y el Hijo. El es el "Señor y dador de vida, que procede del Padre y del Hijo, que con el Padre y el Hijo recibe una misma adoración y gloria, y que habló por los profetas" —Credo Niceano.

6. ¿Cómo distinguimos entre las tres Personas de Dios?

Jesús habló del Padre como Creador y Rey. Los

Evangelios muestran también a Jesús empleando la muy amante y familiar expresión "Abba", que puede ser traducida como "papá", al dirigirse a su Padre.

Jesús, la segunda Persona Divina, se hizo hombre, vivió y murió en la tierra. Como Dios, Jesús es llamado el Verbo, el Conocimiento Eterno del Padre. Por eso San Juan, hablando de la segunda Persona Divina, dice:

> En el principio era la Palabra, y la Palabra estaba ante Dios, y la Palabra era Dios... Por Ella se hizo todo, y nada llegó a ser sin Ella... Y la Palabra se hizo carne y puso su tienda entre nosotros...(Jn 1, 1; 1, 3; 1, 14).

Jesús habló del Espíritu Santo como de Aquél a quien El y el Padre mandarían para iluminar e inspirarnos. Asociamos naturalmente los actos de amor e inspiración con el Espíritu Santo, puesto que es el Amor Divino.

Sabemos, sin embargo, que cada una de las tres Personas Divinas es el Dios único, que es Creador, Rey, Salvador y Espíritu de Amor que vive en todos los que poseen la vida divina.

7. ¿Encontramos alguna manifestación de la Santísima Trinidad en el Nuevo Testamento?

Cuando Jesús fue bautizado por Juan en el río Jordán:

> Un día fue bautizado también Jesús entre el pueblo que venía a recibir el bautismo. Y mientras estaba en oración, se abrieron los cielos: el Espíritu Santo bajó sobre él y se manifestó exteriormente en forma de paloma, y del cielo vino una voz: "Tú eres mi Hijo, hoy te he dado a la vida." (Lc 3, 21-22).

Cuando Jesús fue transfigurado ante Pedro, Santiago y Juan, el Padre habló desde el cielo: *"En eso se formó una nube que los cubrió con su sombra, y desde la nube llegaron estas palabras: 'Este es mi Hijo, el Amado, escúchenlo.'"* (Mc 9, 7).

En Pentecostés la venida del Espíritu Santo se manifestó por el ruido de un viento poderoso y la aparición de lenguas de fuego:

Cuando llegó el día de Pentecostés, estaban todos reunidos en el mismo lugar. De repente vino del cielo un ruido, como el de una violenta ráfaga de viento, que llenó toda la casa donde estaban, y aparecieron unas lenguas como de fuego que se repartieron y fueron posándose sobre cada uno de ellos. Todos quedaron llenos del Espíritu Santo y comenzaron a hablar en otras lenguas, según el Espíritu les concedía que se expresaran (Hch 2, 1-4).

8. ¿Cómo ha hablado la Iglesia de la Trinidad?

Es imposible describir adecuadamente este misterio. Se dice que hasta el gran Padre de la Iglesia, San Agustín, afirmaba que intentar comprender la Trinidad era como tratar de meter el océano en un pequeño pozo en la arena. A través de los siglos la Iglesia, en sus credos y teología, ha usado términos como "substancia" o "naturaleza" al hablar de la unidad de la Trinidad. También ha empleado el término "persona" cuando habla de las distinciones o diferencias reales en la Trinidad, así como también "relación" para indicar que las tres Personas de la Trinidad son, esencialmente, en relación con las otras. Estas palabras capturan las verdades esenciales del misterio de la Trinidad.

9. ¿Cómo honramos a la Santísima Trinidad en la liturgia?

a) La Iglesia dirige comúnmente sus oraciones a Dios Padre, por intermedio del Hijo, en unión con el Espíritu Santo.

b) En la gran fiesta de Pentecostés, cincuenta días después de Pascua, celebramos la venida del Espíritu Santo sobre la Iglesia.

c) El primer domingo después de Pentecostés celebramos, todos los años, el domingo de la Santísima Trinidad.

10. ¿Cómo podemos rezar a la Santísima Trinidad?

a) Podemos simplemente rezar a Dios, es decir, a la Santísima Trinidad.

b) Podemos rezar a cualquiera de las tres Personas Divinas.

c) Podemos rezar como lo hace más a menudo la Iglesia: al Padre, por intermedio del Hijo, en unión con el Espíritu Santo.

Nuestro Señor prometió: *"En verdad les digo que todo lo que pidan al Padre en mi Nombre, se lo concederá"* (Jn 16, 23).

PRÁCTICA

▲ La igualdad de las Personas de la Santísima Trinidad, su unidad en naturaleza y su clara distinción como persona están expresadas bellamente en el Credo de San Atanasio:

Ahora bien, la fe católica es que veneremos a un solo Dios en la Trinidad, y a la Trinidad en la unidad; sin confundir las personas ni separar las sustancias.
Porque una es la persona del Padre, otra la del Hijo, y otra (también) la del Espíritu Santo;

pero el Padre y el Hijo y el Espíritu Santo tienen una sola divinidad, gloria igual y coeterna majestad.

Cual el Padre, tal el Hijo, tal (también) el Espíritu Santo.

Increado el Padre, increado el Hijo, increado (también) el Espíritu Santo.

Inmenso el Padre, inmenso el Hijo, inmenso (también) el Espíritu Santo.

Eterno el Padre, eterno el Hijo, eterno (también) el Espíritu Santo.

Y, sin embargo, no son tres eternos, sino un solo eterno, como no son tres increados ni tres inmensos, sino un solo increado y un solo inmenso.

Igualmente, omnipotente el Padre, omnipotente el Hijo, omnipotente (también) el Espíritu Santo; y sin embargo, no son tres omnipotentes, sino un solo omnipotente.

Así, Dios es el Padre, Dios es el Hijo, Dios es (también) el Espíritu Santo; y, sin embargo, no son tres dioses sino un solo Dios.

Así, Señor es el Padre, Señor el Hijo, Señor (también) el Espíritu Santo; y, sin embargo, no son tres señores sino un solo Señor.

Porque así como por la cristiana verdad somos compelidos a confesar como Dios y Señor a cada persona en particular, así la religión católica nos prohibe decir tres dioses y señores.

El Padre, por nadie fue hecho ni creado ni engendrado.

El Hijo fue por sólo el Padre, no hecho ni creado, sino engendrado.

El Espíritu Santo, del Padre y del Hijo, no fue hecho ni creado ni engendrado, sino que procede.

Hay, consiguientemente, un solo Padre, no tres padres; un solo Hijo, no tres hijos; un solo Espíritu Santo, no tres espíritus santos.

Y en esta Trinidad, nada es antes ni después,

nada mayor o menor, sino que las tres personas son entre sí coeternas y coiguales, de suerte que, como antes se ha dicho, en todo hay que venerar lo mismo la unidad en la Trinidad que la Trinidad en la unidad...

▲   Porque poseemos la vida divina, la Santísima Trinidad habita en nosotros. Es importante que seamos conscientes de esta presencia de Dios en nosotros. San Pablo nos dice:

¿No saben que su cuerpo es templo del Espíritu Santo que han recibido de Dios y que está en ustedes? Ya no se pertenecen a sí mismos. Ustedes han sido comprados a un precio muy alto; procuren, pues, que sus cuerpos sirvan a la gloria de Dios (1Cor 6, 19-20).

No importa dónde estemos, debemos recordar estas palabras y actuar en consecuencia. La sobreindulgencia con la comida y las bebidas alcohólicas, el uso de drogas ilegales y el abuso de las legales, la falta de sueño y la pobre higiene personal pueden dañar nuestros cuerpos y disminuir por ello nuestra capacidad para compartir con otros la presencia interior del Dios trino.

▲   Cada vez que comenzamos y/o terminamos una oración haciendo el Signo de la Cruz profesamos nuestra fe en y hacemos un acto de adoración a la Santísima Trinidad.

*

Sección 11
Jesucristo, nuestro Redentor

Pero, cuando llegó la plenitud de los tiempos, Dios envió a su Hijo, que nació de mujer y fue sometido a la Ley, con el fin de rescatar a los que estaban bajo la Ley, para que así recibiéramos nuestros derechos como hijos.Ustedes ahora son hijos, por lo cual Dios ha mandado a nuestros corazones el Espíritu de su propio Hijo que clama al Padre: "¡Abbá!" o sea: "¡Papá!" De modo que ya no eres esclavo, sino hijo, y siendo hijo, Dios te da la herencia (Gal 4, 4-7).

En el centro de nuestra fe, y de cualquier transmisión catequística de la fe, se encuentra nuestra creencia en Jesús de Nazaret. Jesús es el Verbo hecho carne, el Enviado del Padre. Nacido de mujer, murió por nosotros, y por su muerte cruenta nos redimió a todos de nuestros pecados. La historia de Jesús y el significado de dicha historia es la matriz sobre la cual está construida la fe católica. Es importante entonces para nosotros conocer y comprender los puntos clave de su vida.

1. ¿Qué significan los nombres Jesús y Cristo?
La palabra "Jesús" deriva del nombre hebreo "Joshua" o "Yeshua", que significa "Dios salva". "Cristo" significa "ungido", o "el ungido". Luego de la Resurrección estos nombres pasaron a tener un significado más profundo para la comunidad cristiana,

así como la frase "Hijo de Dios" y el título "Señor". En formas diversas expresan la creencia de que Jesús, Hijo del Padre, fue enviado (ungido) para ser nuestro Salvador, y es verdaderamente divino.

2. ¿Por qué tomó el Hijo de Dios la naturaleza humana?

El Verbo se hizo carne para salvarnos, para revelarnos el amor de Dios, para ser para nosotros un modelo de santidad y permitirnos participar entonces en la naturaleza misma de Dios.

3. ¿Qué queremos significar cuando decimos que Jesucristo es verdadero Dios y verdadero hombre?

La creencia en la Encarnación es fundamental a la fe Cristiana: el Hijo de Dios se hizo hombre para salvarnos. Durante los primeros siglos de su existencia la Iglesia luchó por comprender cómo Jesús podía ser plenamente humano y seguir siendo Dios. Con el tiempo llegó a usar el lenguaje de la filosofía griega para describir este misterio: que existe una Persona, el Hijo de Dios, que tiene dos naturalezas, una humana y otra divina. Puesto que Jesús es, por lo tanto, verdaderamente humano, su intelecto y su voluntad humanos son limitados. Fue necesario para él —como para todos los otros seres humanos— adquirir aquello que sólo puede ser aprendido de la experiencia. *"Mientras tanto, Jesús crecía en sabiduría, en edad y en gracia, ante Dios y ante los hombres"* (Lc 2, 52).

4. ¿Cuál es la historia de la pasión y muerte de Jesús?

Jesús comenzó su pasión comiendo la Ultima Cena con sus doce apóstoles. En esta comida instituyó la Sagrada Eucaristía y ordenó sacerdotes a los apóstoles:

Después tomó pan y, dando gracias, lo partió y se lo dio diciendo: "Esto es mi cuerpo, que es entregado por ustedes.Hagan esto en memoria mía". Hizo lo mismo con la copa después de cenar, diciendo: "Esta copa es la alianza nueva sellada con mi sangre, que es derramada por ustedes" (Lc 22, 19-20).

Pasó una noche de agonía en el huerto de Getsemaní:

Llegó Jesús con ellos a un lugar llamado Getsemaní y dijo a sus discípulos:
"Siéntense aquí, mientras yo voy más allá a orar".Tomó consigo a Pedro y a los dos hijos de Zebedeo y comenzó a sentir tristeza y angustia. Y les dijo: "Siento una tristeza de muerte. Quédense aquí conmigo y permanezcan despiertos" Fue un poco más adelante y, postrándose hasta tocar la tierra con su cara, oró así: "Padre, si es posible, que esta copa se aleje de mí. Pero no se haga lo que yo quiero, sino lo que quieres tú" (Mt 26, 47-49).

Fue traicionado por Judas y hecho prisionero:

Estaba todavía hablando, cuando llegó Judas, uno de los Doce. Iba acompañado de una chusma armada con espadas y garrotes, enviada por los jefes de los sacerdotes y por las autoridades judías. El traidor les había dado esta señal: "Al que yo dé un beso, ése es; arréstenlo." Se fue directamente donde Jesús y le dijo:"Buenas noches, Maestro". Y le dio un beso (Mt 26, 47-49).

Fue llevado ante los sumos sacerdotes, donde declaró que era Dios:

Entonces el sumo sacerdote le dijo: "En el nombre del Dios vivo te ordeno que nos contestes: ¿Eres tú el Mesías, el Hijo de Dios?" Jesús le respondió: "Así es, tal como tú lo has dicho. Y yo les digo más: a partir de ahora ustedes contemplarán al Hijo del Hombre sentado a la derecha del Dios Todopoderoso, y lo verán venir sobre las nubes del cielo." Entonces el sumo sacerdote se rasgó las ropas, diciendo: *"¡Ha blasfemado! ¿Para qué necesitamos más testigos? Ustedes mismos acaban de oír estas palabras blasfemas. ¿Qué deciden ustedes?" Ellos contestaron: "¡Merece la muerte!"* (Mt 26, 63-66).

Fue negado por Pedro:

Simón Pedro estaba calentándose al fuego en el patio, y le dijeron: "Seguramente tú también eres uno de sus discípulos." El lo negó diciendo: "No lo soy." Entonces uno de los servidores del sumo sacerdote, pariente del hombre al que Pedro le había cortado la oreja, le dijo: "¿No te vi yo con él en el huerto?" De nuevo Pedro lo negó y al instante cantó un gallo (Jn 18, 25-27).

Fue llevado ante Pilato, el gobernador romano. Fue azotado, escarnecido, coronado con espinas y condenado a muerte:

Entonces Pilato tomó a Jesús y ordenó que fuera azotado.Los soldados hicieron una corona con espinas y se la pusieron en la cabeza, le echaron sobre los hombros una capa de color rojo púrpura... Al verlo, los jefes de los sacerdotes y los guardias del Templo comenzaron a gritar: "¡Crucifícalo! ¡Crucifícalo!" Pilato contestó: "Tómenlo ustedes y crucifíquenlo, pues yo no encuentro motivo para condenarlo." Los judíos contestaron: "Nosotros tenemos una Ley, y según esa Ley debe morir, pues se ha proclamado Hijo de Dios." ... Al oír Pilato estas palabras, hizo salir a Jesús al lugar llamado el Enlosado, en hebreo Gábbata, y lo hizo sentar en la sede del tribunal. Era el día de la Preparación de la Pascua, hacia el mediodía. Pilato dijo a los judíos: "Aquí tienen a su rey." Ellos gritaron: "¡Fuera! ¡Fuera! ¡Crucifícalo!" Pilato replicó: "¿He de crucificar a su Rey?" Los jefes de los sacerdotes contestaron: "No tene-

mos más rey que el César." Entonces Pilato les entregó a Jesús para que fuera puesto en cruz (Jn 19, 1-2 ; 6-7; 13-16).

Fue crucificado entre dos ladrones:

Al llegar al lugar llamado de la Calavera, lo crucificaron allí, y con él a los malhechores, uno a su derecha y el otro a su izquierda (Lc 23, 33).

Murió luego de horas de agonía en la cruz:

Hacia el mediodía se ocultó el sol y todo el país quedó en tinieblas hasta las tres de la tarde. En ese momento la cortina del Templo se rasgó por la mitad, y Jesús gritó muy fuerte: "Padre, en tus manos encomiendo mi espíritu". Y dichas estas palabras, expiró. (Lc 23, 44-46).

5. ¿Era necesario que Jesús sufriera y muriera para redimirnos?

No era absolutamente necesario que Jesús sufriera y muriera para redimirnos. Cualquier acto u oración de Jesús hubiera tenido tanto valor que podría haber redimido cualquier cantidad de mundos.

6. ¿Por qué se sometió Jesús al sufrimiento y a la muerte?

Al morir en la cruz —muerte terrible por cualquier criterio— Jesús nos mostró que no hay límite al amor de Dios, que no hay sufrimiento al que no esté dispuesto para redimir a la humanidad. *"No hay amor más grande que dar la vida por sus amigos"* (Jn 15-13).

La pasión y muerte de Cristo nos muestra, por sobre todas las cosas, la inmensa misericordia y amor de Dios. No merecemos ser salvados. No merecemos la salvación. Es Dios el que nunca deja de amarnos pese a nuestros pecados. *"Pero Dios dejó constancia del amor que nos tiene: Cristo murió por nosotros cuando todavía éramos pecadores"* (Rom 5, 8) .

La pasión y muerte de Nuestro Señor nos muestra la enormidad del pecado. Fue el pecado que llevó a Cristo a sufrir semejante agonía y muerte. Todos los esfuerzos del mundo de minimizar y volver atractivo al pecado fallan ante la imagen del Salvador crucificado.

7. ¿Cómo fue muerto Jesús?

Además de ser azotado sin piedad, Jesús fue obligado a cargar su pesada cruz a través de la ciudad hasta el lugar de la crucifixión. Su estado durante este tramo era tal, que sus enemigos temieron que muriera antes de poder llegar al Calvario. Por eso obligaron a Simón de Cirene a que lo ayudara a llevar la cruz (cf. Mt 27, 32).

Jesús fue clavado a la cruz y estuvo allí durante varias horas. En el momento de su muerte hubo una señal del cielo:

Pero nuevamente Jesús dio un fuerte grito y entregó su espíritu.

En ese mismo instante la cortina del Santuario se rasgó de arriba abajo, en dos partes. La tierra tembló, las rocas se partieron, los sepulcros se abrieron y resucitaron varias personas santas que habían llegado ya al descanso. Estas salieron de las sepulturas después de la resurrección de Jesús, fueron a la Ciudad Santa y se aparecieron a mucha gente (Mt 27, 50-53).

Los soldados romanos rompieron las piernas de los dos ladrones que estaban crucificados con Jesús, para acelerar su muerte. Pero cuando llegaron a Jesús vieron que estaba ya muerto; no hubo necesidad de romper sus piernas. Uno de los soldados, sin embargo, tomó una lanza e hirió el costado de Jesús, atravesando su corazón (cf. Jn 19, 31-37).

8. ¿Cuáles fueron las circunstancias del entierro de Jesús?

El cuerpo de Jesús fue colocado en una tumba por sus amigos, y se hizo rodar una gran piedra contra la entrada para sellarla. Pero sus enemigos, tomando todas las precauciones, recordando la predicción de Jesús de que se levantaría al tercer día, pusieron una guardia de soldados alrededor del sepulcro (cf. Mt 27, 62-66).

9. ¿Quién es responsable de la muerte de Jesús?

Sólo Dios conoce la culpabilidad de quienes participaron en el juicio de Jesús. Sabemos que perdonó en la cruz a quienes lo habían perseguido. Sabemos también que lo que fue hecho durante la pasión de Jesús "no puede ser imputado, ni indistintamente a todos los judíos que entonces vivían, ni a los judíos de hoy.... no se ha de señalar a los judíos como réprobos de Dios y malditos, como si esto se dedujera de las Sagradas Escrituras" Declaración *Nostra Aetate* sobre las relaciones de la Iglesia con las religiones no-cristianas (4) –Pablo VI (1965)– Vaticano II.

PRÁCTICA

▲   Una devoción tradicional de la Iglesia Católica Romana practicada durante todo el año para conmemorar la acción salvadora de Jesús es la meditación de las Estaciones de la Cruz (o Via Crucis). Es por esta razón que todas las iglesias Católicas tienen una serie de catorce cuadros que representan varias escenas o "estaciones" de la Pasión y muerte de Jesús. Estos cuadros tienen una secuencia, comenzando al frente de la Iglesia y continuando por una de las paredes laterales y luego por la otra. Para hacer el Vía Crucis todo lo que se debe hacer es caminar de cuadro en cuadro meditando la Pasión de Cristo. Uno puede hacerlo privadamente en cualquier momento, y la devoción es practicada públicamente en las iglesias en los Viernes de Cuaresma.

Las catorce estaciones tradicionales son:

1. Jesús es condenado a muerte.
2. Jesús lleva la cruz sobre sus hombros.
3. Jesús cae por primera vez.
4. Jesús encuentra a María, su madre.
5. El Cireneo ayuda a Jesús a llevar la cruz.
6. Una mujer piadosa seca el rostro de Jesús.
7. Jesús cae por segunda vez.
8. Jesús consuela a las mujeres que lloran por El.
9. Jesús cae por tercera vez.
10. Despojan a Jesús de sus vestiduras.
11. Clavan a Jesús en la cruz.
12. Jesús entrega su vida por amor a nosotros.
13. Los discípulos bajan de la Cruz el cuerpo de Jesús.
14. Entierran a Jesús en un sepulcro nuevo.

▲ La Iglesia entera recuerda y celebra oficialmente en la liturgia de la Semana Santa los misterios de nuestra redención.

• En el Domingo de Pasión, el último domingo antes de Pascua —a veces llamado Domingo de Ramos— se bendicen y distribuyen los ramos. Llevándolos, marchamos en procesión cantando *"Hosanna al Hijo de David"* (Mt 21, 9), como lo hicieron los niños de Jerusalén en la entrada triunfal de Cristo a la Ciudad Santa antes de comenzar su Pasión. En la Misa posterior se cuenta toda la historia de la Pasión y muerte de Cristo, como la Pasión de Nuestro Señor de acuerdo a San Mateo, San Marcos o San Lucas.

• El Jueves Santo comienza el Sagrado Triduo. Esa noche celebramos el aniversario de la Ultima Cena con una Misa que expresa tanto nuestra alegría y gratitud por los grandes dones de la Eucaristía, el sacerdocio y nuestro común llamado al servicio, como nuestro gran duelo por la Pasión de Cristo, que comenzó en esa noche. Muchas parroquias representan durante esta liturgia el lavado de pies de los apóstoles por Jesús.

• El servicio del Viernes Santo no es una Misa, el sacrificio incruento de Cristo, sino un servicio que se concentra más bien en la muerte cruenta de Cristo en el primer Viernes Santo. El servicio consiste en lecturas, oraciones, la lectura de la Pasión según San Juan, la veneración de la cruz y la Santa Comunión. Después de los servicios del Viernes Santo la iglesia permanece vacía y silenciosa; el altar está vacío. Desde entonces hasta el oficio de Vigilia Pascual el Sábado Santo por la noche, revivimos el tiempo en el cual el cuerpo de Cristo muerto yació en su tumba.

✳

Sección 12
La Resurrección de Jesús

Y si Cristo no resucitó, de nada les sirve su fe: ustedes siguen en sus pecados. Y, para decirlo sin rodeos, los que se durmieron en Cristo están totalmente perdidos. Si nuestra esperanza en Cristo se termina con la vida presente, somos los más infelices de todos los hombres.
Pero no, Cristo resucitó de entre los muertos, siendo él primero y primicia de los que se durmieron. Un hombre trajo la muerte, y un hombre también trae la resurrección de los muertos. Todos mueren por estar incluidos en Adán, y todos también recibirán la vida en Cristo (1 Cor 15, 17-22).

La Resurrección de Jesucristo tiene a la vez importancia histórica y teológica. Históricamente, su aparición ante testigos oculares movilizó la convicción de sus seguidores de que Jesús no era sólo un gran maestro, sino que, en verdad, El era el Mesías, el Hijo de Dios. Teológicamente, la resurrección de Jesús demostró su poder final sobre el mal representado por la muerte. Más aún, el hecho de haber vencido a la muerte llevó a todos los que se unieron a El a través del Bautismo a la creencia común de que ellos también compartirían su gloria y que no serían derrotados por el terrible abrazo de la muerte.

Para los creyentes individuales, estos principios históricos y teológicos se integran para formar la base de la fe personal. Potenciados por esta creencia nos mantenemos firmes en un mundo donde la desesperación y el fracaso aparentes controlan las acciones de muchos. Para el cristiano, confiado en el hecho histórico de la Resurrección y aceptante de las consecuencias teológicas, siempre hay esperanza. Armado con esta esperanza, las fuerzas del mal no pueden vencer nunca nuestra fe en Jesucristo.

1. Jesucristo, ¿afirmó ser Dios?

En el juicio de Jesús, los judíos reconocieron que Jesús afirmaba ser el Hijo de Dios, el igual de Dios Padre, y lo condenaron a muerte precisamente por hacer esa afirmación (cf Mt 26, 62-66).

En varias otras ocasiones, también, Jesús afirmó ser Dios. Por ejemplo, anunció al paralítico que sus pecados estaban perdonados. Los fariseos, que lo escucharon, pensaron en sus corazones: *"¿Cómo puede blasfemar de este modo?¿Quién puede perdonar los pecados fuera de Dios?"* (Lc 5, 21). Jesús, dando expresión a sus pensamientos, hizo un milagro demostrando que podía, en verdad, perdonar pecados, que era Dios.

Jesús se aplicaba a sí mismo el título reservado al Todopoderoso: "Yo Soy".

Entonces los judíos le dijeron: "Aún no tienes cincuenta años y has visto a Abrahan?". Contestó Jesús: "En verdad les digo que antes que Abrahan existiera, Yo soy." (Jn 8, 57-58).

2. ¿No es posible que cuando Jesús dijo que era el Hijo de Dios, haya querido simplemente decir que era un profeta enviado por Dios?

En primer lugar, esa afirmación no hubiera sido tomada por blasfema. Además, Jesús llamaba a Dios "mi Padre" de una manera en la cual una persona común no podía hablar de Dios. En una ocasión dijo abiertamente: *"Yo y el Padre somos una sola cosa"* (Jn 10, 30). Los Judíos entonces tomaron piedras para arrojarle, diciendo: *"Tú, siendo hombre, te haces Dios"* (Jn 10, 33).

Hablando con Felipe, Jesús dijo: *"¿No crees que yo estoy en el Padre y que el Padre está en mí?"* (Jn 14, 10).

Y nuevamente, en la Ultima Cena, oró al Padre: *"Ahora, Padre, dame junto a Ti la misma Gloria que tenía a tu lado antes que comenzara el mundo".* (Jn 17, 5).

3. ¿No habla Jesús en algunas ocasiones como si fuera inferior al Padre, y en otras como si fueran iguales?

Sí. Por ejemplo, cuando dijo: *"El Padre es más grande que yo"* (Jn 14, 28), y también: *"Todo lo que tiene el Padre es mío"* (Jn 16, 15).

Jesucrito es una persona. Pero esa persona única es tanto divina como humana. En el momento de la Encarnación, esa Persona Divina tomó un cuerpo y un alma humanas. Como Dios, la Segunda Persona Divina, siempre existió. Por lo tanto la Segunda Persona Divina posee ahora dos naturalezas, una humana y una divina. En los Evangelios sus actos y palabras enfatizan a veces su naturaleza humana, y otras su naturaleza divina. Cuando dijo "El Padre es más grande que yo", estaba enfatizando su humanidad; cuando dijo "Todo lo que el Padre tiene es mío", estaba enfatizando su divinidad.

4. ¿Dijo Jesús que se levantaría de entre los muertos?

En muchas ocasiones Jesús dijo que se levantaría de entre los muertos.

Los judíos intervinieron: "¿Qué señal milagrosa nos muestras para justificar lo que haces?" Jesús respondió: "Destruyan este templo y yo lo reedificaré en tres días." Ellos contestaron: ¿"Han demorado ya cuarenta y seis años en la construcción de este templo, y tú piensas reconstruirlo en tres días?" En realidad, Jesús hablaba de ese Templo que es su cuerpo. Solamente cuando resucitó de entre los muertos, sus discípulos se acordaron de que lo había dicho y creyeron tanto en la Escritura como en lo que Jesús dijo (Jn 2, 18-22).

Entonces algunos maestros de la Ley y fariseos le dijeron: "Maestro, queremos verte hacer un milagro." Pero él contestó: "Esta raza perversa e infiel pide una señal, pero solamente se le dará la señal del profeta Jonás. Porque del mismo modo que Jonás estuvo tres días y tres noches en el vientre del gran pez, así también el Hijo del Hombre estará tres días y tres noches en el seno de la tierra" (Mt 12, 38-40).

5. ¿Cuál es la historia de la Resurrección de Jesús?

El domingo por la mañana temprano, varias mujeres, seguidoras de Jesús, fueron a la tumba con la intención de ungir su cuerpo. Cuando llegaron encontraron asombradas que la piedra había sido apartada y la tumba estaba vacía. Un ángel les anunció que Jesús se había levantado de entre los muertos, y las envió a decir a Pedro y a los otros apóstoles que Jesús se encontraría con ellos en Galilea (cf. Lc 24, 1-13).

Pedro y Juan, al escuchar la noticia, corrieron a la tumba para ver por sí mismos, y la encontraron, ellos también, vacía (cf. Jn 20, 3-10).

6. ¿Esperaban los discípulos que Jesús resucitara?

A pesar de la predicción de Jesús de que se levantaría al tercer día, los discípulos no esperaban la resurrección y se negaron, en un principio, a creerlo.

María Magdalena, viendo la tumba vacía, concluyó inmediatamente que el cuerpo había sido robado. Cuando Jesucristo se le apareció, creyó que era el jardinero (cf. Jn 20, 1-18).

Esa noche Jesús se apareció a dos de sus discípulos en un camino en las afueras de Jerusalén. Ellos tampoco habían creído en los rumores de la Resurrección, y no reconocieron a Jesús hasta que partió el pan con ellos (cf. Lc 24, 13-35).

Esa misma noche Jesús entró en una habitación

en la cual la mayoría de sus apóstoles estaban reunidos. En lugar de correr a su encuentro, se acurrucaron en un rincón, creyéndolo un fantasma. Jesús comió, para convencerlos de que estaba vivo (cf. Lc 24, 36-43).

Uno de los apóstoles, Tomás, que no había estado presente la primera vez que Jesús se apareció a los demás, se negó a creer que Jesús hubiera resucitado. Dijo que no lo creería, a menos que pudiera ver las heridas en el cuerpo de Jesús. Más tarde Jesús volvió a aparecer e insistió en que Tomás lo comprobara por sí mismo (cf. Jn 20, 24-29).

7. ¿Qué enseñó a los discípulos la Resurrección de Jesús?

La Resurrección de Jesús enseñó a los discípulos que no sólo era el Mesías prometido, sino Dios mismo, el eterno Hijo de Dios. Después de que el Espíritu bajara sobre ellos en Pentecostés, comprendieron profundamente que Cristo era Dios, y el significado de su muerte como el acto por el cual redimió al mundo.

8. ¿Por qué la Resurrección de Jesús es la fuente de nuestra esperanza?

La Resurrección de Jesús nos muestra que El conquistó el pecado y la muerte. Conquistó el pecado por su muerte en la cruz. Conquistó la muerte por su Resurrección. La muerte es consecuencia del pecado original. La victoria de Jesús sobre la muerte es la garantía de que nos resucitará en el último día.

> *¿No creemos que Jesús murió y que resucitó? De la misma manera, pues, Dios hará que Jesús se lleve con él a los que ahora descansan...*
> *Cuando se dé la señal por la voz del arcángel y la trompeta divina, el mismo Señor bajará del cielo. Y primero resucitarán los que murieron en Cristo. (1 Tes 4, 14, 16).*

9. ¿Qué pasó después de la muerte de Jesús?

La primitiva tradición de la Iglesia suponía que entre la muerte de Jesús y su Resurrección "descendió a los infiernos". Con esto querían significar que, como todos los hombres, Jesús realmente murió, y que, además, se unió a todos los que ya habían muerto, llevando la redención a quienes habían muerto antes que El.

10. ¿Ocurrió realmente la Resurrección?

Como cristianos creemos que la Resurrección de Jesús es un hecho histórico, real. Más aún: creemos que el cuerpo resucitado de Jesús fue visto por muchos de sus discípulos. La fe de la Iglesia primitiva estaba basada en el testimonio de los apóstoles y de otros que habían visto al Señor resucitado.

11. ¿Cuál es la importancia de la Resurrección?

La Resurrección tiene varias consecuencias importantes:

a) la validación de todo lo que Jesús dijo e hizo;

b) el cumplimiento de las enseñanzas del Antiguo Testamento;

c) la confirmación de la divinidad de Jesús;

d) nuestra restauración en la gracia de Dios, haciéndonos sus hijos adoptivos.

12. ¿Qué fue la ascensión de Jesús?

La ascensión de Jesús al cielo fue el último paso de su misión en la tierra. Marca "la entrada definitiva de la humanidad de Jesús en el dominio celestial de Dios"—Catecismo de la Iglesia Católica— 665.

13. ¿Qué hizo Jesús en el tiempo de su ascensión?

Jesús delegó sus poderes a sus apóstoles y sus sucesores, y les dio la misión de enseñar, santificar y gobernar en su lugar.

14. Los apóstoles, ¿comenzaron su labor inmediatamente después de la ascensión de Jesús?

Los apóstoles no comenzaron inmediatamente su labor. Jesús les había ordenado que permanecieran en Jerusalén orando. Les había prometido que el Espíritu Santo vendría a fortalecerlos y a darles la comprensión de todo lo que había enseñado, y esto ocurrió en Pentecostés.

15. ¿Volverá Cristo nuevamente?

Cristo vendrá en el fin de los tiempos, y será entonces el juicio final de los vivos y los muertos. Antes de la segunda venida habrá muchas señales y maravillas. Habrá también fraudes religiosos, que culminarán en la manifestación del Anticristo. Una batalla final sacudirá los cimientos de este mundo, pero Dios triunfará (cf. Mt 24, 3-44; Rev. 21, 1-8).

PRÁCTICA

▲   La Resurrección de Cristo y su profundo significado en nuestras vidas se nos aclara perfectamente en la liturgia pascual. Los servicios pascuales comienzan con la Vigilia de Pascua, que se realiza en la noche del Sábado Santo, con preferencia en las últimas horas de la misma, para que la primera Misa de Pascua pueda comenzar a la medianoche. Este servicio es uno de los más hermosos y plenos de significado del año litúrgico. En él actualizamos en palabras, ceremonias y canto la historia de nuestra redención, nuestro pasaje de la muerte a la vida por medio del agua y del Espíritu Santo. Cristo, Luz del Mundo, representado por el fuego nuevo de Pascua, viene nuevamente a nosotros, resucitado de entre los muertos, garantía de nuestra futura resurrección, mientras vivamos en El y por El. La ceremonia comienza con la dramática bendición del fuego nuevo. Esta es seguida por el encendido del cirio pascual, que representa a Cristo, y el canto de un himno glorioso alabando esta noche santa y la maravilla de nuestra redención. Se canta entonces una serie de instrucciones o lecturas, dirigidas a todos, pero particularmente a aquellos que serán bautizados durante la ceremonia. Luego de rezar la Letanía de los Santos se bendice el agua bautismal. Entonces quienes han participado en el proceso del Orden de la Iniciación Cristiana son admitidos definitivamente en la comunidad, algunos mediante el Bautismo, otros por una profesión de fe. Se invita a todos los presentes a renovar sus votos bautismales. Sigue luego la primera Misa de Pascua, celebrada con total solemnidad.

▲ El Jueves de Ascensión celebramos la triunfal ascensión de Nuestro Señor a los cielos y comenzamos un período de nueve días de plegaria al Espíritu Santo en preparación para la gloriosa fiesta de Pentecostés.

▲ Lean el relato de la resurrección del Señor y de sus apariciones a los apóstoles en Juan 20, 1-30 y en Lucas 24, 1-49.

*

Sección 13
La promesa de Cristo:
El don del Espíritu

Cuando llegó el día de Pentecostés, estaban todos reunidos en el mismo lugar. De repente vino del cielo un ruido, como el de una violenta ráfaga de viento, que llenó toda la casa donde estaban, y aparecieron unas lenguas como de fuego que se repartieron y fueron posándose sobre cada uno de ellos. Todos quedaron llenos del Espíritu Santo y comenzaron a hablar en otras lenguas, según el Espíritu les concedía que se expresaran. (He 2, 1-4).

La Iglesia explica tradicionalmente que el Espíritu Santo, como Tercera Persona de la Santísima Trinidad, "procede" eternamente del Padre y del Hijo. Es a través del poder del Espíritu Santo que Dios nos es revelado, permitiéndonos conocer al Padre y comprender su Palabra. Jesús prometió a sus discípulos la venida del Espíritu Santo, quien hizo posible que los apóstoles predicaran en Pentecostés. Fue por la inspiración del Espíritu Santo que fueron escritas las Sagradas Escrituras. Y es el Espíritu Santo quien continúa guiando la vida y la misión de la Iglesia.

1. ¿Quién es el Espíritu Santo?
El Espíritu Santo es la Tercera Persona de la Santísima Trinidad. En las Escrituras, en la liturgia y en nuestra tradición teológica se encuentran referencias al Espíritu. Otros títulos dados a la Tercera Persona son "Paráclito", "Abogado", "Espíritu de Dios" y "Espíritu de Cristo".

2. ¿Por qué sabemos tan poco acerca del Espíritu Santo?

El Espíritu Santo, conjuntamente con el Padre y el Hijo, fue parte del plan de salvación desde el principio mismo. Sin embargo, sólo llegamos a saber del Espíritu a través de la Palabra de Dios encarnado, Jesús, en quien reside el Espíritu, y que sabemos consagró a Cristo como el Mesías. Aun cuando Jesús habló del Espíritu en distintos momentos y de varias maneras, fue sólo hacia el fin de su vida en la tierra que prometió la venida del Espíritu. A través de nuestra fe en la resurrección sabemos también que la obra de la salvación es el trabajo conjunto del Hijo y del Espíritu Santo.

3. ¿Cuándo vino el Espíritu Santo?

En Pentecostés el Espíritu Santo descendió en forma de lenguas de fuego sobre los apóstoles y otros discípulos que se habían reunido en Jerusalén (cf. Hch. 2, 1-4). Con la venida del Espíritu se completó el misterio pascual y se hizo manifiesto el misterio de la Trinidad. La Iglesia, nacida del costado herido de Cristo al morir en la cruz, se hizo manifiesta al mundo en ese día. También el Reino (o reinado) de Dios fue inaugurado el Domingo de Pentecostés, aunque no ha sido aún completado.

4. ¿Cuál fue el efecto de la venida del Espíritu Santo sobre los discípulos?

Luego que el Espíritu Santo descendiera sobre ellos, los discípulos ya no se sintieron temerosos ni inseguros. Comprendieron entonces las enseñanzas que Jesús les había transmitido pacientemente durante tres años. Avanzaron sin temor, predicando, curando y bautizando en el nombre de Cristo Jesús.

Los apóstoles permanecieron por un tiempo en su propia tierra, tomando como base a Jerusalén. Luego se dispersaron por distintas partes del mundo. San Pedro y San Pablo eventualmente se abrieron camino a Roma, de la cual fue obispo San Pedro.

5. ¿Cuáles son los dones del Espíritu Santo?

El Espíritu Santo permanece hasta hoy con la Iglesia e infunde a cada cristiano de manera especial en el sacramento de la Confirmación.

Hablamos tradicionalmente de siete dones del Espíritu Santo que nos ayudan a vivir como Jesús nos enseñó. Son la sabiduría, el entendimiento, el consejo, la fortaleza, el conocimiento, la piedad y el temor de Dios.

6. ¿Cuál es la relación del Espíritu Santo con la Iglesia?

Se habla de la Iglesia como del Cuerpo de Cristo y el Templo del Espíritu Santo. Dios da a la hermandad de los creyentes el Espíritu Santo que "construye, anima y santifica a la Iglesia". Catecismo de la Iglesia Católica — 738. En verdad, puede decirse que " la misión de la Iglesia no se añade a la de Cristo y del Espíritu Santo, sino que es su sacramento: con todo su ser y en todos sus miembros ha sido enviada para anunciar y dar testimonio, para actualizar y extender el misterio de la comunión de la Santísima Trinidad". Catecismo de la Iglesia Católica — 738. El Espíritu Santo trabaja para hacer posible esta misión de la Iglesia y es comunicado a los fieles a través de los sacramentos.

PRÁCTICA

▲ La Solemnidad de Pentecostés celebra el don del Espíritu Santo al pueblo de Dios. El comienzo de la plegaria Eucarística para Pentecostés atribuye concretamente el comienzo de la Iglesia a la venida del Espíritu Santo sobre los discípulos el primer Domingo de Pentecostés:

Hoy celebramos el gran comienzo de nuestra Iglesia,
cuando el Espíritu Santo hizo conocer a todos

*los pueblos el único Dios verdadero, y creó de
las muchas lenguas una sola voz para profesar
una fe.*

▲   En años recientes ha habido un renovado interés en el Espíritu Santo. Hacia el fin de la década
del sesenta un movimiento conocido como de la renovación carismática surgió entre los Católicos Romanos y enfatizó el rol del Espíritu Santo en nuestra
vida diaria.

▲   El *Catecismo de la Iglesia Católica* (CIC)
pone el acento en el Espíritu Santo y en particular
en la relación de la Iglesia con la Tercera Persona de
la Trinidad.

*

PARTE III
LA PRESENCIA PERMANENTE DE CRISTO:
LA IGLESIA

Sección 14
El misterio de la Iglesia

Miren cuántas partes tiene nuestro cuerpo, y es uno, aunque las varias partes no desempeñan la misma función. Así también nosotros formamos un solo cuerpo en Cristo. Dependemos unos de otros y tenemos capacidades diferentes según el don que hemos recibido. Si eres profeta, transmite las luces que te son entregadas; si eres diácono, cumple tu misión; si eres maestro, enseña; si eres predicador, sé capaz de animar a los demás; si te corresponde la asistencia, da con la mano abierta; si eres dirigente, actúa con dedicación; si ayudas a los que sufren, muéstrate sonriente. (Rom 12, 4-8).

La palabra misterio puede resultar engañosa, y ha sido en general mal empleada cuando se refiere a la Iglesia de Dios. Decir que la Iglesia es un misterio no es manera de cerrar una discusión. Es, más bien, una invitación para comenzar una nueva y más profunda discusión.

Si nuestra forma de comprender está basada solamente en el intelecto humano, entonces el "misterio" de la Iglesia puede aparecer como contrario a la razón. De hecho, el misterio simplemente trasciende —no contradice— la razón, haciendo que nuestro método humano de comprensión sea meramente inadecuado.

Las dudas y la incertidumbre pueden, sin embargo, ser transformadas por la fe. Cuando aprendemos acerca de la Iglesia debemos centrarnos, no en las preguntas no respondidas, sino en la riqueza y maravilla de la realidad que experimentamos. El misterio no es un problema que necesitemos analizar y solucionar, sino una oportunidad de descubrir a Dios y, en ese proceso, dar a nuestras vidas su verdadero significado.

1. ¿Cuál es el punto de inicio para comprender el misterio de la Iglesia?

Puesto que la Iglesia continúa la misión de Cristo por el poder del Espíritu Santo, no puede ser plenamente apreciada separada de nuestra fe en Cristo y en el Espíritu. Es esta fe la que provee el contexto para nuestra creencia en la Iglesia. La Iglesia es, al mismo tiempo, una institución con una estructura jerárquica que le fue dada por Cristo, y una comunidad espiritual llena de los dones del Espíritu Santo.

2. ¿Qué significa la palabra "Iglesia"?

Encontramos el origen de la palabra "Iglesia" en el Antiguo Testamento Griego, en el que significa asamblea, la asamblea de Dios. Hoy el término es empleado en distintas formas. En el uso habitual se refiere generalmente al edificio en el cual se conducen los servicios religiosos. Más adecuadamente, se refiere a una congregación unida en la plegaria litúrgica, a la comunidad local de creyentes y, en último término, a la Iglesia Universal. Estos últimos tres significados no deben separarse, porque la Iglesia abarca a los tres.

3. ¿Cuál es el origen de la Iglesia?

El origen de la Iglesia es la obra salvífica de la Santísima Trinidad. De un modo especial, está fundada en las palabras y en las obras de Jesucristo. Como Cristo, la Iglesia es tanto divina como humana. Como comunidad divina y humana la Iglesia está en una peregrinación hacia la perfección que se encontrará solamente en el fin de los tiempos. En el "intermedio", que transcurre ahora, la Iglesia es un signo instrumental o sacramental de nuestra íntima unión con Dios y de la unidad de toda la humanidad.

4. ¿Cómo habló Jesús de la Iglesia?

a) Como de su esposa, refiriéndose a sí mismo como el esposo:

"¿Quieren ustedes que los compañeros del novio estén de duelo, mientras el novio está con ellos? Llegará el tiempo en que el novio les será quitado; entonces ayunarán" (Mt 9, 15).

b) Como de su rebaño, del cual El es pastor:

"Yo soy el Buen Pastor y conozco los míos como los míos me conocen a mí, lo mismo que el Padre me conoce a mí y yo conozco al Padre. Y yo doy mi vida por las ovejas. Tengo otras ovejas que no son de este corral. A ésas también las llevaré; escucharán mi voz, y habrá un solo rebaño con un solo pastor". (Jn 10, 14-16).

e) Como de su reino, el Reino (o reinado) de Dios:

"Aquí tienen otra figura del Reino de los Cielos: una red que se ha echado al mar y que recoge peces de todas clases" (Mt 13, 47).

d) Como de una viña y sus ramas, una unión viviente, orgánica, entre El y los miembros de su Iglesia:

"Yo soy la vid y ustedes las ramas" (Jn 15, 5).

5. ¿Cómo y qué enseñó Jesús acerca de este reino?

Jesús empleó parábolas para enseñar al pueblo acerca de su reino. Este debía ser un reino espiritual que se extendiera, más allá del pueblo judío, a todo el mundo. Una lectura piadosa de las siguientes parábolas nos ayudará a apreciar el misterio del reino de Dios:

a) el sembrador (cf. Mt 13, 3-9, 18-23).
b) el trigo y la hierba mala (cf. Mt 13, 24-30; 37-43).
c) el grano de mostaza (cf. Mt 13, 31-32).
d) la levadura (cf. Mt 13, 33).
e) la red (cf. Mt 13, 47-50).
f) los trabajadores en la viña (cf. Mt 20, 1-16).
g) los viñadores asesinos (cf. Mt 21, 33-41).
h) el banquete de bodas (cf. Mt 22, 1-14).

6. ¿Cómo se habla hoy de la Iglesia?

Las enseñanzas de la Iglesia y de los teólogos hablan a menudo de la Iglesia de tres formas: como el pueblo de Dios, el Cuerpo de Cristo, y el Templo del Espíritu Santo. Cada una de estas imágenes nos da una profunda visión y comprensión del misterio de la Iglesia:

Como pueblo de Dios, la Iglesia participa en la función sacerdotal, profética y real de Cristo.

Como Cuerpo de Cristo, la Iglesia está íntimamente unida a Cristo, que es su cabeza; y sus miembros, dentro de su diversidad, son uno con los otros.

Como Templo del Espíritu Santo, la Iglesia está animada por los dones del Espíritu, que hacen posible la construcción de la familia divina, así como también la renovación y el desarrollo de la Iglesia misma.

7. ¿Por qué es útil la imagen "Pueblo peregrino de Dios"?

El Concilio Vaticano II empleó la imagen de la Iglesia como Pueblo peregrino. Esta imagen es útil porque nos ayuda a comprender muchos aspectos de este misterio que es la Iglesia. El término "peregrino" indica que los miembros son viajeros, moviéndose desde esta vida presente hacia la unión con Dios en una vida que nunca acabará. Puesto que nunca podemos alcanzar nuestra meta en esta vida, viajamos siempre como peregrinos: siempre en movimiento, no alcanzando nuestro destino en este mundo.

El término "pueblo" es menos claro pero muy importante. Un pueblo es un grupo que comparte tres cosas: herencia, experiencias y metas comunes.

La herencia común de la Iglesia es doble: el Bautismo y la Redención. Por el Bautismo somos hijos de Dios; por el sacrificio de Jesús hemos sido redimidos. Esto crea una familia dentro de la Iglesia.

Las experiencias comunes que compartimos son las acciones litúrgicas de la Iglesia. En cualquier domingo del año, en todo el mundo, las mismas lecciones de las Escrituras son vividas por todos, al ser leídas y explicadas en la homilía. Aunque estemos separados por la distancia y el idioma, compartimos la misma experiencia religiosa. Compartimos también los mismos siete sacramentos, fuentes de la vida divina. En estos sacramentos, Dios viene a cada uno de nosotros, aun cuando lo haga en tiempos y en lugares diferentes.

Las metas comunes que vivimos dentro de la Iglesia son dos: vivir el mensaje cristiano, y compartirlo con toda la humanidad. Así esperamos llevar a todos con nosotros a la felicidad eterna en el cielo.

La expresión "Pueblo de Dios" enfatiza también el valor de cada miembro individual. Cada persona tiene oportunidades y obligaciones dentro de la Iglesia. Cada uno tiene la responsabilidad de vivir y compartir con todos el don de la fe. Esta respuesta no es sólo labor de los sacerdotes, o los obispos, o aun del Papa. Es, más bien, el trabajo común de todos los miembros de la Iglesia.

8. ¿Cómo manifestamos nosotros, como Pueblo de Dios, el amor y la unidad que nos pertenecen como comunidad de fe?

Otra forma de hablar de la Iglesia es como de una "comunión" o comunidad de fe. Como una hermandad de creyentes manifestamos nuestro amor y unidad:

a) Reuniéndonos para celebrar la Eucaristía, la Misa, y, dentro de dicha celebración compartiendo la Santa Comunión, en la que recibimos el pan de vida y el cáliz de salvación, que simbolizan y hacen efectiva nuestra unidad.

b) Orando los unos por los otros.

c) Ayudándonos en la necesidad.

d) Apoyando con nuestras plegarias y contribuciones a todos los miembros de Cristo que se encuentran trabajando en las misiones.

e) Trabajando juntos para *"renovar la faz de la tierra"* (Sal 104, 30), asociándonos y cooperando mutuamente en el trabajo de la diócesis y la parroquia a la cual pertenecemos, y en la vida social, económica y cívica.

9. ¿Existen rasgos distintivos que identifican a la Iglesia?

El Credo Niceano habla de cuatro rasgos de la Iglesia y de su misión, esencialmente interrelacionados. A veces se refiere a ellos como las "marcas" de la Iglesia. "Creemos en una iglesia santa, católica y apostólica" (Credo Niceano).

PRÁCTICA

▲ La Iglesia fue fundada por Jesucristo y está, por lo tanto, íntimamente unida a El. A causa de esta relación, la Iglesia es una especie de signo o sacramento de nuestra unión con Dios. Este misterio se celebra en distintas formas y está presente en muchos aspectos de la vida de la Iglesia.

▲ Los días de fiesta centrales que celebran el misterio de la Iglesia son: el Domingo de Pentecostés, en el que la Iglesia recibió el Espíritu Santo; Cristo Rey, que se centra en la inauguración del reino de Dios; y la fiesta de Todos los Santos, en la que se recuerda a los fieles de todos los tiempos.

Muchos católicos realizan aún peregrinaciones a lugares santos: sobre todo a aquellos asociados con la vida de Jesús en Israel; a Roma, centro espiritual de la Iglesia; o a miles de otros lugares, de especial importancia para la Iglesia. Estas peregrinaciones pueden ser una ocasión de gracia especial y servir para reforzar la conciencia de que todos estamos en una peregrinación, aun en nuestra vida cotidiana.

*

Sección 15
La Iglesia es Una

*No ruego sólo por éstos, sino también por todos
aquellos que creerán en mí por su palabra. Que
todos sean uno como tú, Padre, estás en mí y yo
en ti. Que ellos también sean uno en nosotros,
para que el mundo crea que tú me has enviado.
Yo les he dado la Gloria que tú me diste, para
que sean uno como nosotros somos uno: yo en
ellos y tú en mí. Así alcanzarán la perfección en
la unidad, y el mundo conocerá que tú me has
enviado y que yo los he amado a ellos como tú
me amas a mí. (Jn 17, 20-23).*

Esta plegaria de Cristo se ve realizada hoy en la
unidad presente —dentro de una notable variedad—
entre los seguidores de Cristo. Los miembros del
Cuerpo de Cristo viven en todos los países del mundo y pertenecen a todas las razas. Aun cuando tienen
diferentes culturas, gustos y opiniones políticas y
hablan distintas lenguas, son uno en la gran unidad
del Cuerpo de Cristo.

Existen, sin embargo, millones de hombres y mujeres que aman a Cristo y lo reverencian como su
Salvador y su Dios, pero que están apartados de la
unidad completa con la Iglesia. La plegaria de Cristo
por la unidad entre sus miembros es también una
plegaria por su completa unión.

1. ¿Cuáles son las condiciones que garantizan la unidad de la Iglesia?

El fundamento básico de la unidad de la Iglesia es
el amor. La unidad también está asegurada por la

afirmación de una sola fe, la vivencia común de adoración a Dios, y la sucesión apostólica dada a la Iglesia a través del sacramento del Orden Sagrado.

2. ¿Puede haber más de una verdadera Iglesia de Cristo?

No puede haber más de una Iglesia de Cristo verdadera, porque la Iglesia es Cristo. Cristo no puede ser dividido. Hay un solo cuerpo y un mismo espíritu, pues ustedes han sido llamados a una misma vocación y una misma esperanza. *Un solo Señor, una sola fe, un solo bautismo, un solo Dios y Padre de todos, que está por encima de todos, que actúa por todos y está en todos* (Ef. 4, 4-6).

"Así, pues, el único Pueblo de Dios está presente en todas las razas de la tierra, pues de todas ellas reúne sus ciudadanos, y éstos lo son de un reino no terrestre sino celestial... Todos los hombres son llamados a esta unidad católica del Pueblo de Dios, que simboliza y promueve la paz universal, y a ella pertenecen o se ordenan de diversos modos, sea los fieles católicos, sea los demás creyentes en Cristo, sea también todos los hombres en general, por la gracia de Dios llamados a la salvación" Constitución Dogmática *Lumen Gentium* sobre la Iglesia — (13) — Pablo VI —Vaticano II –

"Sin embargo (todos aquellos), justificados en el Bautismo por la fe, están incorporados a Cristo y por tanto, con todo derecho se honran con el nombre de cristianos, y los hijos de la Iglesia Católica los reconocen, con razón, como hermanos en el Señor...

"Además de los elementos y bienes que conjuntamente edifican y dan vida a la propia Iglesia, pueden encontrarse algunos, más aún, muchísimos y muy valiosos, fuera del recinto visible de la Iglesia Católica: la Palabra de Dios escrita, la vida de la gracia, la fe, la esperanza y la caridad y otros dones interiores del Espíritu Santo, y los elementos visibles: todas estas realidades, que provienen de Cristo y a El conducen, pertenecen con derecho a la única Iglesia de Cristo"— Decreto *Unitatis Redintegratio* sobre el Ecumenismo (3) – Pablo VI – 1964 — Vaticano II —

3. ¿Cómo ha sido debilitada la unidad de la Iglesia?

Desde sus comienzos la Iglesia sufrió disputas internas que llevaron a la división y provocaron la separación de grandes comunidades de la total comunión con el resto de la Iglesia. Por nuestra fe compartida en Jesús nuestro Señor, los miembros de estas comunidades son, como nosotros, cristianos, y son nuestros hermanos y hermanas. Puesto que comparten en distintas formas elementos de los esfuerzos salvadores de Dios, "el Espíritu de Cristo se sirve de estas comunidades eclesiales como medios de salvación cuya fuerza viene de la plenitud de gracia y de verdad que Cristo ha confiado a la Iglesia Católica. Todos estos bienes provienen de Cristo y conducen a El, y de por sí impelen a la unidad católica"— Catecismo de la Iglesia Católica — 819. Es por esto que el movimiento para restaurar la total unidad de la familia cristiana es, en verdad, obra del Espíritu Santo.

4. ¿Qué es el movimiento ecuménico?

El movimiento ecuménico es el intento —por parte de muchos líderes de las distintas denominaciones cristianas— de trabajar por la unión que Jesús imaginó, y por la cual oró en la Ultima Cena. Desde el Concilio Vaticano II, los esfuerzos se han concentrado en la exploración de la herencia común de las distintas comunidades cristianas. Algunas son muy semejantes en ritual y doctrina, mientras que otras tienen diferencias básicas y fundamentales. Estas dificultades deberán ser resueltas, antes de que sea posible alcanzar la verdadera unión.

El Segundo Concilio Vaticano nos recordó que todos los cristianos tenemos obligación de orar y trabajar para esta unidad. No buscamos hacer una nueva Iglesia, asentada en los mínimos artículos comunes de fe. Rezamos juntos, más bien, y estudiamos el mensaje total de Cristo, para que todos aquellos iluminados por el Espíritu Santo lleguen a conocer, a través de Jesús, a su verdadero Padre común en el cielo.

5. ¿Qué es un rito?

Un rito es un sistema de liturgia y oración empleado en la adoración de Dios y la administración de los sacramentos.

El rito Latino, usado en Roma y en todo occidente, es el más amplio. En segundo lugar está el bizantino, que tiene muchas subdivisiones nacionales. Existen también los ritos alejandrino o copto, siríaco, armenio, maronita y caldeo, que son usados en diversos países.

6. ¿Cómo se originaron estos distintos ritos?

En un principio cada obispo decía Misa y administraba los sacramentos a su manera. Gradualmente, las costumbres de ciertas ciudades importantes influenciaron las de las comarcas circundantes. Roma fue la más influyente en Europa Occidental, Constantinopla en Turquía, Antioquía en Asia Menor, Jerusalén en Tierra Santa y Alejandría en Africa del Norte. En el transcurso de los siglos las liturgias de estas ciudades se convirtieron en la parte básica de un "rito", desarrollándose además sub-ritos, que aún existen.

7. ¿Cuáles son algunas de las diferencias entre los ritos Orientales y Occidentales?

a) Las ceremonias empleadas en la Misa y en la celebración de los sacramentos son diferentes.

b) En algunos de los ritos Orientales, un hombre casado puede convertirse en sacerdote (no pueden casarse luego de ordenados; los obispos y los monjes son solteros o viudos). En el rito Occidental los sacerdotes y los obispos son célibes.

c) En algunos de los ritos Orientales siempre se recibe la Comunión bajo las dos especies, y se emplea pan con levadura en lugar de sin ella. En años recientes miembros del rito Occidental, que previamente habían recibido la Comunión sólo bajo la forma del pan, han comenzado a recibir la Comunión bajo las dos especies, en ocasiones especiales, e incluso regularmente.

d) En el rito Oriental no se usa la genuflexión, sino una profunda reverencia. Se hace también el Signo de la Cruz de derecha a izquierda, contrariamente a como se practica en el rito Occidental, de izquierda a derecha.

e) Las Iglesias Orientales tienen algunas leyes distintas de las de la Iglesia Occidental.

Existen otros ejemplos de diferencias entre los dos ritos, Occidental y Oriental. La Iglesia es sabia al preservar estas costumbres. Los ritos Orientales son tan antiguos o más que los Occidentales. Por ello no son una excepción en la Iglesia sino un ejemplo de cómo la unidad puede existir en la diversidad.

8. ¿Existen aún todos estos ritos dentro de la Iglesia Católica?

A lo largo del tiempo varios grupos —como las Iglesias Ortodoxas Orientales (Griega, Rusa, Georgiana)— rompieron con la Iglesia Católica. Esto se conoce como el Cisma oriental. Las causas de la división son muchas y variadas, incluyendo algunas diferencias en la interpretación de la doctrina. A lo largo de los siglos algunos de estos grupos volvieron a la unión con Roma, y se les permitió conservar sus propios ritos. La Iglesia se preocupa mucho por preservarlos. Habitualmente se debe obtener permiso de Roma para cambiar de un rito a otro, pero en el caso de una mujer casada, ésta puede cambiar al de su esposo sin ningún permiso especial.

9. ¿Qué otros pueblos se han separado de la unidad de la Iglesia?

Después del Cisma Oriental, la mayor división ocurrió cuando Martín Lutero rompió con Roma y comenzó la Reforma Protestante.

10. ¿Por qué dejaron la Iglesia Católica Romana aquellos cristianos conocidos luego como protestantes?

Las condiciones que provocaron la Reforma Protestante fueron muy complejas. Es imposible tratar aquí el tema exhaustivamente. Sin embargo, pueden señalarse los siguientes puntos:

a) Existían, en el siglo XVI, graves y reales males en la Iglesia. Muchos, dentro del clero, no eran fieles a sus votos. Había un énfasis exagerado en lo exterior y un descuido del espíritu religioso. Elementos responsables, dentro de la Iglesia, llevaban ya mucho tiempo pidiendo una sincera reforma para corregir esos abusos.

b) Hubo en ese tiempo un gran crecimiento del espíritu nacionalista. En muchos países existía un fuerte deseo de rebelión contra cualquier autoridad —como la Iglesia— superior o más universal que el estado individual.

11. ¿Qué efecto tuvo sobre la Iglesia la Reforma Protestante?

La Reforma Protestante dividió a la Cristiandad en Europa, alejando a millones de la unidad del Cuerpo de Cristo, tal como lo había hecho antes el Cisma Oriental.

Por otra parte, la Reforma Protestante forzó a la Iglesia a reformarse a sí misma desde adentro. Surgieron dentro de la Iglesia grandes santos, como San Carlos Borromeo y San Ignacio de Loyola. La Iglesia Católica emergió más pobre en número de fieles, pero más fuerte internamente.

La división entre cristianos, que aún existe, es profundamente dolorosa para todos aquellos que aman a Cristo. Muchas personas de buena voluntad, tanto dentro de la Iglesia Católica como en las Iglesias separadas Orientales y Protestantes, oran por la unión de todos los seguidores de Cristo. Sólo podemos rezar, y esperar la llegada del día en que, a través del amor y de la comprensión mutua, todos los que creen en Cristo vuelvan a estar unidos.

PRÁCTICA

▲ Asistir a una liturgia del rito Oriental puede ser una experiencia interesante e impactante. Algunas ceremonias son diferentes y pueden parecer extrañas para quienes sólo conocen el rito Occidental, pero esencialmente son lo mismo.

▲ Los católicos del rito Latino pueden cumplir con su obligación de asistir a Misa los domingos haciéndolo en una iglesia de rito Católico Oriental, y pueden, por supuesto, recibir la Santa Comunión en uno de esos ritos.

▲ Existen hoy muchas personas comprometidas con distintos grupos ecuménicos. En muchas zonas los sacerdotes y laicos de distintas iglesias se encuentran regularmente para planificar actividades y compartir como hermanos. Estos grupos promueven un mejor entendimiento y tolerancia religiosa a través de encuentros y servicios de plegaria organizados.

▲ Todos los años muchas diócesis y parroquias celebran una semana especial para la unidad cristiana, a menudo en conjunto con iglesias Protestantes y Ortodoxas de la zona.

▲ A pesar de estos esfuerzos ecuménicos, no está permitido aún que los católicos reciban la Santa Comunión en servicios protestantes, ni tampoco que los protestantes lo hagan en una Misa Católica.

Sección 16
La Iglesia es Santa y Católica

"Les he dicho todas estas cosas para que mi alegría esté en ustedes y su alegría sea completa. Este es mi mandamiento: que se amen unos a otros como yo los he amado. No hay amor más grande que dar la vida por sus amigos, y son ustedes mis amigos, si cumplen lo que les mando. Ya no les llamo servidores, porque un servidor no sabe lo que hace su patrón. Los llamo amigos, porque les he dado a conocer todo lo que aprendí de mi Padre. Ustedes no me eligieron a mí; he sido yo quien los eligió a ustedes y los preparé para que vayan y den fruto, y ese fruto permanezca. Así es como el Padre les concederá todo lo que le pidan en mi Nombre. Amense los unos a los otros: esto es lo que les mando." (Jn 15, 11-17).

La santidad ha sido descripta de muchas formas distintas. Cuando hablamos de la Iglesia como santa nos referimos al hecho de que el amor de Cristo por la Iglesia la vuelve santa. Dicha santidad significa que el amor se convierte en el motivo y meta de la Iglesia entera. Como miembros de la Iglesia debemos amarnos unos a otros como Cristo ama a la Iglesia. Más aún, puesto que el Hijo de Dios vino a la tierra como la expresión visible del amor de Dios por todas las personas, la misión de Jesús puede ser descripta correctamente como universal, o "católica", con una "c" minúscula. El amor de la Iglesia no puede estar limitado a sólo una familia o a un grupo, sino que debe ser ofrecido a todos.

1. ¿Cómo es santa la Iglesia?

La Iglesia es "indefectiblemente" santa en razón de su especial relación con la Santísima Trinidad. Esto significa que, habiendo sido santificada por Cristo, la Iglesia comparte también el poder de Cristo de santificar a los otros. Esta santidad, sin embargo, es imperfecta, en cuanto nosotros, los miembros de la Iglesia, no hemos alcanzado aún la santidad perfecta. Por esta razón es verdadero decir que somos una Iglesia de pecadores, y que la Iglesia necesita siempre de la penitencia y la renovación.

2. ¿Qué hace la Iglesia para ayudar a las personas a alcanzar la santidad?

a) La vida litúrgica y sacramental de la Iglesia ofrece una forma perfecta de experimentar la santidad de Dios de un modo particularmente efectivo.

b) Las enseñanzas de la Iglesia son un poderoso medio de santificación. La Iglesia, en su doctrina, nos da una receta de santidad. Quien viva verdaderamente de acuerdo con las enseñanzas de Cristo llevará, con seguridad, una vida santa.

c) Los ejemplos individuales de santidad que la Iglesia propone nos brindan un incentivo para imitar. En todas las épocas han existido grandes santos que la Iglesia nos presenta como modelos.

d) Además de los servicios litúrgicos, las parroquias católicas ofrecen una variedad de devociones que son un medio más de santificación. La Iglesia también alienta la práctica de formas variadas de plegaria y meditación personal adecuadas a las necesidades individuales.

e) Las leyes de la Iglesia son un medio de purificación, pues nos obligan a realizar actos necesarios de adoración, penitencia y sacrificio, que de otra forma quizás seríamos negligentes en cumplir. Es por esto que la Iglesia nos obliga a asistir a Misa en ciertos días, a ayunar o practicar la abstinencia en otras ocasiones y a recibir el sacramento de la Reconciliación una vez al año —si se ha cometido un pecado

mortal— y la Santa Comunión al menos una vez al
año durante el tiempo pascual.

Los que temen al Señor buscan su agrado,
los que le aman quedan llenos de su ley.
Los que temen al señor tienen corazón dispuesto,
y en su presencia se humillan. (Sir 2, 16-17)

f) Las muchas órdenes religiosas y movimientos
apostólicos dentro de la Iglesia ofrecen diferentes
estilos de vida que pueden ayudar a muchas personas a alcanzar la santidad.

3. ¿Cómo es católica la Iglesia?

La palabra "católica" significa "universal" en el
sentido de "tener el carácter de totalidad o de integridad". Existen dos aspectos en esta catolicidad. En
primer lugar, la catolicidad que proviene del hecho
de poseer la Iglesia los medios totales y completos de
salvación otorgados por Jesucristo. En segundo lugar, la universalidad que proviene de la misión de la
Iglesia hacia toda la familia humana.

4. ¿Cómo puede la Iglesia ser universal y local al mismo tiempo?

El Segundo Concilio Vaticano nos recordó que la
Iglesia está realmente presente en todas las legíti-
mas comunidades locales de los fieles. En efecto, la
Iglesia Católica existe en esas Iglesias locales o particulares, que llamamos diócesis o eparquías. Para
asegurar su legitimidad, sin embargo, es necesario
que estas diócesis o eparquías estén en comunicación con la Iglesia de Roma, que es el fundamento de
todas las Iglesias locales, por su conexión con su primer obispo, San Pedro (cf. Mt 16, 18).

Es especialmente importante tener en cuenta,
cuando hablamos de estos aspectos diferentes de la
catolicidad, que la Iglesia universal no es la suma
de, ni una federación de Iglesias locales. Cada Iglesia local es, más bien, una expresión de la Iglesia
universal, que es una, santa, católica y apostólica.

5. ¿Qué es una diócesis o una eparquía?

Una diócesis (llamada eparquía en los ritos orientales) es una Iglesia local, en una zona determinada, con fronteras establecidas, cuyo pastor es un obispo diocesano. Actualmente el obispo diocesano es, en la mayoría de los casos, nombrado por el Santo Padre, el Obispo de Roma, que es el pastor de la Iglesia universal. Como miembro del colegio de obispos —sucesores de los apóstoles— el obispo diocesano conduce la Iglesia a la que sirve, enseñando, gobernando y santificando. Es asistido en este ministerio por los sacerdotes, que son pastores y ministros de esa Iglesia local. Comparte también la responsabilidad por la vida pastoral de la Iglesia universal con los otros obispos. Esta responsabilidad es ejercida bajo la dirección y guía del Santo Padre, el Papa.

6. ¿Qué es una parroquia?

"La parroquia es una determinada comunidad de fieles constituida de modo estable en la Iglesia particular, cuya cura pastoral, bajo la autoridad del obispo diocesano, se encomienda a un párroco, como su pastor propio". Código de Derecho Canónico —can.515.

7. ¿Cuál es el rol de una parroquia?

El rol de una parroquia es igual al de la Iglesia misma:

a) Proclama la Palabra de Dios a los individuos y a la comunidad. Lo hace a través de la liturgia, en los programas de catequesis y de educación religiosa de la parroquia, y por medio de los esfuerzos cotidianos de todos los miembros de la misma.

b) Alaba a Dios a través de su vida litúrgica y sacramental, llevando así la santificación a los creyentes individuales y a la comunidad entera.

c) Da testimonio y participa en la transformación del mundo por medio de sus programas de acción social, y nutriendo la responsabilidad bautismal de todos los creyentes.

8. ¿Cuál es el rol del pastor?

El pastor lleva adelante el ministerio del obispo diocesano en la parroquia en la cual está llamado a servir. En este ministerio es asistido por otros ministros parroquiales, tanto clérigos como laicos. Las responsabilidades del pastor son compartidas también con los miembros de la parroquia a través de cuerpos asesores, como el consejo pastoral parroquial y el consejo financiero parroquial.

9. ¿Cuál es el rol de los miembros de la parroquia?

El Segundo Concilio Vaticano nos recuerda que todos los bautizados comparten la responsabilidad de llevar adelante la misión que Jesucristo encomendó a su Iglesia. En consecuencia, todos los miembros de una parroquia deben cooperar con el pastor en la vida total de la parroquia. El rol de los laicos consiste en tomar parte activa en los servicios de adoración en la parroquia; en pertenecer a, y trabajar juntos en, las distintas organizaciones parroquiales; en apoyar financieramente a la parroquia y llevar la enseñanza y la acción santificadora de la Iglesia a la comunidad en la cual viven y trabajan.

10. ¿Quién es el centro de la parroquia?

El centro de la parroquia y su fuente vital es Cristo. El está físicamente presente en la Eucaristía. Está presente entre nosotros mientras leemos las Sagradas Escrituras. Está presente en los individuos que poseen la vida divina. Está presente, también, en la comunidad de cristianos que se encuentran con El en su centro. A través de su mutuo encuentro en un espíritu de amor, los integrantes de una parroquia dan testimonio de la presencia de Cristo entre ellos, el signo por el cual el mundo puede reconocerlos como miembros del Reino de Cristo. *"Pues donde están dos o tres reunidos en mi Nombre, allí estoy yo en medio de ellos"* (Mt 18, 20).

11. ¿ Qué significa decir que "fuera de la Iglesia no existe salvación"?

Esta declaración se origina en las enseñanzas de los primeros cristianos, quienes afirmaban el hecho de que Cristo, cabeza de la Iglesia, es la fuente de toda salvación. Conocer esto y rehusarse a participar en la vida de la Iglesia, que es el Cuerpo de Cristo, significaría separarse a sí mismo de esa salvación. Por otra parte, la Iglesia enseña claramente que todos los que, sin tener culpa de ello, no conocen este aspecto del plan de salvación divino, pueden ciertamente alcanzar la salvación. Este hecho, sin embargo, no libera a la Iglesia de la obligación de continuar proclamando la Buena Nueva de Jesús a todos los pueblos. Por esto decimos que la Iglesia es "misionera", porque está siempre ansiosa por llevar el mensaje de Jesús a aquellos que no lo han escuchado aún, y a invitar a aquellos que creen a participar en la vida plena de la Iglesia.

PRÁCTICA

▲ Los católicos deberían familiarizarse con su parroquia. Por ejemplo, llegando a conocer a las personas y organizaciones que forman la parroquia, como el pastor, posiblemente un pastor asociado, la escuela, el programa de educación religiosa, el grupo de jóvenes, la organización de mujeres, el club de hombres, etc.

▲ La estructura de la parroquia existe dentro de una estructura mayor, conocida como diócesis, encabezada, por supuesto, por el obispo diocesano. La diócesis es parte de una Provincia formada por varias diócesis, supervisada por un Provincial, que es un Arzobispo. En los Estados Unidos, cada Provincia es parte de una Región, que representa una zona geográfica particular del país.

▲ Cada país (o en algunas instancias varios

países juntos) tienen una Conferencia de Obispos Católicos, a la cual pertenecen todos los obispos de ese país. Algunas áreas del Derecho Canónico ordenan que las Conferencias establezcan reglamentaciones particulares, que deben seguir los obispos locales. En términos de su relación con el Santo Padre, las Conferencias son vistas como representativas de los obispos, pero nunca toman el lugar del contacto directo entre el Papa y los obispos individuales.

▲   El Papa puede convocar a uno o a varios obispos juntos en cualquier momento para un Sínodo de Obispos sobre un tema específico. También puede convocar un Concilio de la Iglesia, como el Segundo Concilio Vaticano, para tratar una gran variedad de temas.

▲   El Papa puede nombrar cardenales de la Iglesia. Estos son, en general, obispos, aunque no deben necesariamente serlo. El "Colegio de Cardenales" es el grupo de consejeros especiales del Papa. Cuando un Papa muere, todos los cardenales menores de ochenta años se encuentran en un "conclave" para elegir un nuevo Papa.

▲   A la cabeza de la Iglesia está el Papa, conocido también como el Santo Padre, quien es Obispo de Roma y cabeza del Vaticano (el nombre de la sede mundial de la Iglesia). El Papa, como sucesor de San Pedro, el primer obispo de Roma, es el supremo pastor de la Iglesia. Puesto que el Vaticano es también un país independiente, aunque muy pequeño, el Papa también gobierna la Ciudad-Estado del Vaticano, situada en Roma, Italia.

*

Sección 17
La Iglesia es Apostólica

Así, pues, ya no son extranjeros ni huéspedes, sino ciudadanos de la ciudad de los santos; ustedes son de la casa de Dios. Están cimentados en el edificio cuyas bases son los apóstoles y profetas, y cuya piedra angular es Cristo Jesús. (Ef 2, 19-20).

Los apóstoles fueron doce hombres que respondieron al llamado individual de Cristo para seguirlo de un modo especial. Estos hombres estuvieron presentes a lo largo del ministerio público de Jesús. Fueron testigos presenciales de la enseñanza, prédica y milagros del Señor. Jesús puso un cuidado especial en instruir y entrenar a los apóstoles, porque ellos iban a tener la responsabilidad de llevar el Evangelio al resto del mundo. Sobre estos apóstoles Cristo fundó su Iglesia. Jesús dijo a Pedro, a quien eligió para ser cabeza de los apóstoles: *"Y ahora yo te digo: Tú eres Pedro (o sea Piedra), y sobre esta piedra edificaré mi Iglesia"* (Mt 16, 18).

La Iglesia de Cristo, aún en su infancia, era la Iglesia de los apóstoles. Los apóstoles están hoy entre nosotros en la persona de sus legítimos sucesores, los obispos de la Iglesia Católica. Pedro, el primer Papa, se encuentra entre nosotros en la persona de su sucesor, nuestro Santo Padre, el Papa. Así también, Cristo se encuentra aún entre nosotros, enseñando, santificando y gobernando a través de la jerarquía de la Iglesia Católica.

1. ¿Quiénes eran los apóstoles?

Los apóstoles eran gente común. La mayoría eran pescadores; uno era recaudador de impuestos. Otro de ellos, Judas Iscariote, entregó a Jesús a sus enemigos, ahorcándose luego en su desesperación. Los otros apóstoles, bajo la guía del Espíritu Santo, eligieron a Matías para reemplazarlo. Luego de su Ascensión a los cielos, Jesús mismo llamó a Saúl de Tarso —cuyo nombre cambió a Pablo— a ser el gran Apóstol de los Gentiles.

Cristo envió a los apóstoles a enseñar, santificar y gobernar.

"Vayan por todo el mundo y anuncien la Buena Nueva a toda la creación" (Mc 16, 15).

Jesús les volvió a decir: "¡La paz esté con ustedes! Como el Padre me envió a mí, así los envío yo también." Dicho esto, sopló sobre ellos y les dijo: "Reciban el Espíritu Santo: a quienes descarguen de sus pecados, serán liberados, y a quienes se los retengan, les serán retenidos." (Jn 20, 21-23).

"Quien les escucha a ustedes, me escucha a mí; quien les rechaza a ustedes, me rechaza a mí; y el que me rechaza a mí, rechaza al que me ha enviado." (Lc 10, 16).

2. ¿Qué queremos decir cuando afirmamos que la Iglesia es apostólica?

Cuando decimos que la iglesia es apostólica queremos significar que, a través del ministerio de los sucesores de San Pedro y de los otros apóstoles, la Iglesia permanece en comunión con sus orígenes y sigue adelante con la misión encomendada a los apóstoles. De hecho, todos los miembros de la Iglesia, cada uno a su manera, comparten este apostolado de extender el Reino de Dios a toda la familia humana.

3. ¿Qué significa decir que "cada uno a su manera", comparten esta misión apostólica?

Por medio de las aguas del Bautismo todos los creyentes son iguales en dignidad y comparten la responsabilidad por la misión de la Iglesia. Dentro de esta unidad misional existe, sin embargo, diversidad en cuanto al ministerio. El Espíritu, a través de dones conocidos como "carismas", llama a las personas en formas distintas a contribuir en la construcción del Reino de Dios. La mayoría de los laicos cumplen estos carismas en su trabajo, en sus familias y comunidades. Algunos son llamados al servicio de la Iglesia como ministros laicos. Otros reciben el carisma de śeguir una vida de hermanas o hermanos religiosos consagrados, como miembros de comunidades o institutos religiosos. Y otros son llamados a compartir el ministerio sacramental de la Iglesia a través del sacramento del Orden Sagrado, como obispos, sacerdotes o diáconos.

4. ¿Qué es un obispo?

Un obispo es una persona que, a través de su selección y ordenación al episcopado, se convierte en un sucesor de los apóstoles y recibe la responsabilidad de ser pastor de una Iglesia local, de una diócesis. Supervisa la proclamación de la Palabra de Dios, la santificación de la comunidad de la fe y su ordenamiento correcto. Hace esto en comunión con el Papa y los otros obispos de la Iglesia.

5. ¿Por qué el Papa es llamado cabeza de los obispos?

Jesús convocó a doce apóstoles, y San Pedro fue nombrado por Cristo como su cabeza. Los sucesores de los apóstoles, los obispos, son elegidos de manera semejante, y el Papa, sucesor de San Pedro como obispo de Roma, es su cabeza. En verdad, el Santo Padre es el pastor universal de toda la Iglesia de Cristo, y es el principio de la unidad de la Iglesia.

6. ¿Dónde leemos en las Escrituras que Jesús hizo a Pedro la cabeza visible de su Iglesia?

Jesús, en un principio, prometió que haría de Pedro la cabeza visible de su Iglesia. Más tarde le confirió concretamente este cargo. Cuando prometió la primacía a Pedro, le dijo:

"Y ahora yo te digo: Tú eres Pedro (o sea Piedra), y sobre esta piedra edificaré mi Iglesia; los poderes de la muerte jamás la podrán vencer. Yo te daré las llaves del Reino de los Cielos: lo que ates en la tierra quedará atado en el Cielo, y lo que desates en la tierra quedará desatado en el Cielo" (Mt 16, 18-19).

Debe tenerse en cuenta que Jesús cambió el nombre de Pedro, de Simón a Pedro, que significa "piedra". En la Ultima Cena, al advertir a Pedro de su cercana tentación y negación, Jesús le dijo : *"...pero yo he rogado por ti para que tu fe no se venga abajo. Y tú, cuando hayas vuelto, tendrás que fortalecer a tus hermanos." (Lc 22, 32).*

Al conferir a Pedro la primacía entre los apóstoles, como le había prometido, Jesús le dijo: "Apacienta mis corderos" Y entonces le dijo a Pedro: "Apacienta mis ovejas". El significado de estas palabras, en el lenguaje en el que hablaba Nuestro Señor, da a Pedro una clara comisión de "apacentar", es decir "enseñar y gobernar" no sólo al pueblo (corderos) sino a los líderes del rebaño, a los otros apóstoles (las ovejas), que fueron los primeros obispos.

Cuando terminaron de comer, Jesús dijo a Simón Pedro: "Simón, hijo de Juan, ¿me amas más que éstos?" Contestó:"Sí, Señor, tú sabes que te quiero." Jesús le dijo: "Apacienta mis corderos." Le preguntó por segunda vez: "Simón, hijo de Juan,¿me amas?" Pedro volvió a contestar: "Sí, Señor, tú sabes que te quiero." Jesús le dijo:"Cuida de mis ovejas". Insistió Jesús por tercera vez: "Simón Pedro, hijo de Juan, ¿me quieres?" Pedro se puso triste al ver que Jesús le preguntaba por tercera vez si lo quería y le contestó: "Señor, tú lo sabes todo, tú sabes que te quiero." Entonces Jesús le dijo: "Apacienta mis ovejas." (Jn 21, 15-17).

7. ¿Por qué el Papa es el sucesor de San Pedro?

San Pedro fue el primer obispo de Roma. El hombre que se convierte en obispo de Roma, por lo tanto, se convierte en el sucesor de San Pedro y Papa.

8. ¿Qué garantía especial dio Jesús a los apóstoles para ayudarlos a enseñar en su nombre?

Para ayudarlos a enseñar en su nombre Jesús envió al Espíritu Santo como garantía de que no cometerían error al enseñar su doctrina. *"Pero recibirán la fuerza del Espíritu Santo cuando venga sobre ustedes, y serán mis testigos en Jerusalén, en toda Judea, en Samaría y hasta los extremos de la tierra."* (He 1, 8).

9. ¿Cómo es infalible la Iglesia?

La Iglesia como un todo es infalible; es decir: la Iglesia toda nunca va a aceptar una doctrina contraria a la fe.

Los obispos como un todo comparten la infalibilidad de la Iglesia cuando están reunidos en un Concilio o cuando, por separado, enseñan todos la misma doctrina.

El Papa comparte la infalibilidad de la Iglesia cuando ejerce la totalidad de su oficio apostólico actuando "ex cathedra" (es decir "desde la silla" de Pedro) y proponiendo de modo definitivo una doctrina sobre fe y moral.

10. ¿Cómo debemos responder a aquello que es enseñado infaliblemente?

Puesto que creemos que la Iglesia es preservada de error por el Espíritu Santo, aquellos temas de fe y moral que la Iglesia propone como enseñados de manera infalible deben ser aceptados con la obediencia de la fe.

11. ¿Dónde leemos, en las Escrituras, que Cristo dio a los apóstoles la promesa de infalibilidad?

Al prepararse para ascender a los cielos, Cristo dio a todos sus apóstoles la comisión de enseñar, gobernar y santificar en su nombre, diciendo: *"Yo estoy con ustedes todos los días hasta el fin de la historia."* (Mt 28, 20).

Las palabras "yo estoy con ustedes todos los días" significan, en el lenguaje de las Escrituras, que tendrán éxito en su labor. Cristo les dice que estará "con ellos" en su misión, la que incluye enseñar su doctrina. Esta es una garantía de éxito. Enseñar el error en un asunto tan importante no sería un éxito sino un fracaso.

Las palabras "todos los días, hasta el fin de la historia", prueban que Jesús dio esta garantía no sólo a sus apóstoles sino a sus sucesores.

12. ¿Qué significado tiene la infalibilidad papal?

Por infalibilidad papal se entiende que, por la especial protección que Jesús prometió a San Pedro y a sus sucesores, Dios no va a permitir al Papa enseñar errores cuando está hablando como Papa al mundo entero en cuestiones de fe y moral.

Al hacer a Pedro supremo pastor de su rebaño Cristo lo dotó de un carisma de infalibilidad en materia de fe y moral. Si Pedro hubiera podido enseñar doctrinas erróneas a la Iglesia, hubiera estado, de hecho, envenenando al rebaño en lugar de alimentarlo. Puesto que Pedro es la base y la piedra sobre la cual la Iglesia de Cristo descansa, y tiene las llaves con las cuales puede permitir a la gente entrar o ser excluida del reino de los cielos, se deduce necesariamente de ello que él y sus sucesores deben participar de la autoridad de Cristo que, por su misma naturaleza, es infalible.

La infalibilidad no debe ser confundida con inspiración. Los autores de las Escrituras fueron inspirados, al escribir lo que escribieron, por el mismo Dios. La infalibilidad es, más bien, una protección que impide al Papa definir como artículo de fe algo que no haya sido enseñado por los apóstoles. La revelación pública de Dios acabó con el último apóstol. Nada nuevo será revelado a la humanidad como un todo. La infalibilidad papal asegura simplemente que la revelación dada al mundo por Cristo llegará a todas las generaciones íntegra y sin distorsiones. Aunque nada nuevo ha sido revelado desde la muerte del último apóstol, hay, por supuesto, una "evolución del dogma". Esto significa que, a través de los estudios realizados por los teólogos y las enseñanzas de la Iglesia, puede iluminarse cada vez más lo que está contenido en esa revelación. Tampoco significa la infalibilidad que el Papa no pueda pecar o cometer equivocaciones al juzgar.

13. ¿Debemos aceptar las enseñanzas del Papa aún cuando no éste no use explícitamente su autoridad infalible?

La asistencia divina es también concedida a los sucesores de los Apóstoles, cuando enseñan en comunión con el sucesor de Pedro (y, de una manera particular, al obispo de Roma, Pastor de toda la Iglesia); ellos, aunque sin llegar a una definición infalible y sin pronunciarse de una "manera definitiva", proponen, en el ejercicio del magisterio ordinario, una enseñanza que conduce a una mejor inteligencia de la Revelación en materia de fe y de costumbres. "A esta enseñanza ordinaria los fieles deben 'adherir-se... con espíritu de obediencia religiosa' que, aunque distinto del asentimiento de la fe, es una prolongación de él". Catecismo de la Iglesia Católica — 892.

PRÁCTICA

▲ Una expresión de la naturaleza apostólica de la Iglesia puede verse en el Credo que rezamos en la liturgia del domingo y de los días santos. El Credo que profesamos en esos días es el llamado "Credo Niceano", que toma su nombre del Concilio de Nicea del año 325 D.C. El Credo Niceano fue producto del intento realizado en ese concilio para clarificar teológicamente el significado de la antigua fe de la Iglesia.

▲ El Credo de los Apóstoles, que se recita cuando se reza el rosario, es aún más antiguo que el Credo Niceano, y se usaba como expresión de fe en las primitivas comunidades cristianas.

▲ Los nombres de los doce apóstoles son: Pedro, Santiago, Juan, Andrés, Felipe, Bartolomé, Mateo, Tomás, Santiago, Judas, Tadeo, Simón y Matías (que reemplazó a Judas). San Pablo es también nombrado entre los apóstoles como Apóstol de los Gentiles. Hubo otros discípulos (o seguidores) importantes de Jesús mencionados en la Biblia, incluyendo a María Magdalena —que fue la primera que descubrió que Jesús había resucitado— Esteban, el primer mártir, y María, la madre de Jesús.

*

Sección 18
María: Madre de Cristo y de la Iglesia

Al sexto mes el ángel Gabriel fue enviado por Dios a una ciudad de Galilea, llamada Nazaret, a una joven virgen que estaba comprometida en matrimonio con un hombre llamado José, de la familia de David. La virgen se llamaba María. Llegó el ángel hasta ella y le dijo: "Alégrate, llena de gracia, el Señor está contigo." María quedó muy conmovida al oír estas palabras, y se preguntaba qué significaría tal saludo. Pero el ángel le dijo: "No temas, María, porque has encontrado el favor de Dios. Concebirás en tu seno y darás a luz un hijo, al que pondrás el nombre de Jesús. Será grande y justamente será llamado Hijo del Altísimo. El Señor Dios le dará el trono de su antepasado David, gobernará por siempre al pueblo de Jacob y su reinado no terminará jamás."

María entonces dijo al ángel: "¿Cómo puede ser eso, si yo soy virgen?" Contestó el ángel: "El Espíritu Santo descenderá sobre ti y el poder del Altísimo te cubrirá con su sombra; por eso el niño santo que nacerá de ti será llamado Hijo de Dios. También tu parienta Isabel está esperando un hijo en su vejez, y aunque no podía tener familia, se encuentra ya en el sexto mes del embarazo. Para Dios, nada es imposible." Dijo María: "Yo soy la servidora del Señor, hágase en mí tal como has dicho." Después la dejó el ángel (Lc 1, 26-38).

Puede ser muy provechoso estudiar la forma en la cual los distintos movimientos históricos y culturales en la tradición de la Iglesia han considerado a María. Su devoción ha generado una gran riqueza en la espiritualidad católica. A veces, sin embargo, los excesos que rodean a esta devoción parecen empañar la simple belleza de la joven doncella de Nazaret, cuya obediencia humilde a la voluntad de Dios dio a todos los pueblos su Redentor. Su "hágase en mí tal como has dicho" cambió el curso de la historia humana, completando la historia de la salvación. María, pequeña e insignificante a los ojos de su mundo, fue grande y fuerte en su inagotable fe en Dios. Primera beneficiaria de la salvación del Redentor, María fue concebida sin pecado y es nuestro modelo de pureza. Tan humana como nosotros, sufrió el dolor y la ansiedad de todos los padres que no pueden proteger o salvar a sus hijos del mal que triunfa sobre ellos. La elección de María —hecha por Dios— como madre de su Hijo continúa desafiando la definición de éxito y grandeza de la sociedad moderna.

1. ¿Por qué nos referimos a María como Madre de Dios?

María es la Madre de Dios porque la Segunda Persona Divina tomó de ella su naturaleza humana. María dio a Jesús lo que toda madre da a su hijo —carne y sangre. Pero su hijo no es sólo humano sino también divino. Jesucristo, de quien es la madre, es Dios; por lo tanto ella es, de hecho, la Madre de Dios, como la Iglesia ha creído siempre.

2. ¿Por qué merece María el título de "Madre de la Iglesia"?

Este título, lo mismo que la mayoría de los nombres de Nuestra Señora, surge de tres hechos básicos:

a) La Segunda Persona Divina tomó de ella su naturaleza humana. Ella es la Madre de Jesús, nuestro hermano y, por lo tanto, es la madre de todos los hombres y mujeres.

b) Por su identificación total con, y la aceptación de la ofrenda que Jesús hizo de sí mismo en la cruz, María cooperó en nuestra Redención, adquiriendo por ello un derecho adicional al título de Madre de la Iglesia.

c) Todos los dones que Jesús ganó para nosotros por su muerte en la cruz, y que El aplica a los miembros de su Iglesia, son distribuidos a través de su maternal intercesión.

3. ¿Qué queremos significar por Inmaculada Concepción?

Por Inmaculada Concepción queremos decir que, por un privilegio concedido a ningún otro ser humano, Nuestra Señora fue preservada del pecado original desde el primer instante de su concepción en el seno de su madre, Santa Ana.

"Declaramos, proclamamos y definimos que la doctrina que sostiene que la Beatísima Virgen María fue preservada inmune de toda mancha de la culpa original en el primer instante de su concepción por singular gracia y privilegio de Dios omnipotente, en atención a los méritos de Cristo Jesús Salvador del género humano, está revelada por Dios y debe ser por tanto firme y constantemente creída por todos los fieles" Constitución Apostólica *Ineffabilis Deus* del Papa Pío IX definiendo el dogma de la Inmaculada Concepción (8/12/1854).

4. ¿Qué queremos decir por la Asunción de Nuestra Señora?

Por la Asunción de Nuestra Señora queremos decir que al fin de su vida terrenal María fue llevada en cuerpo y alma a los cielos. Dios no permitió que el cuerpo del cual su Hijo tomó la vida humana sufriera la corrupción, destino de todos los que han sido afectados por el pecado original.

"Proclamamos, declaramos y definimos ser dogma divinamente revelado que la Inmaculada Madre de Dios siempre Virgen María, cumplido el curso de su vida terrestre, fue asunta en cuerpo y alma a la gloria celestial" Constitución Apostólica *Munificentissimus Deus* del Papa Pío XII definiendo el dogma de la Asunción (1/11/1950).

5. ¿Por qué es llamada María "Reina del Cielo y de la Tierra?

"Ciertamente, en sentido pleno, propio y absoluto, solamente Jesucristo, Dios y hombre, es Rey; con todo, también María, sea como Madre de Cristo Dios, sea como asociada a la obra del Divino Redentor, en la lucha con los enemigos y en el triunfo obtenido sobre todos, participa Ella también de la dignidad real, aunque en modo limitado y analógico" Carta Encíclica *Ad Caeli Reginam* del Sumo Pontífice Pío XII sobre la realeza de la Virgen María (11/10/1954).

PRÁCTICA

▲   La devoción a María compartida por todos los católicos romanos es el Rosario. Es predominantemente una plegaria mental, una meditación sobre los varios misterios de la vida de Nuestro Señor y de Nuestra Señora. Las plegarias que recitamos mientras los meditamos se convierten en una especie de cántico, un fondo para la meditación. En otras palabras, mientras rezamos las distintas decenas del Rosario prestamos atención al misterio que estamos contemplando, más que a las palabras del Padre Nuestro, del Ave María, o del Gloria.

▲   Todo el Rosario está compuesto de quince decenas (cada decena es una serie de diez cuentas), que corresponden a quince misterios. Los rosarios de cinco decenas que uno ve habitualmente se usan, en realidad, para rezar un tercio del Rosario por vez.

▲ Los misterios sobre los que meditamos en el rosario están divididos en tres grupos y presentan un bosquejo de la vida de Jesús, poniendo énfasis en los puntos clave en el drama de nuestra Redención. La reflexión frecuente sobre estos hechos principales nos ayudará mientras nuestra fe crece y se desarrolla.

a) Los misterios gozosos:

• El Angel Gabriel anuncia a María que será Madre de Dios.
• María visita a su prima Isabel, madre de Juan el Bautista.
• Jesús nace en Belén.
• Jesús es presentado en el Templo.
• El Joven Jesús es encontrado en el Templo después de haber estado perdido por tres días.

b) Los misterios dolorosos:

• Nuestro Señor sufre su agonía en el huerto de Getsemaní.
• Jesús es flagelado por los soldados romanos.
• Jesús es coronado con espinas.
• Jesús carga la cruz hasta el Calvario.
• Jesús es crucificado.

c) Los misterios gloriosos :

• Jesús resucita de entre los muertos.
• Jesús asciende a los cielos.
• El Espíritu Santo desciende sobre la Iglesia naciente.
• Asunción de María a los cielos.
• Nuestra Señora es coronada Reina del Cielo.

▲   El Rosario comienza con el recitado del Credo de los Apóstoles. Esta oración es seguida por un Padre Nuestro, tres Ave María y el Gloria, rezados en las cuentas que anteceden a las cinco decenas. Cada una está precedida por un Padre Nuestro, incluye diez Ave María, y finaliza con el Gloria. El Rosario concluye con el Salve.

*

PARTE IV:
LA PRESENCIA PERMANENTE DE CRISTO: LOS SACRAMENTOS

Sección 19
La Sagrada Liturgia

"Hagan esto en memoria mía" (Lc 22, 19).

Al hablar de la liturgia el Segundo Concilio Vaticano relata cómo Jesús envió a los apóstoles, llenos del Espíritu Santo, a predicar el Evangelio a todas las gentes. A proclamar que el Hijo de Dios, por su muerte y resurrección, nos había liberado del poder de Satán y de la muerte, inaugurando el reino de su Padre. Pero los apóstoles tenían que ser más que maestros: debían ejercer el trabajo de salvación con nosotros a través de las sagradas ceremonias del sacrificio y de los sacramentos, es decir, a través de la liturgia.

"En efecto, la liturgia, por cuyo medio se ejerce la obra de nuestra redención, sobre todo en el divino sacrificio de la Eucaristía, contribuye en sumo grado a que los fieles expresen en su vida y manifiesten a los demás el misterio de Cristo y la naturaleza auténtica de la verdadera Iglesia" — Constitución *Sacrosanctum Concilium*, sobre la Sagrada Liturgia (2) – Pablo VI — (1963) — Vaticano II.

La liturgia es el ejercicio del oficio sacerdotal de Jesús. A través de la liturgia nuestra santificación se realiza a través de signos perceptibles por los sentidos y se efectúa en una forma adecuada para cada uno de esos signos.

Toda celebración litúrgica es obra de Jesús, nuestro sacerdote, y de la Iglesia, su Cuerpo. Ninguna otra acción de la Iglesia puede tener la eficacia de la liturgia ni igualársele de ningún modo. Es en la liturgia que el Cuerpo Místico de Cristo ejerce el culto público íntegro (cf. Constitución *Sacrosanctum Concilium* sobre la Sagrada Liturgia — (7). Vaticano II)

"La liturgia es la cumbre a la cual tiende la actividad de la Iglesia y, al mismo tiempo, la fuente de donde mana toda su fuerza. Pues los trabajos apostólicos se ordenan a que, una vez hechos hijos de Dios por la fe y el bautismo, todos se reúnan, alaben a Dios en medio de la Iglesia, participen en el sacrificio y coman la cena del Señor". Constitución *Sacrosanctum Concilium* sobre la Sagrada Liturgia (10)— Vaticano II

La primera función de la Iglesia es adorar a Dios. La segunda es enseñar y santificar a sus miembros. La tercera es enseñar y santificar al mundo. En esta triple labor de la Iglesia la liturgia juega un rol vital. A través de ella el Pueblo Peregrino rinde culto incesantemente a Dios. A través de la liturgia los miembros de la Iglesia reciben la vida divina de la gracia santificante que fluye de Cristo. La liturgia de la Iglesia enseña al mundo las verdades de Cristo con máxima efectividad porque apela a la persona total, al corazón tanto como al intelecto.

1. ¿Qué es la sagrada liturgia?

La sagrada liturgia es el culto de Dios, público y oficial, de la Iglesia. En ella la Iglesia proclama y celebra el misterio de Cristo para que los fieles puedan vivirlo y dar testimonio de él en el mundo.

2. ¿Cuál es la esencia de la liturgia?

Si deseamos comprender la liturgia de la Iglesia debemos recordar dos puntos. Primero: aunque Dios es misterioso y está más allá de nuestro conocimiento o control, podemos vivirlo de un modo especial a través de la celebración de la liturgia sacramental. En segundo lugar, la liturgia es nuestra respuesta, en la fe y el amor, a las muchas bendiciones que recibimos de Dios.

3. La liturgia, ¿es principalmente ritual?

El ritual es esencial a la liturgia, pero ésta no se limita, de ninguna manera, al ritual. Jesús mismo criticó a quienes ponían mayor énfasis en la forma que en el contenido, en los actos externos que en la conversión interna (cf. Mt 15, 1-18).

Debemos adorar a Dios inteligentemente con nuestra mente y emocionalmente con nuestro corazón. Y antes de poder hacer esto, debemos ser instruidos en el significado de las ceremonias y símbolos empleados en la Misa y en los sacramentos, para que podamos estar bien dispuestos a participar activamente con el sacerdote y el resto de la comunidad en la celebración litúrgica.

4. ¿Qué importancia tiene la participación activa en la liturgia?

Una persona puede beneficiarse con la sola asistencia a los oficios litúrgicos. Pero al participar activamente, un miembro de la asamblea allí reunida proclama personalmente su aprobación y aceptación de la sagrada doctrina y de los misterios que están siendo celebrados. En consecuencia, cada participante en la liturgia debería unirse con entusiasmo a la asamblea y responder al llamado al culto del celebrante, escuchando atentamente las lecturas de las Escrituras y la homilía. Las oraciones que se ofrecen en la liturgia son siempre en beneficio del bienestar de todo el pueblo de Dios, pero se ofrecen de manera especial por quienes participan de una celebración particular.

5. ¿ Es realmente obligatorio participar en la liturgia para poder adorar a Dios?

Desde la alianza en el Monte Sinaí, unos dos mil años antes del nacimiento de Cristo, el pueblo judío recibió instrucciones detalladas acerca de cómo y cuándo rendir culto a Dios. Los autores sagrados de los dos libros de los Reyes registraron el desagrado de Dios con quienes no seguían estas prescripciones (cf. 1 y 2 Re). En los Hechos de los Apóstoles leemos que, desde los primeros días de la Cristiandad, los fieles se congregaban el primer día de la semana para la fracción del pan (cf. He 2, 42).

6. ¿Qué incluye la sagrada liturgia?

La sagrada liturgia incluye:
a) la Misa, el Sacrificio-Comida Eucarística;
b) los siete sacramentos;
c) la Liturgia de las Horas;
d) los sacramentales.

7. ¿Qué es la liturgia de las horas?

La Liturgia de las Horas es la plegaria cotidiana de la Iglesia. Está compuesta principalmente por los Salmos, poemas inspirados del Antiguo Testamento. Esta plegaria de la Iglesia es rezada cada día por todos los clérigos que han recibido las órdenes mayores, y por los monjes y otros religiosos en el coro. Sigue los ciclos del año litúrgico. Las dos secciones principales son la oración de la mañana y la oración de vísperas. Hay otras tres secciones: las horas de lectura, la de la oración del mediodía y la de la noche.

La Liturgia de las Horas, con su riqueza de salmos, oraciones, himnos y lecturas de las Escrituras y de los primitivos santos cristianos, es un inmenso tesoro. El laicado, aunque no esté oficialmente señalado para su ejercicio, puede rezar parcial o totalmente esta plegaria diaria de la Iglesia con gran beneficio propio. El Breviario es el libro que contiene el texto de la Liturgia de las Horas.

8. ¿Qué es el año litúrgico?

El año litúrgico es el medio por el cual la Iglesia revive la vida de Cristo celebrando, a lo largo del año, los misterios de su vida, muerte y resurrección.

A través del año litúrgico la Iglesia no sólo nos presenta los misterios de Jesucristo, sino que se esfuerza por lograr que los vivamos, compartiendo así más completamente la vida de Cristo.

a) En las cuatro semanas de Adviento la Iglesia recuerda la desgraciada condición de la humanidad desde poco después de su creación hasta la llegada al mundo de Jesús. El Adviento es un tiempo de anhelo por la luz de Cristo que vendrá a iluminarnos a todos. Es también un tiempo de alegría para nosotros, pues sabemos que hemos recibido la bendición de vivir en el tiempo posterior a la Encarnación, y que no debemos caminar más en la oscuridad del pecado.

b) La Navidad nos transporta al establo de Belén, enseñándonos que el Hijo de Dios se hizo carne por todos nosotros y por nuestra salvación. Aprendemos que debemos nacer nuevamente y sufrir una transformación completa, uniéndonos más íntimamente con la Palabra de Dios encarnada.

c) En la fiesta de la Epifanía, celebramos el llamado de los gentiles a la fe cristiana. La liturgia nos exhorta a dar gracias por las bendiciones de la fe y a buscar una fe más profunda a través de la plegaria y la meditación.

d) Durante los cuarenta días de Cuaresma, que comienzan el Miércoles de Ceniza, la Iglesia nos llama a volver a la inocencia del Bautismo. Las lecciones de las Escrituras de este tiempo nos exhortan a purificar nuestras intenciones y nuestros actos. Se nos pide que detestemos nuestros pecados, los expiemos por medio de la oración y la penitencia y enmendemos nuestra vida.

e) La Semana Santa comienza con una representación de la entrada triunfal de Jesús en Jerusalén el Domingo de Pasión (de Ramos). El Jueves Santo llama nuestra atención sobre los grandes dones de la Sagrada Eucaristía y del sacerdocio. En el Viernes Santo se nos enfrenta con los sufrimientos de Jesús. La Iglesia nos invita a seguir las huellas ensangrentadas de Nuestro Señor, a llevar voluntariamente con El la cruz, a reproducir en nuestros corazones su espíritu de aceptación y de reconciliación, y a morir junto con El, para poder resucitar juntos en Pascua.

f) El oficio de Vigilia Pascual, en la noche del Sábado Santo, es el evento litúrgico más importante en la vida de la Iglesia. Celebramos la resurrección de Jesucristo y su promesa de vida eterna. Renovamos nuestras propias promesas bautismales y damos la bienvenida a la Iglesia a los nuevos miembros adultos, a través de su Bautismo y Confirmación. Continuamos la celebración de la Resurrección a lo largo de todas las Misas del Domingo de Pascua.

g) En el tiempo de Pascua se conmemora el triunfo de nuestro Salvador sobre el pecado y la muerte. La Iglesia nos recuerda que debemos elevarnos con El a una vida nueva de mayor fervor y santidad, aspirando sólo a las cosas de Dios.

h) En Pentecostés la Iglesia nos impulsa a abrirnos a la acción del Espíritu Santo en nuestras vidas, para que podamos ser santos, como lo son Cristo y su Padre.

i) Los Domingos del Tiempo Ordinario llenan esos domingos no cubiertos por las estaciones especiales. Continuamos celebrando y adorando a Dios por la Buena Nueva de Jesucristo.

Durante el curso del año litúrgico se celebran, además de los misterios de Jesucristo, las fiestas de algunos santos. Estas fiestas son de un orden menor y subordinado. A través de ellas la Iglesia busca poner ante nosotros ejemplos de santidad de todas las épocas, para alentarnos a cultivar en nosotros las virtudes de Cristo.

PRÁCTICA

▲ Algunas parroquias tienen comités de culto o comités litúrgicos que ayudan a mejorar la planificación de la celebración de los distintos tiempos litúrgicos y de las liturgias para ocasiones específicas. Colaboran también en los preparativos de quien las preside. Un grupo activo de planeamiento litúrgico tendrá la responsabilidad de coordinar muchas áreas que acompañan a la liturgia, como quiénes reciben a los fieles, los ministros litúrgicos (lectores, acólitos, ministros eucarísticos), la música, el arte y el medio ambiente.

▲ San Agustín dijo que "quien canta ora doblemente bien". Intente participar en el canto en la liturgia de su parroquia, aunque no tenga una voz perfecta ni entrenada.

Sección 20
Los siete Sacramentos

Para eso tenía que pasar por el país de Samaría, y fue así como llegó a un pueblo de Samaría llamado Sicar, cerca de la tierra que Jacob dio a su hijo José. Allí se encuentra el pozo de Jacob. Jesús, cansado por la caminata, se sentó al borde del pozo. Era cerca del mediodía.

Fue entonces cuando una mujer samaritana llegó para sacar agua, y Jesús le dijo: "Dame de beber". Los discípulos se habían ido al pueblo para comprar algo de comer. La samaritana le dijo: "¿Cómo tú, que eres judío, me pides de beber a mí, que soy una mujer samaritana?" (Se sabe que los judíos no tratan con los samaritanos). Jesús le dijo: "Si conocieras el don de Dios, si supieras quién es el que te pide de beber, tú misma le pedirías agua viva y él te la daría."

Ella le dijo: "Señor, no tienes con qué sacar agua y el pozo es profundo. ¿Dónde vas a conseguir esa agua viva? Nuestro antepasado Jacob nos dio este pozo, del cual bebió él, sus hijos y sus animales; ¿eres acaso más grande que él?" Jesús le dijo: "El que beba de esta agua volverá a tener sed, pero el que beba del agua que yo le daré nunca volverá a tener sed. El agua que yo le daré se convertirá en él en un chorro que salta hasta la vida eterna." (Jn 4, 4-14)

Nuestro Señor Jesucristo es la fuente de "agua viva", la vida divina. Nos da su vida y la aumenta en todos nosotros por medio de siete canales de gracia, llamados los sacramentos.

Por medio de los sacramentos Jesús se une a nosotros, profundizando siempre nuestra unión con El, aumentando nuestra santidad. Los sacramentos son un medio muy especial a través del cual Cristo está presente con nosotros, a lo largo de nuestras vidas, para darnos todo el apoyo y la fuerza que necesitamos para crecer en la vida divina.

A través del Bautismo Nuestro Señor nos une primero a su Cuerpo Místico y nos da la vida divina. Por la Unción de los enfermos está presente para prepararnos para la muerte y la vida eterna. Por medio de la Confirmación, la Reconciliación, la Eucaristía, el Matrimonio, y el Orden Sagrado nos fortalece, nos perdona, nos nutre y nos prepara para nuestras diversas vocaciones o llamados.

1. ¿Qué se encuentra en el centro de la vida litúrgica de la Iglesia?

Toda la vida litúrgica de la Iglesia gira alrededor de la Eucaristía y de los otros seis sacramentos.

2. ¿Qué es un sacramento?

"Los sacramentos son signos eficaces de la gracia, instituidos por Cristo y confiados a la Iglesia, por los cuales nos es dispensada la vida divina" — Catecismo de la Iglesia Católica (1131). Los sacramentos son ocasiones para comunicar la vida divina (gracia) por el poder de Dios, y no por la bondad del ministro que celebra el sacramento. El que un sacramento provoque realmente un cambio en la persona que lo recibe depende de su disposición particular.

3. ¿Cuáles son los siete sacramentos?

Los siete sacramentos son el Bautismo, la Confirmación, la Eucaristía, la Reconciliación (o Penitencia), la Unción de los enfermos, el Matrimonio y el Orden Sagrado.

4. ¿La Iglesia habló siempre de la existencia de siete sacramentos?

Al igual que lo ocurrido con la comprensión de las Sagradas Escrituras y otras doctrinas de la fe, la Iglesia ha crecido en su comprensión hasta llegar a ver que, entre sus muchas celebraciones litúrgicas, existen siete sacramentos que fueron, de hecho, instituidos por Cristo.

5. ¿Qué queremos decir cuando expresamos que los sacramentos fueron instituidos por Cristo?

Queremos decir que Jesús mismo nos dio los sacramentos, que son los instrumentos por medio de los cuales El está ahora presente con nosotros, y a través de los cuales comparte con nosotros su vida divina.

6. ¿Qué es un "carácter" o "sello" sacramental?

La Iglesia sostiene que tres de sus sacramentos: el Bautismo, la Confirmación y el Orden Sagrado, confieren un carácter o sello sacramental permanente, además de la gracia que dan a quien lo recibe. A través de este sello o carácter el cristiano comparte el sacerdocio de Cristo y asume un lugar especial en la vida de la Iglesia. Este sello es "indeleble", esto es, no puede ser cambiado o perdido; por lo tanto estos sacramentos sólo pueden ser recibidos una sola vez.

7. ¿Cuál es el propósito de los sacramentos?

El propósito de los sacramentos es comunicar la vida divina y santificar a las personas. Esto lo hacen recordando las acciones salvíficas de Cristo, en particular la muerte y resurrección de Nuestro Señor, y anticipando la gloria futura prometida por Cristo.

8. ¿Quién celebra la liturgia sacramental?

La liturgia sacramental es celebrada por toda la comunidad de los fieles. No son acciones privadas, y por esta razón la Iglesia prefiere que, siempre que sea posible, sean celebradas en forma comunitaria.

9. ¿Cómo se celebran los sacramentos?

En las celebraciones sacramentales el sagrado ministro (obispo, sacerdote o diácono) y otros ministros y laicos cumplen sus propios roles, de acuerdo con la disciplina de la Iglesia. La celebración misma emplea signos naturales y símbolos sagrados que se relacionan con la creación, la vida humana y la historia de la salvación. La celebración implica nuestro encuentro con Dios, expresado en palabras y acciones y enriquecido por el canto y la música.

10. ¿En qué forma son los sacramentos "signos sagrados"?

Los signos son cosas o acciones que transmiten una idea. Una sonrisa o un ceño fruncido son un signo de los propios sentimientos. Una bandera es el signo de una nación. Las palabras transmiten ideas y son, por lo tanto, signos. En los sacramentos las palabras, conjuntamente con las acciones, constituyen los signos sagrados.

Los sacramentos, sin embargo, son signos que no solamente comunican una idea sino que producen lo que significan. Los sacramentos no sólo nos hacen conscientes de la vida divina; en realidad, producen esta vida dentro nuestro.

Por ejemplo, el agua, puesto que es tan necesaria para la vida, puede ser empleada como signo de vida; es por ello que el agua es un signo apropiado de la infusión de la vida divina. Pero en el sacramento del Bautismo la infusión del agua no sólo significa esa vida; en realidad la produce. El aceite, por otra parte, es usado para fortalecer el cuerpo. En la Confirmación es empleado tanto para significar la fuerza que recibimos de este sacramento, como para darnos esa fuerza. El aceite es también usado como medicina. En el sacramento de la Unción de los enfermos es empleado tanto para significar como para impartir la salud al cuerpo y al alma.

11. ¿Hay sólo una forma de impartir los sacramentos?

Mientras que el Misterio Pascual celebrado en la liturgia es uno y único en todo el mundo, puede ser y ha sido expresado en una gran variedad de formas, acordes con la diversidad de las culturas. Aun manteniendo la unidad esencial, la Iglesia permite que muchas tradiciones litúrgicas o ritos enriquezcan su vida y su misión. Los ritos principales son el Latino, el Bizantino, el Alejandrino o Copto, el Siríaco, el Armenio, el Maronita y el Caldeo.

12. ¿Cómo podemos comprender mejor los siete sacramentos?

"Los siete sacramentos corresponden a todas las etapas y todos los momentos importantes de la vida del cristiano: dan nacimiento y crecimiento, curación y misión a la vida de fe de los cristianos" — Catecismo de la Iglesia Católica (1210).

En tanto que la Eucaristía es comprendida mejor como el "sacramento de los sacramentos", hacia el cual están orientados todos los demás, todos ellos pueden ser vistos dentro de un todo orgánico. Dentro de esa totalidad se puede comprender a los sacramentos dentro de tres categorías: los sacramentos de la iniciación cristiana (Bautismo, Confirmación y Eucaristía); los de la curación (Reconciliación y Unción de los enfermos), y los de servicio (Orden Sagrado y Matrimonio).

PRÁCTICA

▲   Los sacramentos son signos vivificantes del amor inconmensurable de Dios por nosotros. Tiene sentido pensar que, cuando recibimos los sacramentos con humildad y amor, los apreciamos cada vez más. La forma en la que nos preparamos para recibirlos puede ayudarnos mucho. Un buen examen de conciencia y un corazón agradecido por el don de la gracia de Dios enriquece nuestra experiencia de los sacramentos. Sin embargo, aún cuando recibimos los sacramentos con poca o sin preparación alguna, éstos nos confieren, de cualquier manera, la gracia santificante que nuestra vida espiritual necesita para existir.

▲ La preparación y la recepción de los sacramentos debería hacerse, de ser posible, dentro de un contexto comunitario. Ya sea esta comunidad una familia, un grupo de amigos o miembros de una parroquia, ella nos fortalece y alienta en nuestro compromiso a la Iglesia, a sus sacramentos llenos de gracia y a nuestra última meta de salvación.

▲ Una de las razones por las cuales la Iglesia comenzó a celebrar la liturgia en el idioma vernáculo, es decir el idioma del pueblo, fue la de aumentar el sentido comunitario y de participación en la celebración de los sacramentos.

Sección 21
El Bautismo

Como ustedes saben, todos nosotros, al ser bau-
tizados en Cristo Jesús, hemos sido sumergidos
en su muerte. Por este bautismo en su muerte
fuimos sepultados con Cristo, y así como Cristo
fue resucitado de entre los muertos por la Gloria
del Padre, así también nosotros empezamos una
vida nueva. Una representación de su muerte
nos injertó en él, pero compartiremos también
su resurrección.
Como ustedes saben, el hombre viejo que está en
nosotros ha sido crucificado con Cristo. Las fuer-
zas vivas del pecado han sido destruidas para
que no sirvamos más al pecado. (Rom 6, 3-6)

En los primeros días de la Iglesia, los nuevos cristianos eran bautizados por inmersión. Entraban en
una pileta, se quitaban la ropa y eran sumergidos en
sus aguas. Comprendían que esto simbolizaba que
estaban muriendo en su ser anterior, pecador, y estaban siendo enterrados en el agua para resucitar, al
igual que Cristo, a una nueva vida. Cuando salían
del agua se vestían con ropajes blancos para mostrar
que estaban vivos con la vida nueva de Cristo.

Esta práctica simboliza de forma muy impactante
lo que nuestro Señor hace por nosotros en el
Bautismo. Mediante las aguas del Bautismo lava
nuestros pecados y nos da nueva vida. Por el Bautismo Cristo nos une al Dios Trino y nos da una parte
en la gracia que adquirió por su vida, muerte y resurrección.

1. ¿Qué es el Bautismo?

"El santo bautismo es el fundamento de toda la vida cristiana, el pórtico de la vida en el Espíritu... y la puerta que abre el acceso a los otros sacramentos. Por el bautismo somos liberados del pecado y regenerados como hijos de Dios, llegamos a ser miembros de Cristo y somos incorporados a la Iglesia y hechos partícipes de su misión: 'El bautismo es el sacramento del nuevo nacimiento por el agua y la Palabra' " —Catecismo de la Iglesia Católica —1213—.

2. ¿Cómo se celebra el Bautismo?

Desde los primeros tiempos la entrada en la Iglesia fue marcada por un camino de iniciación en varias etapas. Aun cuando este camino es tan único como el individuo que lo recorre, existen ciertos elementos esenciales a toda iniciación: la proclamación de la Palabra de Dios, la aceptación del Evangelio, la conversión, la profesión de fe, la recepción del Bautismo y del Espíritu y la recepción de la Eucaristía.

Recientemente la Iglesia restauró el Orden de Iniciación Cristiana de Adultos (llamado antes Rito de Iniciación Cristiana de Adultos), como forma habitual en la que un adulto pasa por esas etapas de iniciación. Este proceso alcanza su culminación en el oficio de Vigilia Pascual, en el que la Iglesia celebra el Misterio Pascual y administra el sacramento del Bautismo a quienes buscan entrar en la Iglesia.

3. ¿Qué hace Jesucristo en nosotros a través del Bautismo?

a) La gracia recibida en el Bautismo corrige la condición "carente de gracia" del alma, llamada pecado original. Jesús también borra los pecados personales en aquellos suficientemente grandes como para haber pecado. *"El pecado ya no los volverá a dominar, pues no están bajo la Ley, sino bajo la gracia".* (Rom 6, 14)

b) Por medio del Bautismo Jesús nos otorga una nueva vida, la vida divina, y nos hace hijos adoptivos de Dios. Nos recibe en una vida de intimidad con las tres Personas de la Santísima Trinidad: Padre, Hijo y Espíritu Santo. *"Miren qué amor tan singular nos ha tenido el Padre que no sólo nos llamamos hijos de Dios, sino que lo somos"* (1 Jn 3, 1).

Junto con la vida divina Cristo nos da poderes que nos permiten actuar como creaturas de Dios y crecer en la gracia. Entre esos poderes están la fe, la esperanza y la caridad.

c) Cristo nos une a El y a los miembros de su Cuerpo Místico. Hay *"un solo cuerpo y un mismo espíritu, pues ustedes han sido llamados a una misma vocación y una misma esperanza. Un solo Señor, una sola fe, un solo bautismo, un solo Dios y Padre de todos, que está por encima de todos, que actúa por todos y está en todos"* (Ef 4, 4-6).

Después del Bautismo ya no podemos orar ni sufrir solos. Cuando rezamos, lo hacemos a un Padre común en el cielo, y nuestras plegarias son escuchadas por nuestra unión con Cristo. Nuestros sufrimientos tienen valor para la Iglesia entera. *"Ahora me alegro cuando tengo que sufrir por ustedes, pues así completo en mi carne lo que falta a los sufrimientos de Cristo para bien de su cuerpo, que es la Iglesia"* (Col 1, 24).

d) El Bautismo nos une al Espíritu Santo en una relación cercana. *"¿No saben que son templo de Dios y que el Espíritu de Dios habita en ustedes? Si alguno destruye el templo de Dios, Dios lo destruirá a él. El templo de Dios es sagrado, y ese templo son ustedes"* (1 Cor 3, 16-17).

e) Cristo nos hace participar en su sacerdocio a través del sello bautismal. Es por medio de esta participación en el sacerdocio de Cristo que participamos en la Misa, unimos nuestras plegarias y sacrificio con los de

Cristo y obtenemos el derecho de recibir los demás sacramentos.

4. ¿Es el Bautismo la única forma de recibir por primera vez la vida divina de la gracia santificante?

El Bautismo es la forma normal de recibir la gracia santificante. Pero la misericordia y el amor de Jesús son tan grandes, que concede la vida divina de manera extraordinaria cuando una persona no puede recibir el Bautismo, sin ser culpable de ello.

Quien se arrepiente de sus pecados por amor a Dios y desea sinceramente el Bautismo recibe, en virtud de ese deseo, la vida divina de la gracia santificante.

Quien no sabe de la necesidad del Bautismo, pero se arrepiente de sus pecados y desea cumplir la voluntad de Dios, recibe la gracia santificante en virtud del deseo implícito de ser bautizado.

Las personas no bautizadas que dan la vida por su fe en Dios son bautizadas, podemos decir, en su propia sangre, recibiendo así la vida divina de la gracia santificante.

5. ¿Quién puede ser bautizado?

Solamente una persona no bautizada puede recibir el sacramento del Bautismo. En los primeros días de la Iglesia sólo los adultos eran bautizados habitualmente, y en zonas en las que la Iglesia es nueva, se bautiza aún principalmente a los adultos. Para los adultos el "catecumenado", que es el programa de formación en la vida cristiana, es la última etapa del proceso de iniciación cristiana. Un catecúmeno, aunque no esté todavía bautizado, está unido a la vida de la Iglesia.

6. ¿Pueden ser bautizados los niños?

La práctica de bautizar a los niños pequeños y mayores se encuentra explícitamente desde el siglo II, y quizás existió desde el tiempo de los apóstoles. La Iglesia siente que sería erróneo privar a los niños del don divino de salvación, y permite por ello a los padres o tutores profesar en nombre de sus hijos su fe y compromiso.

7. ¿Cuál es el signo empleado en el bautismo?

El signo empleado en el bautismo es el lavado con agua que se derrama sobre la cabeza del bautizado, y las palabras "Yo te bautizo en el nombre del Padre y del Hijo y del Espíritu Santo".

El agua es un símbolo muy apropiado de los efectos del Bautismo:

a) El agua es usada para limpiar. La infusión de agua del Bautismo simboliza la limpieza del alma del pecado.

b) El agua es también dadora de vida. La irrigación hace florecer desiertos. En el Libro del Génesis se describe al agua como uno de los elementos de los cuales provino la vida en el mundo. *En el principio, cuando Dios creó los cielos y la tierra, todo era confusión y no había nada en la tierra. Las tinieblas cubrían los abismos mientras el espíritu de Dios aleteaba sobre la superficie de las aguas.* (Gen 1, 1-2).

8. ¿Por qué existen los "patrocinadores" o "padrinos" del Bautismo?

Sólo la persona que es bautizada puede hacer la profesión de fe requerida, excepto en el caso de niños pequeños, en el cual los padres y padrinos lo hacen en su nombre. A través del Bautismo, sin embargo, la persona entra en la comunidad de la fe, y toda la comunidad de los fieles comparte la responsabilidad de asistir al bautizado, sea niño o adulto, a seguir creciendo en esa vida de fe. El padrino es un miembro de la Iglesia que está dispuesto y es capaz de asumir esta responsabilidad en nombre del resto de la comunidad.

9. ¿Quién administra el sacramento del Bautismo?

El Bautismo es administrado usualmente por un

sacerdote o un diácono. En caso de necesidad, sin embargo, cualquiera puede bautizar (aún un no-creyente, mientras realice las acciones, diga las palabras adecuadas y tenga la intención de hacer lo que Cristo ordenó).

10. ¿Cuáles son las promesas del Bautismo?

El sacerdote pide a la persona que está por ser bautizada que rechace a Satanás (al diablo o mal) y que renuncie a las obras del pecado.

Se pide entonces al candidato que responda a tres preguntas básicas sobre la fe, para profesar su aceptación y su creencias:

a) ¿Cree en Dios, Padre Todopoderoso, creador del cielo y de la tierra?

b) ¿Cree en Jesucristo, su único Hijo, Nuestro Señor, que nació de Santa María Virgen, fue crucificado, muerto y sepultado, resucitó de entre los muertos, y está sentado a la diestra de Dios Padre?

c) ¿Cree en el Espíritu Santo, la Comunión de los Santos, el perdón de los pecados, la resurrección de la carne, la vida perdurable?

11. ¿Qué pasa con los niños no bautizados?

Ni la Biblia ni la tradición dan una solución a esta pregunta. Debemos dejar la respuesta a la misericordia y a la justicia de Dios.

La salvación de quien no tiene uso de razón depende de los esfuerzos de otros. Por lo tanto los padres tienen una seria obligación de ver que sus hijos sean bautizados poco después de nacer. Sin embargo, si un niño muriera antes del Bautismo, los padres no deben pensar que su hijo no va a ir al cielo, sino que deben confiar en el amor infinito de Dios.

12. ¿Por qué ocurre a veces que una persona que ha sido bautizada como Protestante es nuevamente bautizada al convertirse al Catolicismo?

Cuando un cristiano de otra denominación desea

convertirse en miembro de la Iglesia Católica y entrar en plena comunión con ella, no es bautizado nuevamente si existe una prueba válida de su Bautismo. Si existen dudas acerca de la validez o de la existencia de dicho Bautismo, el sacerdote deberá bautizar privadamente a dicha persona "bajo la condición" de que no haya sido bautizada antes válidamente.

Si alguien ya ha sido bautizado —sea en la Iglesia Católica o en otra denominación— y desea convertirse en un católico activo, hará simplemente una profesión de fe en la Iglesia Católica, siendo recibido por ella. En ese momento el candidato hará también una confesión de sus pecados y recibirá el sacramento de la Reconciliación antes de recibir la Sagrada Comunión.

PRÁCTICA

▲ A través de la vida divina recibida con el Bautismo, cada persona bautizada es llamada a desarrollar una nueva vida en Cristo. De hecho, se espera que se eleve sobre la mera observancia de la ley moral y que imite a Jesús en todo.

▲ El nombre dado en el Bautismo debería tener algún significado cristiano. La Iglesia alienta a las personas a nombrar a sus hijos con nombres de santos. La intención que respalda esta práctica es la de que el "santo patrón" se convierta en modelo y protector del niño bautizado.

▲ Cualquier católico bautizado mayor de dieciseis años que haya hecho su Primera Comunión, y haya sido confirmado, puede ser padrino de Bautismo. Un cristiano no católico no puede ser padrino, pero puede actuar como testigo cristiano. Lo mismo ocurrirá en el caso inverso, de un católico que desee ser padrino de un no-católico. No es necesario más de un padrino, pero es usual que existan dos, uno de cada sexo.

▲ Un niño en peligro de muerte puede ser bautizado por cualquiera que derrame agua natural sobre su cabeza y diga : "Yo te bautizo en el nombre del Padre y del Hijo y del Espíritu Santo". Un adulto moribundo debe expresar algún deseo de ser bautizado y creer al menos que existe un Dios en tres Personas, que recompensa el bien y castiga el mal, y que Jesucristo es el Hijo de Dios.

▲ El dicho "un católico es siempre un católico" es cierto en el sentido de que, una vez que hemos sido bautizados en la Iglesia Católica, podemos convertirnos en católicos prácticos en cualquier momento, simplemente confesando nuestros pecados y comenzando a practicar nuestra fe.

*

Sección 22
La Confirmación

Cuando llegó el día de Pentecostés, estaban to-
dos reunidos en el mismo lugar. De repente vino
del cielo un ruido, como el de una violenta ráfa-
ga de viento, que llenó toda la casa donde esta-
ban, y aparecieron unas lenguas como de fuego
que se repartieron y fueron posándose sobre
cada uno de ellos. Todos quedaron llenos del
Espíritu Santo y comenzaron a hablar en otras
lenguas, según el Espíritu les concedía que se
expresaran.
Estaban de paso en Jerusalén judíos piadosos,
llegados de todas las naciones que hay bajo el
cielo.Y entre el gentío que acudió al oír aquel
ruido, cada uno los oía hablar en su propia len-
gua. Todos quedaron muy desconcertados y se
decían, llenos de estupor y admiración: "Pero
éstos ¿no son todos galileos? ¡Y miren cómo ha-
blan! Cada uno de nosotros les oímos en nuestra
propia lengua nativa. Entre nosotros hay par-
tos, medos y elamitas, habitantes de Mesopota-
mia, Judea, Capadocia, del Ponto y Asia, de
Frigia, Panfilia, Egipto y de la parte de Libia
que limita con Cirene. Hay forasteros que vienen
de Roma, unos judíos y otros extranjeros, que
aceptaron sus creencias, cretenses y árabes. Y
todos les oímos hablar en nuestras propias len-
guas las maravillas de Dios" (Hch 2, 1-11).

Al igual que con todas las cosas en la vida, existen
en nuestra iniciación cristiana puntos de partida,
lugares en donde comenzamos. El primer paso es el

sacramento del Bautismo, por el cual quedamos marcados para siempre como seguidores de Cristo, y compartimos por lo tanto en su dignidad como hijos adoptivos de Dios.

La Confirmación sella nuestra relación con Cristo y con su Iglesia. Señala nuestra madurez como cristianos y nos da el poder de cumplir con la responsabilidad de proclamar el Evangelio en nuestra vida diaria.

Otro paso en el proceso de iniciación ocurre cuando recibimos el cuerpo y la sangre de Jesús en el sacramento de la Eucaristía. La recepción de la Eucaristía por primera vez señala nuestro crecimiento espiritual y marca nuestra comunión con la Santísima Trinidad.

Nos convertimos totalmente en miembros de la Iglesia una vez recibidos los sacramentos del Bautismo, la Confirmación y la Sagrada Eucaristía.

1. ¿Qué es el sacramento de la Confirmación?

"En el sacramento de la Confirmación los bautizados se vinculan más estrechamente a la Iglesia, se enriquecen con una fuerza especial del Espíritu Santo, y con ello quedan obligados más estrictamente a difundir y defender la fe, como verdaderos testigos de Cristo, por la palabra juntamente con las obras" Constitución Dogmática *Lumen Gentium* sobre la Iglesia (11)— Pablo VI — Vaticano II –

Como uno de los sacramentos de iniciación, la Confirmación debe ser recibida para que la gracia del Bautismo alcance su efecto completo.

2. ¿Cuando fue establecido el sacramento de la Confirmación?

Las Escrituras no nos muestran la escena de la institución del sacramento de la Confirmación. Pero su institución se revela, en las Escrituras, en la promesa hecha por Cristo —y cumplida en Pentecostés— de enviar al Espíritu Santo para fortalecer a los apóstoles, y en el hecho de que éstos ya administraran este sacramento desde poco después de la Resurrección.

Así Felipe anunció a Cristo a los samaritanos en una de sus ciudades adonde había bajado... Cuando los apóstoles que estaban en Jerusalén tuvieron noticia de que los samaritanos habían aceptado la Palabra de Dios, les enviaron a Pedro y a Juan. Bajaron y oraron por ellos para que recibieran el Espíritu Santo, ya que todavía no había descendido sobre ninguno de ellos y sólo habían sido bautizados en el nombre del Señor Jesús. Pero entonces les impusieron las manos y recibieron el Espíritu Santo. (Hch 8, 5. 14-17).

3. ¿Qué realiza Jesucristo en nosotros a través del sacramento de la Confirmación?

A través de la Confirmación Jesús nos da:

a) Un aumento de la vida divina.

b) Una nueva y más profunda relación con el Espíritu Santo.

c) La marca sacramental o carácter de la Confirmación.

d) Un aumento de la fuerza para profesar, defender y difundir la fe.

4. ¿Cuál es el signo del sacramento de la Confirmación?

En el rito Latino el signo del sacramento de la Confirmación es la imposición de manos y la unción con el crisma. El obispo dice: "Recibe por esta señal el don del Espíritu Santo".

La imposición de manos significa conferir una plena y perfecta adultez. Esta es una antigua ceremonia, que simboliza el don de un poder especial.

El crisma, el aceite usado en la Confirmación, es una mezcla de aceite de oliva, o de un aceite vegetal, y de un perfume llamado bálsamo, consagrado por el obispo en la Misa Carismal de Semana Santa.

5. ¿Cuál es el efecto del "carácter" o "sello" distintivo otorgado en la Confirmación?

El carácter o sello de la Confirmación perfecciona aquél que fuera recibido en el Bautismo, y confiere a la persona confirmada el poder de profesar públicamente la fe de Jesucristo, en especial en la vida cotidiana.

6. ¿Cual es el rol del Espíritu Santo en la Confirmación?

Nuestra nueva relación con el Espíritu Santo después de la Confirmación es similar a la de los apóstoles después de Pentecostés. En ese día fueron iluminados para que pudieran comprender mejor los misterios divinos. También fueron fortalecidos para que pudieran dar testimonio de Jesús.

En nuestra Confirmación este mismo Espíritu Santo acude con gracias sacramentales especiales a iluminar nuestra mente y fortalecer nuestra voluntad, para que podamos vivir a la altura de nuestro compromiso cristiano.

7. ¿Cuáles son los poderes que nos permiten profesar, defender y difundir la fe?

Estos poderes son los dones del Espíritu Santo y las gracias del sacramento de la Confirmación, que nos permiten enfrentar los desafíos a nuestra fe y aprovechar las posibilidades de difundirla en nuestra vida cotidiana. *"Cuando los lleven ante las sinagogas, los jueces y las autoridades, no se preocupen de cómo se van a defender o qué van a decir; llegada la hora, el Espíritu Santo les enseñará lo que tengan que decir."* (Lc 12, 11-12).

8. ¿Cómo nos ayudan los dones del Espíritu Santo?

Estos dones nos abren a la inspiración del Espíritu Santo. En el Bautismo recibimos esos dones en forma embrionaria. En la Confirmación se desarrollan más completamente. Los siete dones del Espíritu Santo son: la sabiduría, la inteligencia, el consejo, la fortaleza, la ciencia, la piedad y el temor de Dios.

9. ¿Por qué debe un cristiano confirmado comprometerse con los problemas del mundo y con la justicia social?

En los Evangelios Jesús enseña a sus seguidores que no sólo deben mostrar preocupación por los demás sino que, activamente y tanto como les sea posible, deben trabajar para resolver los problemas de justicia social. En la parábola del Juicio Final, por ejemplo, Jesús promete vida eterna a aquellos que alimentan al hambriento, dan de beber al sediento, etc. Esto es presentado como un deber, no como una actividad opcional. Quienes eligen ignorar estos deberes básicos y descuidan realizarlos en beneficio de otros, serán arrojados al suplicio eterno (cf. Mt 25, 31-46).

En respuesta a la pregunta : "¿Quién es mi prójimo?", Jesús cuenta la parábola del Buen Samaritano. En ella Jesús nos enseña el deber de asistir a cualquiera que esté necesitado, incluyendo a los extraños (cf. Lc 10, 25-38).

En otra parábola, Jesús relata la historia de un hombre rico y de un mendigo llamado Lázaro. El hombre rico no golpeaba ni hería directamente a Lázaro. Sin embargo, era culpable de no cuidar de las necesidades básicas de una persona sufriente. El rico entró en el suplicio eterno por no haber siquiera intentado aliviar el sufrimiento y la miseria humanas (Cf. Lc 16, 19-31).

Viendo estas enseñanzas de Jesús, es fácil deducir que el deber de todos los cristianos es ocuparse de los problemas que afronta cualquier miembro de la familia humana. Los católicos confirmados no pueden limitar sus áreas de cuidado y asistencia a los familiares y a quienes se encuentran en el círculo inmediato de sus conocidos. A primera vista parece imposible que un individuo pueda hacer mucho por solucionar los problemas de quienes se encuentran en lugares alejados. Esto no es necesariamente cierto. Más aún, muchos de los problemas, en especial los de la pobreza y la falta de techo, son también muy reales para quienes viven en nuestro propio país.

Los problemas de asegurar la justicia social son muchos y variados. Incluyen el hambre en el mundo, la paz, la distribución de la riqueza, el intercambio de bienes entre las naciones, la educación, las oportunidades de trabajo, la urbanización, etc. Los pontífices, en años recientes, han producido una serie de encíclicas dando los lineamientos cristianos para intentar resolver las injusticias básicas que son problemas cotidianos para mucha gente que sufre.

Jesús vino a salvar a todos. Ama a toda la gente. Mientras haya una persona víctima de cualquier forma de injusticia, cada cristiano deberá cooperar para encontrar formas de aliviar el problema.

10. ¿Cómo profesan y difunden su fe los cristianos?

Los cristianos profesan y difunden su fe:

a) Orando por todos:
Ante todo recomiendo que se hagan peticiones, oraciones, súplicas y acciones de gracias por todos, sin distinción de personas (1 Ti 2,1).

b) Profesando su fe en Cristo:
"Al que se ponga de mi parte ante los hombres, yo me pondré de su parte ante mi Padre de los Cielos. Y al que me niegue ante los hombres, yo también lo negaré ante mi Padre que está en los Cielos" (Mt 10, 32-33).

c) Dando buen ejemplo:
Ustedes son la luz del mundo: ¿cómo se puede esconder una ciudad asentada sobre un monte? Nadie

enciende una lámpara para taparla con un cajón; la ponen más bien sobre un candelero, y alumbra a todos los que están en la casa. Hagan, pues, que brille su luz ante los hombres; que vean estas buenas obras, y por ello den gloria al Padre de ustedes que está en los Cielos (Mt 5, 14-16).

d) Haciendo obras de misericordia:
Entonces los justos dirán: "Señor, ¿cuándo te vimos hambriento y te dimos de comer, o sediento y te dimos de beber? ¿Cuándo te vimos forastero y te recibimos, o sin ropa y te vestimos? ¿Cuándo te vimos enfermo o en la cárcel, y te fuimos a ver?" El Rey responderá: "En verdad les digo que, cuando lo hicieron con alguno de los más pequeños de estos mis hermanos, me lo hicieron a mí" (Mt 25, 37-40).

e) Ayudando a las misiones, domésticas y extranjeras, con oraciones, limosnas, el aliento de las vocaciones misioneras, y tomando parte personalmente en el trabajo misional.

f) Participando en el apostolado del sufrimiento:
Si ustedes comparten nuestros sufrimientos, también compartirán nuestro consuelo; se lo decimos y lo esperamos con mucha firmeza (2 Cor 1, 7).

g) Participando en el trabajo de la Iglesia, que es santificar a sus miembros y, a través de ellos, enseñar y santificar al mundo. Una vez confirmados, tenemos la obligación de luchar para vivir más perfectamente los mandamientos, las virtudes y las características de un buen cristiano como se muestra en las páginas de las Sagradas Escrituras.
Pero ¿cómo invocarán al Señor sin haber creído en él? Y ¿cómo podrán creer si no han oído hablar de él? Y¿cómo oirán si no hay quien lo proclame?
Y ¿cómo lo proclamarán si no son enviados? Como dice la Escritura: "Qué bueno es ver los pasos de los que traen buenas noticias" (Rom 10, 14-15).

11. ¿Quién es el ministro de la Confirmación?

En el rito Latino el obispo es el ministro ordinario del sacramento de la Confirmación. La presencia del obispo enfatiza el hecho de que, a través de la Confirmación, la persona se une de una manera más profunda a toda la Iglesia y a su misión apostólica. Es posible, sin embargo, que un sacerdote confirme en ciertas circunstancias. En efecto, si un adulto que ha completado el orden de Iniciación Cristiano es bautizado el Sábado Santo, será confirmado por un sacerdote en el oficio de Vigilia Pascual.

Si un adulto que ya ha sido bautizado está siendo recibido en plena comunión con la Iglesia Católica, es posible que sea confirmado al mismo tiempo por un sacerdote.

12. ¿Cuándo puede ser confirmada una persona?

En este momento hay muchas discusiones y experimentación acerca de la edad adecuada para la Confirmación. En el rito Latino la práctica más frecuente es celebrar la Confirmación en la adolescencia temprana, aunque muchas personas son confirmadas como adultos en el Orden de la Iniciación Cristiana.

PRÁCTICA

▲ Al igual que el Bautismo, el sacramento de la Confirmación se da una sola vez. Por lo tanto, sólo un individuo que no haya sido confirmado puede recibir el sacramento. De la misma manera, quien va a ser confirmado debe tener un padrino. Ayuda a veces, para conectar los dos sacramentos, que el padrino de Confirmación sea el mismo que el del Bautismo. El padrino de Confirmación debe tener al menos dieciséis años, y ser un católico practicante que esté confirmado.

▲ En la Confirmación puede elegirse un nuevo santo patrono, o elegir nuevamente al santo patrono del Bautismo.

▲ Todo miembro de la Iglesia es llamado al apostolado. Hemos sido llamados en primer lugar por Jesús, a través del Bautismo, y ahora, fortalecidos por el Espíritu Santo en la Confirmación, compartimos la responsabilidad de llevar el mensaje del Evangelio a todos los pueblos. Para la mayoría de nosotros, esto significará llevarlo a nuestras familias, amigos y compañeros de trabajo.

*

Sección 23
La Eucaristía

Mientras comían, Jesús tomó pan, pronunció la bendición, lo partió y lo dio a sus discípulos, diciendo: "Tomen y coman; esto es mi cuerpo". Después tomó una copa, dio gracias y se la pasó diciendo: "Beban todos de ella: esto es mi sangre, la sangre de la Alianza, que es derramada por una muchedumbre, para el perdón de sus pecados. Y les digo que desde ahora no volveré a beber del zumo de cepas, hasta el día en que lo beba nuevo con ustedes en el Reino de mi Padre" (Mt 26, 26-29).

El amor de Dios, nuestro Padre, no conoce límites. La mayor expresión del amor de Dios por nosotros es el don que nos ha hecho de su propio Hijo, Jesucristo. *¡Así amó Dios al mundo! Le dio al Hijo Unico, para que quien cree en él no se pierda, sino que tenga vida eterna* (Jn 3, 16).

El amor de Jesucristo por nosotros es, también, un amor sin límites. Cristo demostró ese amor ofreciendo al Padre su vida por nuestra salvación. *"No hay amor más grande que dar la vida por sus amigos"* (Jn 15, 13).

Cristo se ofreció a sí mismo una vez sobre la cruz. Tan profundo es, sin embargo, su amor por nosotros, que en la noche antes de su muerte nos entregó su don más grande, ofreciéndose a sí mismo en la Eucaristía. A través de la Eucaristía, Cristo se re-ofrece continuamente al Padre en el sacrificio de la Misa.

En la Misa, nuestra comida ritual, Jesús viene a nosotros como alimento espiritual para nuestras almas. Por medio de la acción de Jesucristo y de nuestra experiencia de adoración, la Eucaristía profundiza nuestra vida espiritual, al unirnos con Dios Padre y con el Espíritu Santo. La Eucaristía es la cima sacramental de la vida cristiana. Todos los demás sacramentos están esencialmente relacionados con la Eucaristía o fluyen de ella.

1. ¿Cuál es el significado de la Eucaristía?

El sacramento de la Eucaristía completa los sacramentos de iniciación a la vida cristiana comenzada con el Bautismo y la Confirmación. En la Eucaristía participamos "con toda la comunidad, en el sacrificio mismo del Señor" —Catecismo de la Iglesia Católica— 1322.

2. ¿Con qué otros nombres se conoce a la Eucaristía?

Puesto que la Eucaristía es la celebración de un misterio multifacético, es conocida por diversos nombres, que evocan para nosotros las distintas dimensiones de ese misterio. Es conocida como "Eucaristía", porque en esta celebración damos "gracias a Dios". Es llamada Banquete del Señor en memoria de la Ultima Cena de Jesús con sus discípulos, la víspera de su muerte. También nos referimos a ella como el Sacrificio de la Misa, porque nos recuerda y nos hace nuevamente presente el sacrificio de Cristo por nosotros. En los ritos Orientales es llamada la Santa y Divina Liturgia, por ser el centro de toda liturgia. En el rito Latino la Eucaristía es también conocida como la Misa, por las palabras finales del texto latino que envían a los fieles a "cumplir la voluntad de Dios en su vida cotidiana". Y finalmente es llamada Santísimo Sacramento, porque es el "Sacramento de Sacramentos"—Catecismo de la Iglesia Católica— 1328-1332.

3. ¿Cómo podemos comprender mejor el misterio de la Eucaristía?

"...debemos considerar la Eucaristía:

a) como acción de gracias y alabanza al Padre;
b) como memorial del sacrificio de Cristo y de su Cuerpo;
c) como presencia de Cristo por el poder de su Palabra y de su Espíritu."
Catecismo de la Iglesia Católica — 1358.

Es inapropiado poner mayor énfasis en sólo uno de estos aspectos. No podemos olvidar que el primer significado de Eucaristía es "acción de gracias". De la misma manera, como memorial que recuerda el pasado y proclama las maravillas de Dios en el presente, la Eucaristía "representa" el sacrificio de la cruz. Finalmente, en el sacrificio de la Eucaristía, Cristo esta "realmente presente" para nosotros, real e inmediatamente.

4. ¿Cuál es el signo del sacramento de la Eucaristía?

El signo de la Eucaristía es el pan y el vino sobre el cual son pronunciadas las palabras "Este es mi cuerpo" y "Esta es mi sangre".

5. ¿Cuándo instituyó Jesús la Eucaristía?

Jesús instituyó la Eucaristía en la Ultima Cena.

Durante la comida Jesús tomó pan, y después de pronunciar la bendición, lo partió y se lo dio diciendo: "Tomen; esto es mi cuerpo." Tomó luego una copa, y después de dar gracias se la entregó; y todos bebieron de ella. Y les dijo: "Esto es mi sangre, la sangre de la Alianza, que será derramada por una muchedumbre" (Mc 14, 22-24).

6. ¿Cuál fue el significado de la Ultima Cena?

En la Ultima Cena Jesús dijo a su apóstoles que debían celebrar esta comida sacrificial en memoria suya. Esto lo hacemos en la Misa. La Misa es el reofrecimiento de esa comida sacrificial que hace presente la muerte y la resurrección de Jesús entre nosotros.

7. ¿En qué son iguales la Ultima Cena, la crucifixión y la Misa?

En la Ultima Cena Jesús convirtió el pan en su cuerpo y el vino en su sangre. Los separó como signo de su muerte *"para el perdón de los pecados"* (Mt 26, 28).

En la cruz, nuevamente, se separaron el cuerpo y la sangre de Jesús, muriendo El por el perdón de nuestros pecados.

En la Misa Jesús, a través del sacerdote, convierte una vez más el pan en su carne y el vino en su sangre, los separa y los ofrece para el perdón de los pecados.

En las tres ocasiones se separan el cuerpo y la sangre de Jesús, indicando su muerte. En las tres Jesús es el principal agente o sacerdote. Y las tres se realizan con el propósito explícito del perdón de los pecados.

8. ¿Por qué son la Ultima Cena y la Misa la culminación de la antigua fiesta judía de Pascua?

La Pascua judía era la comida ritual anual que celebraba la liberación de los judíos del ángel de la muerte, su huida de la esclavitud de Egipto, y la Alianza que Dios celebró con ellos, por medio de Moisés, en el Monte Sinaí. La Ultima Cena tuvo lugar en la celebración de Pascua. La Iglesia celebra ahora la nueva, perfecta y eterna Alianza que Dios hizo con nosotros a través de Cristo, sellada con la sangre de Jesús al morir en la cruz.

La Pascua conmemora las acciones salvíficas que Dios realizó por su pueblo elegido en el Antiguo Testamento. La Ultima Cena introduce el rito de redención del Nuevo Testamento, la Misa. Era muy apropiado que Jesús introdujera el sacrificio de la nueva alianza mientras observaba la conmemoración de la Pascua.

9. ¿Cómo sabemos que Cristo está verdaderamente presente en la Eucaristía?

Las palabras: "Este es mi cuerpo...ésta es mi sangre" fueron dichas en cumplimiento de la promesa hecha por Jesús: que daría a comer su carne y a beber su sangre. Cuando hizo esta promesa dijo: *quien me come vivirá por mí* (Jn 6, 57).

Las personas a quienes Jesús dirigió estas palabras las tomaron literalmente. Jesús, que conocía sus pensamientos, no los corrigió. Los dejó ir, incrédulos, y hubiera dejado ir aun a sus apóstoles a menos que aceptaran sus palabras literalmente (cf. Jn 6, 61-70).

San Pablo, hablando de la Sagrada Eucaristía, dice:

> De igual manera, tomando la copa, después de haber cenado, dijo: "Esta copa es la Nueva Alianza en mi sangre. Todas las veces que la beban háganlo en memoria mía". Fíjense bien: cada vez que comen de este pan y beben de esta copa están proclamando la muerte del Señor hasta que venga. Por tanto, el que come el pan o bebe la copa del Señor indignamente peca contra el cuerpo y la sangre del Señor. Cada uno, pues, examine su conciencia y luego podrá comer el pan y beber de la copa. El que come y bebe indignamente, come y bebe su propia condenación por no reconocer el cuerpo. Y por esta razón varios de ustedes están enfermos y débiles y algunos han muerto. Si nos examináramos a nosotros mismos, no seríamos juzgados (1 Cor 11, 25-31).

Ha sido la constante, infalible enseñanza de la Iglesia, que en la Eucaristía se encuentran verdaderamente presentes el cuerpo, sangre, alma y divinidad de Jesucristo, contenidos bajo las apariencias del pan y del vino.

10. ¿A quién concedió Jesucristo el poder de convertir el pan y el vino en su cuerpo y su sangre?

Jesús concedió este poder a sus apóstoles en la Ultima Cena. Lo otorga a sus sacerdotes en el sacramento del Orden Sagrado (cf. Lc 22, 14-20).

11. ¿Qué ocurre cuando el sacerdote pronuncia las palabras : "Este es mi cuerpo...ésta es mi sangre", sobre el pan y el vino?

Ante estas palabras el pan y el vino dejan de existir. En su lugar están el cuerpo, sangre, alma y divinidad de Jesucristo. Santo Tomás de Aquino llamó a esto el milagro de la "Transubstanciación".

12. ¿Queda algo del pan y del vino después que las palabras de la consagración han sido dichas?

Sólo quedan las apariencias del pan y del vino. Es decir, quedan el aspecto, el gusto, el olor, aunque el pan y el vino hayan sido convertidos en el cuerpo y la sangre de Jesucristo.

13. ¿Están tanto el cuerpo y la sangre de Cristo presentes bajo las apariencias del pan solamente?

Es el Cristo vivente el que está presente en la Eucaristía. Bajo las apariencias de solamente el pan (o solamente del vino) están presentes tanto el cuerpo como la sangre de Cristo. En el rito Latino, la Eucaristía es recibida a menudo sólo bajo la forma de pan, aunque puede ser recibida bajo ambas formas (o especies) en cualquier momento.

PRÁCTICA

▲ Además del Jueves Santo, celebramos otra gran fiesta en honor de la Eucaristía el primer domingo después del Domingo de la Santísima Trinidad: la fiesta de Corpus Christi, "el cuerpo y la sangre de Cristo".

▲ En toda iglesia Católica la Eucaristía está guardada en el tabernáculo, que generalmente es una pequeña caja de metal ubicada en una capilla del Santísimo Sacramento o en el área del santuario. Una lámpara (o vela) arde generalmente en el santuario como signo de la presencia de Cristo.

▲ Existen muchas devociones especiales al Santísimo Sacramento, incluyendo las Cuarenta Horas y la Bendición, en las cuales el Santísimo es exhibido en una copa especial de oro.

▲ Como señal de respeto a Cristo presente de manera muy real en la Eucaristía, los Católicos realizan una genuflexión o una reverencia cuando entran o salen de la iglesia.

*

Sección 24
La Sagrada Comunión

"En verdad les digo: El que cree tiene vida eterna. Yo soy el pan de vida. Sus antepasados comieron el maná en el desierto, pero murieron: aquí tienen el pan que baja del cielo, para que lo coman y ya no mueran. Yo soy el pan vivo que ha bajado del cielo. El que coma de este pan vivirá para siempre. El pan que yo daré es mi carne, y lo daré para la vida del mundo."
Los judíos discutían entre sí: "¿Cómo puede éste darnos a comer carne?" Jesús les dijo: "En verdad les digo que si no comen la carne del Hijo del hombre y no beben su sangre, no tienen vida en ustedes. El que come mi carne y bebe mi sangre vive de vida eterna, y yo lo resucitaré el último día. Mi carne es verdadera comida y mi sangre es verdadera bebida. El que come mi carne y bebe mi sangre permanece en mí y yo en él. Como el Padre, que es vida, me envió y yo vivo por el Padre, así quien me come vivirá por mí. Este es el pan que ha bajado del cielo. Pero no como el de vuestros antepasados, que comieron y después murieron. El que coma este pan vivirá para siempre". Así habló Jesús en Cafarnaún enseñando en la sinagoga (Jn 6, 47-59).

Las personas que conocieron y se asociaron con Jesús fueron verdaderamente muy afortunadas y privilegiadas, pues vieron el rostro de Jesús, escucharon su voz y sintieron su contacto. Sin embargo, gozamos actualmente de una intimidad aún mayor con Cristo nuestro Salvador. Es verdad que no podemos contemplar su rostro ni gozar del sonido de su voz, ni ser consolados por su contacto, pero nuestro privilegio es hoy aún más grande porque recibimos su sagrado cuerpo y sangre en el nuestro. Esta misteriosa intimidad es alcanzada a través del precioso don de la Sagrada Eucaristía, que Cristo dio a su Iglesia la víspera de su muerte. A través de la Eucaristía, Cristo está siempre presente entre nosotros.

Jesús dijo una vez a sus discípulos : *"No los dejaré huérfanos"* (Jn 14, 18). Fiel a su promesa, se ha quedado verdaderamente entre nosotros, real y físicamente presente en la Sagrada Eucaristía.

"¿Qué otra nación existe que haya sido tan honrada como el pueblo cristiano? ¿O qué creatura existe bajo el cielo tan amada como un alma devota, a quien Dios llega para alimentar con su gloriosa carne? ¡Oh, gracia innombrable, oh, condescendencia maravillosa! ¡Oh, amor infinito, singularmente concedido a nosotros !" — La Imitación de Cristo.

1. ¿Qué significa la expresión "Santa Comunión"?

"Santa Comunión" o "Comunión" es la expresión usada cuando se habla de recibir la Sagrada Eucaristía.

La expresión es muy apropiada, y resume el efecto más importante de la Sagrada Eucaristía: el fortalecimiento de la unión entre Jesús y sus miembros, y entre los mismos miembros. *La copa de bendición que bendecimos, ¿no es comunión con la sangre de Cristo? Y el pan que partimos, ¿no es comunión con el cuerpo de Cristo?* (1 Cor 10, 16)

2. ¿Por qué son, el pan y el vino, materia apropiada para la Santa Comunión?

El pan es un alimento habitual, y el vino una bebida usual en la dieta de la mayoría de la gente. Por lo tanto, el pan y el vino son un material apropiado para la Eucaristía, que es el alimento de nuestras almas.

Tanto el pan como el vino son, además, símbolos maravillosos. El pan está formado por muchos granos de trigo, cocidos en una oblea; el vino está hecho con muchas uvas, prensadas en un trago de vino. Esto simboliza la unión mutua de todos los fieles en Cristo.

El pan y el vino son, también, como vemos en la Misa, el "trabajo de las manos del hombre". Son el resultado del esfuerzo humano por transformar los dones naturales, y por lo tanto simbolizan todo nuestro trabajo diario ofrecido a Dios.

3. ¿Cuándo podemos recibir la Santa Comunión?

Podemos recibir la Santa Comunión todos los días. La Iglesia nos alienta a todos a hacerlo. Puesto que la Santa Comunión es la comida sacrificial, es muy adecuado recibirla durante la Misa (a menos que esto no sea posible por enfermedad de la persona o por falta de un sacerdote).

4. ¿Con qué frecuencia puede una persona recibir la Santa Comunión?

Habitualmente la Comunión se recibe una sola vez al día. Sin embargo, aún cuando hayamos ya comulgado, podemos volver a hacerlo durante la Misa en los Bautismos, Primeras Comuniones, Confirmaciones, bodas, funerales, Ordenaciones y otras ocasiones especiales.

5. ¿Cómo nos ayuda Jesús por medio de la Santa Comunión?

A través de la Santa Comunión Jesús nos da:

a) Un aumento de la vida divina de la gracia santificante y, en consecuencia, una unión más profunda con Dios.

b) Un aumento de la fe, esperanza y caridad.

c) Una unión más cercana con El y con todos los miembros del Pueblo Peregrino de Dios.

d) Una prenda de nuestra resurrección y de nuestra gloria futura.

e) El perdón de nuestros pecados cotidianos y la gracia para superar nuestra inclinación al pecado.

f) La promesa de gracias para ayudarnos a amar más a Dios y a los demás.

6. ¿De qué manera nos une la Santa Comunión con nuestro prójimo?

Nuestro Señor nos dio la Comunión en la forma de un banquete en el cual todos comemos el mismo alimento. La Comunión, por lo tanto, simboliza y profundiza nuestra mutua unión en el Cuerpo Místico. Simboliza nuestra unión, porque el comer y beber juntos es un signo de amor y de amistad. Y la profundiza, porque provoca en nosotros un aumento de la vida divina y del poder de amarnos unos a otros.

"No ruego sólo por éstos, sino también por todos aquellos que creerán en mí por su palabra. Que todos sean uno como tú, Padre, estás en mí y yo en ti. Que ellos también sean uno en nosotros, para que el mundo crea que tú me has enviado. Yo les he dado la Gloria que tú me diste, para que sean uno como nosotros somos uno" (Jn 17, 20-22).

7. ¿Qué efecto provoca en nuestros cuerpos la Santa Comunión?

La Santa Comunión disminuye las dificultades que experimentamos para controlar los impulsos de nuestro cuerpo. La comunión frecuente o diaria es el medio más eficaz que podemos emplear para ser castos, templados, pacientes, etc.

8. ¿Por qué la Santa Comunión es una prenda de nuestra gloria futura?

Jesús prometió: *"El que come mi carne y bebe mi sangre vive de vida eterna, y yo lo resucitaré el último día"* (Jn 6, 54).

9. ¿Cómo borra la Santa Comunión nuestras faltas leves?

Nuestra unión con Cristo en la Sagrada Eucaristía es una unión basada en el amor. A causa de este amor Cristo nos perdona nuestros pecados veniales. El amor así engendrado en nuestros corazones nos hace merecer el perdón de todo o parte del castigo que merecemos por nuestras faltas.

"Jesucristo y la Iglesia desean que todos los fieles cristianos se acerquen diariamente al sagrado convite, principalmente para que, unidos con Dios por medio del sacramento, tomen fuerzas para refrenar las pasiones, se purifiquen de las culpas leves cotidianas e impidan los pecados graves a que está expuesta la debilidad humana". (Decreto Pontificio sobre la Comunión Diaria –Pío X–) (20/12/1905).

10. ¿Qué se necesita para poder recibir la Santa Comunión?

Para recibir rectamente la Santa Comunión, una persona debe:

a) Tener buena intención, es decir, el deseo de amar más a Dios.

b) Estar libre de pecado mortal.

11. ¿Cómo podemos hacer más fructífera la recepción de la Santa Comunión?

Podemos hacer la recepción de la Santa Comunión más fructífera con una adecuada preparación previa y una buena acción de gracias después de recibir la Eucaristía.

La preparación para la Santa Comunión incluye no sólo la asistencia inteligente y activa a Misa, que es la preparación inmediata, sino también el esfuerzo por practicar el amor al prójimo en nuestra vida diaria.

La acción de gracias incluye no sólo algunos momentos de oración privada y de canto comunitario después de la Comunión, sino el intento posterior de emplear la gracia del sacramento para aumentar la práctica de la virtud de la caridad.

12. ¿Es necesario confesarse antes de recibir la Santa Comunión?

No es necesario confesarse antes de recibir la Santa Comunión, a menos que se haya cometido un pecado mortal. De cualquier forma, muchas personas que reciben diaria o semanalmente la Comunión, se confiesan frecuentemente. Si alguien ha cometido un pecado mortal, sin embargo, aunque haya hecho un acto de contrición perfecta, debe confesarse antes de recibir la Comunión.

13. ¿Qué clase de pecado significaría recibir la Santa Comunión en estado de pecado mortal?

Recibir la Comunión teniendo conciencia de estar en estado de pecado mortal constituiría un pecado muy grave de sacrilegio.

14. ¿Cómo actúa la Eucaristía como presencia permanente de Cristo entre nosotros?

La Eucaristía permanece en el tabernáculo en las Iglesias Católicas. Jesús está, por lo tanto, presente en nuestras iglesias en todo momento. Está allí tan verdaderamente como lo está en el cielo, con la diferencia de que aquí, bajo las apariencias del pan, sólo puede ser visto con los ojos de la fe.

15. ¿Por qué adoramos la Eucaristía?

Adoramos la Sagrada Eucaristía porque Jesús, presente en la Eucaristía, es verdaderamente Dios. Es por ello que nos arrodillamos o hacemos una reverencia al pasar frente al tabernáculo, como acto de adoración a Dios.

PRÁCTICA

▲ Los católicos están obligados, bajo pena de pecado mortal, a recibir la Comunión al menos una vez al año durante el tiempo pascual, es decir, desde el primer Domingo de Cuaresma hasta el Domingo de Trinidad. Esta es llamada la obligación pascual.

▲ Los católicos pueden recibir la Santa Comunión ya sea en sus manos o en la lengua y bajo las especies del pan, del vino, o de ambas.

▲ A muchos laicos se les pide ahora que sean "ministros extraordinarios de la Eucaristía" y "ministros de servicio" para ayudar a distribuir la Santa Comunión en la Misa o para llevarla a los enfermos a sus casas.

▲ El Viernes Santo, la Iglesia no celebra Misa pero distribuye la Comunión en un servicio especial. Esto ocurre porque la Misa recuerda la vida, muerte y resurrección de Jesucristo. El Viernes Santo recordamos sólo su muerte. Es por esto que no se celebra Misa en todo el mundo, ni siquiera una Misa por los muertos.

*

Sección 25
La estructura de la Misa

Aquel mismo día dos discípulos se dirigían a un pueblecito llamado Emaús, que está a unos doce kilómetros de Jerusalén, e iban conversando sobre todo lo que había ocurrido. Mientras conversaban y discutían, Jesús en persona se les acercó y se puso a caminar con ellos, pero algo impedía que sus ojos lo reconocieran... Y esto sucedió. Mientras estaba en la mesa con ellos, tomó el pan, pronunció la bendición, lo partió y se lo dio, y en ese momento se les abrieron los ojos y lo reconocieron. Pero ya había desaparecido (Lc 24, 13-16, 30-31).

Todo acontecimiento importante requiere una preparación adecuada. La Misa, el más sublime acto de adoración, no es una excepción a esta regla. Después de la Ultima Cena, nuestro Señor rodeó el acto de sacrificio con ceremonias: la cena misma, el lavado de pies, un sermón y un himno. La Iglesia hace lo mismo. La Misa es el máximo acontecimiento litúrgico. Está llena de plegarias, símbolos y acciones que nos ayudan a recrear la Ultima Cena.

La Misa hoy, en el rito Latino, está dividida en dos partes principales: la Liturgia de la Palabra y la Liturgia de la Eucaristía. La Liturgia de la Palabra está compuesta por un rito de entrada, la lectura de las Escrituras, una homilía sobre la Palabra de Dios en las Escrituras, y la Oración de los fieles. La Liturgia de la Palabra nos prepara para la Liturgia de la Eucaristía. La Liturgia de la Eucaristía se compone de la preparación de los dones, el acto sacrificial mismo y la comida sacrificial o Banquete Eucarístico.

Cada una de las dos partes principales de la Misa tiene dos temas relacionados. En la Liturgia de la Palabra, primero hablamos con Dios, luego Dios nos habla a nosotros. En la Liturgia de la Eucaristía, primero nosotros le damos a Dios, luego Dios nos da a nosotros. El comprender esta dinámica de la Misa nos ayudará a apreciarla más y a participar más plenamente en la Liturgia.

1. ¿Cuál es el origen de la Liturgia de la Palabra?

En los tempranos días de la Iglesia, la Misa comenzaba del mismo modo en que había comenzado la Ultima Cena: con una comida que se celebraba al atardecer en los hogares de los fieles. Más tarde la Misa fue separada de la comida, y pasó a celebrarse más a menudo por las mañanas. El lugar de la comida preparatoria era reemplazado por una adaptación del servicio judío de la sinagoga, que los primeros cristianos celebraban, en un principio con los judíos en el templo, y luego por su cuenta. Este servicio de oración e instrucción es la base de nuestra actual Liturgia de la Palabra. En el transcurso de los siglos se agregaron otros elementos a la Liturgia de la Palabra.

2. ¿Cuál es la estructura de la Liturgia de la Palabra?

a) Hablamos a Dios:

• El Rito de entrada. Existen varias maneras opcionales de comenzar la Liturgia. La forma más común es cantar un himno mientras entra el celebrante. A veces la congregación es bendecida con agua bendita. Hablamos ahora nuestra primera palabra a Dios: recordando nuestros pecados, expresando nuestro dolor por ellos y rogando el perdón.

• El Gloria. Aquí expresamos nuestra segunda palabra, de alabanza, dirigida a las tres Personas de la Trinidad.

• La Plegaria inicial. Expresamos nuestra tercera y cuarta palabra, de acción de gracias por los favores recibidos y de pedido por aquellos que vamos a recibir.

b) Dios nos habla:

• La Primera Lectura es generalmente tomada de uno de los libros del Antiguo Testamento. Escuchamos una parte de la temprana revelación de Dios a su Pueblo Elegido.

• El Salmo Responsorial es una oración reflexiva que continúa el tema de la lección. Es una respuesta meditativa a las palabras de Dios. Es rezada en forma alternada por el lector y la congregación.

• La Segunda Lectura (sólo los Domingos y en algunas fiestas) es tomada generalmente de las cartas (Epístolas), de los Hechos de los Apóstoles o del Libro de la Revelación.

• La Aclamación del Evangelio o Aleluya es la breve introducción a la lectura del Evangelio del día.

• La Lectura del Evangelio informa sobre los actos y palabras mismas de nuestro Redentor, Jesús.

• La homilía es la instrucción que hace el sacerdote basada en las lecturas de las Escrituras escuchadas durante la Misa. Dios, hablando a través del sacerdote, aplica el mensaje de las Escrituras a los tiempos presentes.

• El Credo. Respondemos a las palabras de Dios con un acto de fe. Esta antigua fórmula de lo que creemos es una lista de las acciones salvíficas de Dios. Cuando la rezamos estamos unidos a los cristianos de todos los tiempos, que la emplearon también para expresar los principios básicos de su fe.

• La Oración de los Fieles es una serie de peticiones por las necesidades de la Iglesia, del gobierno civil, y de toda la humanidad.

Las distintas partes de la Liturgia de la Palabra no son plegarias y lecturas arbitrariamente elegidas. Con frecuencia las lecturas y las respuestas desarrollan un tema o un plan para cada día. Cada parte está unida a las demás, con el fin de enseñar una lección específica, para que los cristianos reunidos puedan aplicarla a su vida diaria.

3. ¿Cuál es la estructura de la Liturgia de la Eucaristía?

a) Damos a Dios:

• En el comienzo de la Preparación de las Ofrendas, algunos miembros de la congregación, que representan a toda la asamblea, llevan las ofrendas del pan, del vino y del agua al celebrante. Pueden estar incluidas otras, como la colecta, las limosnas para los pobres y otras ofrendas simbólicas. Además de las ofrendas principales del pan, del vino y del agua, nos ofrecemos nosotros mismos a Dios Padre. Nos comprometemos a fortalecer nuestra fe y nuestra esperanza a través de actos de caridad. La colecta realizada en este momento es una parte de la procesión. Deberíamos considerar lo que ofrecemos en la colecta como parte de nuestra ofrenda a la comunidad cristiana.

• La Plegaria Eucarística. Esta parte, la más importante de la Misa, es introducida por un canto de acción de gracias, llamada Prefacio. Durante la Oración Eucarística Jesús, a través del sacerdote, ofrece a su Padre el sacrificio de su cuerpo y sangre. Nuevamente renueva el ofrecimiento que hizo de su vida en la cruz. La Consagración ocurre en el centro de la Plegaria Eucarística. En ese momento Jesús, a través del sacerdote, convierte el pan y el vino en su cuerpo y sangre. Invita entonces a la congregación reunida a proclamar su fe en la nueva presencia eucarística de Jesús en el altar.

Antes y después del momento del sacrificio la Iglesia pide por distintas personas: el Papa, los obispos, los fieles, los vivos, los muertos, por nosotros mismos y por las cosas de la tierra que usamos.

La Plegaria Eucarística tiene un hermoso final. Cristo, nuestro sumo sacerdote, mediador entre Dios y todas las gentes, tomando todas las cosas en sí, las presenta a su Padre. "Por El, con El, en El, en la unidad del Espíritu Santo, todo honor y toda gloria, Padre Todopoderoso, por los siglos de los siglos". La gente responde "Amén", que significa su agradecido compromiso en la fe con el acto que Cristo acaba de realizar. El "Amén" podría significar "Creo".

Existen actualmente cuatro diferentes Plegarias Eucarísticas, al igual que dos para la reconciliación, y tres para los niños.

b) Dios nos da a nosotros:

• La Oración del Señor. El servicio de Comunión comienza con la oración que Jesús nos enseñó. Pedimos por el pan, que es nuestro Señor, y perdonamos a quienes nos han ofendido, así como deseamos que Dios nos perdone.

• El Ritual de la Paz. Antes de acercarnos al altar a recibir a Jesús en la Santa Comunión, deberíamos estar en paz con nuestras familias y nuestros vecinos. Seguimos la costumbre parroquial local, y damos alguna señal de paz a los que están cerca nuestro, simbolizando nuestra paz con todos.

• La Santa Comunión. El sacerdote, asistido a veces por ministros de la Eucaristía, nos da ahora el verdadero pan de vida. Por medio de esta comida sagrada estamos íntimamente unidos a Jesús, y a todos los que participan en este santo banquete.

• La Conclusión. Damos gracias por todo lo que hemos recibido y somos enviados con la bendición final a vivir el mensaje de la Liturgia de la Palabra y de la Eucaristía.

4. ¿Cuál es la importancia de la Comunión en la Misa?

La Comunión es la parte de la Misa que simboliza y aumenta más profundamente nuestra unión mutua y con Cristo. La Misa, la Celebración Eucarística, es una comida-sacrificio. Se invita a todos los miembros de la asamblea a participar de la Comunión en la Misa. No hacerlo significa no participar con plenitud en la comida ni en el sacrificio.

5. ¿Qué significan los distintos roles que se cumplen en la celebración de la Misa?

Los distintos roles son las diversas acciones y plegarias, propias de los diferentes miembros de la congregación, que éstos hacen y dicen durante la Misa:

a) El celebrante preside la asamblea. Resume las peticiones de la gente en la plegaria inicial. Predica la homilía después de la lectura del Evangelio. Prepara el pan y el vino. El solo reza la gran Plegaria sacrificial de la Misa, la Plegaria Eucarística, y las palabras de la Consagración.

b) El diácono —si hay uno— asiste al celebrante, lee el Evangelio y a veces predica la homilía.

c) Los lectores proclaman la Palabra de Dios a toda la congregación en la lectura de las Escrituras.

d) Los ministros de la Eucaristía ayudan a distribuir la Comunión a la congregación.

e) Los líderes del canto y el coro ayudan a la congregación a cantar las partes que les corresponden en la Misa, y ofrecen la música que los ayuda a rezar y meditar.

f) La gente canta y reza junta las oraciones que corresponden a los fieles en la Misa.

g) Los acólitos ayudan al sacerdote en el altar.

6. ¿Qué es una Misa concelebrada?

Una Misa concelebrada es una en la cual dos o más sacerdotes se reúnen en el mismo altar, para ofrecer juntos —"con-celebrar"— la Eucaristía.

7. ¿Por qué usa el sacerdote vestiduras especiales en la Misa?

Las vestiduras que usa el sacerdote en la Misa son distintas de las que se usan en cualquier cultura contemporánea. Sirven para recordarnos que la ceremonia que estamos presenciando no es algo común; es sagrada y surge de una larga tradición.

8. ¿Por qué las vestiduras del sacerdote son de diferentes colores?

Se usan vestiduras de diferentes colores para indicar los tiempos del año litúrgico, o para conmemorar una fiesta de un día particular. Por ejemplo, durante la Cuaresma se usan vestiduras violeta, durante el tiempo de Navidad y Pascua blancas, y en Pentecostés rojas.

9. ¿Cómo se prepara una persona para la Misa?

Cuando vamos a Misa debemos agradecer a Dios por sus bendiciones, pedir perdón por nuestros pecados y hacer peticiones especiales. Para estar preparados para la celebración deberíamos formular estas plegarias antes de ir a la iglesia. Si tenemos tiempo deberíamos leer los distintos pasajes de las Escrituras antes de la Misa, para familiarizarnos con ellos.

PRÁCTICA

▲   Debemos participar con plenitud en la celebración Eucarística, cumpliendo con entusiasmo nuestros respectivos roles.

"La santa madre Iglesia desea ardientemente que se lleve a todos los fieles a aquella participación plena, consciente y activa en las celebraciones litúrgicas que exige la naturaleza de la liturgia misma, y a la cual tiene derecho y obligación, en virtud del bautismo, el pueblo cristiano, linaje escogido, sacerdocio real, nación santa, pueblo adquirido (1 Pe 2,9; cf. 2,4-5). Al reformar y fomentar la sagrada liturgia hay que tener muy en cuenta esta plena y activa participación de todo el pueblo, porque es la fuente primaria y necesaria en la que han de beber los fieles el espíritu verdaderamente cristiano..." (Constitución *Sacrosanctum Concilium* sobre la

Sagrada Liturgia (14) — Pablo VI — Vaticano II —1963).

Los lectores y los cantores llenan sus roles cumpliendo estas funciones cuidadosa y reverentemente.

"Los acólitos, lectores, comentadores y cuantos pertenecen a la 'schola cantorum' desempeñan un auténtico ministerio litúrgico. Ejerzan, por tanto, su oficio con la sincera piedad y el orden que conviene a tan gran ministerio y que les exige con razón el pueblo de Dios. Con ese fin, es preciso que cada uno a su manera esté profundamente penetrado del espíritu de la liturgia y que sea instruido para cumplir su función debida y ordenadamente" (Constitución *Sacrosanctum Concilium* sobre la Sagrada Liturgia (29) — Vaticano II — Pablo VI — 1963).

Los fieles cumplen su rol escuchando las lecturas y las homilías con la mente y el corazón abiertos al Espíritu Santo, diciendo y cantando juntos las partes de la Misa que les corresponden, en un espíritu de oración.

"Para promover la participación activa (de los fieles) se fomentarán las aclamaciones del pueblo, las respuestas, la salmodia, las antífonas, los cantos, y también las acciones o gestos y posturas corporales. Guárdese, además, a su debido tiempo el silencio sagrado" (Constitución *Sacrosanctum Concilium* sobre la Sagrada Liturgia (30) — Vaticano II — Pablo VI — 1963).

▲ La participación más importante y básica en la Celebración Eucarística es recibir la Santa Comunión, la Comida Eucarística. Deberíamos participar de la Comunión en la Misa tan a menudo como nos sea posible, y hacerlo con la conciencia de que nosotros, como miembros de la gran familia de Dios, estamos participando de la mesa familiar de Dios. A través de esta comida nos unimos unos con otros, y todos con Dios.

"Por lo tanto la Iglesia, con solícito cuidado, procura que los cristianos no asistan a este misterio de fe como extraños y mudos espectadores, sino que, comprendiéndolo bien a través de los ritos y oraciones, participen consciente, piadosa y activamente en la acción sagrada, sean instruidos con la Palabra de Dios, se fortalezcan en la mesa del Señor, den gracias a Dios, aprendan a ofrecerse a sí mismos al ofrecer la hostia inmaculada no sólo por manos del sacerdote, sino juntamente con él, se perfeccionen día a día por Cristo mediador en la unión con Dios y entre sí, para que finalmente, Dios sea todo en todos" (Constitución *Sacrosanctum Concilium* sobre la Sagrada Liturgia (48) — Vaticano II — Pablo VI — 1963).

▲   Existen muchas formas musicales diferentes, aptas para ser usadas en las celebraciones litúrgicas. Diferentes compositores han empleado distintas formas de música para expresar sus ideas religiosas. Aun cuando cada uno de nosotros tenga preferencia por un tipo de música, deberíamos intentar aprender a apreciar también otras formas. Los textos deben presentar conceptos verdaderamente religiosos. Las melodías no deben seleccionarse por razones sentimentales o nostálgicas, sino porque nos ayudan a pensar en Dios y en nuestra relación con El.

Sección 26
La Reconciliación

Jesús volvió a la barca, cruzó de nuevo el lago y vino a su ciudad. Allí le llevaron a un paralítico, tendido en una camilla. Al ver Jesús la fe de esos hombres, dijo al paralítico: "¡Animo, hijo; tus pecados quedan perdonados!" Algunos maestros de la Ley pensaron: "¡Qué manera de burlarse de Dios!" Pero Jesús, que conocía sus pensamientos, les dijo: "¿Por qué piensan mal? ¿Qué es más fácil decir: 'Quedan perdonados tus pecados', o: 'Levántate y anda?' Sepan, pues, que el Hijo del Hombre tiene autoridad en la tierra para perdonar pecados." Entonces dijo al paralítico: "Levántate, toma tu camilla y vete a casa". Y el paralítico se levantó y se fue a su casa. La gente, al ver esto, quedó muy impresionada, y alabó a Dios por haber dado tal poder a los hombres (Mt 9, 1-8).

Los primeros capítulos del libro del Génesis describen cómo Dios creó todas las cosas. Entonces toda la creación, especialmente la raza humana, era buena. Pero, muy temprano en la historia humana, el hombre cometió el primer pecado. Por lo tanto fueron los hombres, y no Dios, los culpables del mal moral en el mundo.

A lo largo de la historia del Antiguo Testamento, Dios envió con frecuencia mensajeros especiales para llamar a la gente al retorno a una vida moralmente buena. Los profetas proclamaron dramáticamente la necesidad del arrepentimiento y la reconciliación. San Juan Bautista, el último de los profetas, predicó este mensaje: *"Renuncien a su mal camino, porque el Reino de los Cielos está cerca "* (Mt 3, 2).

Al cumplirse el tiempo Dios Padre envió a su único Hijo Jesús, quien dijo: *"Cambien sus caminos, y crean en la Buena Nueva"* (Mc 1, 15).

Jesús llama a cada persona a vivir una vida santa. En el Sermón de la Montaña nos ordena: *"Sean ustedes perfectos como es perfecto el Padre de ustedes que está en el Cielo"* (Mt 5, 48). Consecuentemente con esto, un cristiano intentará construir su vida alrededor de tres principios básicos:

a) Amar a Dios por sobre todas las cosas y con todo su corazón.

b) Amar al prójimo como a sí mismo.

c) Luchar por seguir el llamado divino a la perfección.

Jesús pasó casi tres años enseñando públicamente. Aún mientras denunciaba el pecado, mostraba un gran amor personal por los pecadores. Dios no desea la muerte del pecador, sino que se convierta y se salve (cf. Ez 33, 11).

Los maestros de la Ley y los fariseos le trajeron una mujer que había sido sorprendida en adulterio. La colocaron en medio y le dijeron: "Maestro, esta mujer es una adúltera y ha sido sorprendida en el acto. En un caso como éste la Ley de Moisés ordena matar a pedradas a la mujer. Tú ¿qué dices?" Le hacían esta pregunta para ponerlo en dificultades y tener algo de qué acusarlo.

Pero Jesús se inclinó y se puso a escribir en el suelo con el dedo. Como ellos insistían en preguntarle, se enderezó y les dijo: "Aquel de ustedes que no tenga pecado, que le arroje la primera piedra." Se inclinó de nuevo y siguió escribiendo en el suelo. Al oír estas palabras, se fueron retirando uno tras otro, comenzando por los más viejos, hasta que se quedó Jesús solo con la mujer, que seguía de pie ante él. Entonces se enderezó y le dijo: *"Mujer, ¿dónde están? ¿Ninguno te ha condenado?" Ella contestó: "Ninguno, señor." Y Jesús le dijo: "Tampoco yo te condeno. Vete y en adelante no vuelvas a pecar."* (Jn 8, 3-11).

La historia de la mujer sorprendida en adulterio es sólo uno de los muchos pasajes en los Evangelios que nos muestran el amor y la ternura de Jesús en su trato con los pecadores. Frecuentemente vemos a Jesús, en los relatos del Evangelio, mirar profundamente en el corazón de un hombre o de una mujer y, viendo allí el terrible estado de ese alma tras una vida de pecado, curarla con las palabras "Tus pecados te son perdonados". A menudo los pecadores se acercaban a Jesús con la esperanza de obtener la curación para sus males corporales. Pero, antes de sanar el cuerpo, Jesús curaba el alma. A veces el pecador no pedía el perdón. No importa. Jesús podía ver su corazón y su mente; podía ver no sólo el pecado sino, además, la tristeza por el pecado. Su respuesta infaltable era: "Tus pecados te son perdonados".

A través de las enseñanzas y acciones de Cristo sabemos que, no importa cuán grande sea la ofensa contra nuestro Padre celestial y cuán a menudo hayamos pecado, cuando nos acercamos a Dios pidiendo perdón, El puede y quiere perdonarnos todas nuestras faltas.

Jesús, a la vez humano y divino, conoce y comprende totalmente la naturaleza humana. Por lo tanto, no sólo nos llama al arrepentimiento sino que nos da un sacramento para hacer posible la reconciliación. El sacramento de la Reconciliación debería ser una experiencia llena de alegría. De hecho, Dios parece ser incapaz de resistirse a un penitente humilde que ruega misericordia: *"Yo les digo que de igual modo habrá más alegría en el cielo por un solo pecador que vuelve a Dios que por noventa y nueve justos que no tienen necesidad de convertirse"* (Lc 15, 7).

1. ¿Cuáles son los sacramentos de la curación?

A través de los sacramentos de la iniciación cristiana (Bautismo, Confirmación y Eucaristía), compartimos la vida nueva de Cristo. Sin embargo, esta vida nueva es recibida por seres humanos para quienes la enfermedad, la muerte y el pecado son parte de su experiencia. Durante su vida en el mundo Cristo perdonó los pecados y sanó tanto el cuerpo como el espíritu. El trabajo de curación y perdón de Cristo es la base de los sacramentos de la Reconciliación y la Unción de los enfermos, que por esta razón son conocidos como los sacramentos de la curación.

2. ¿Qué es el sacramento de la Reconciliación?

La Reconciliación es el sacramento por medio del cual Jesús, a través de la absolución del sacerdote, perdona los pecados cometidos después del Bautismo y nos reconcilia con Dios y con la Iglesia.

3. ¿Cuáles son los distintos nombres que recibe el sacramento de la Reconciliación?

Las distintas dimensiones de este sacramento están representadas en las formas con que ha sido descripto: "Penitencia", para mostrar a los pecadores volviendo penitentes a Dios ; "Confesión", para expresar un aspecto esencial del sacramento —la confesión de los pecados a un sacerdote—; y "Reconciliación", porque en el sacramento se celebra el amor reconciliador de Dios.

4. ¿Cuál es el contexto adecuado para comprender el sacramento de la Reconciliación?

El contexto adecuado para comprender la Reconciliación es el llamado de Jesús a la conversión, al arrepentimiento y a la fe en su mensaje. Nuestra conversión fundamental ocurre en el Bautismo, cuando todos nuestros pecados son perdonados y recibimos la vida nueva de Cristo. Este llamado a la conversión continúa, sin embargo, durante toda nuestra vida. Nuestra respuesta a este llamado se expresa en nuestro continuo arrepentimiento, en nuestro apartarnos del pecado. Esta respuesta transforma nuestras vidas y es fruto del plan de Dios.

5. ¿Cuáles son los elementos básicos del sacramento de la Reconciliación?

La manifestación de contrición, verbal o gestual; la confesión de los pecados; la voluntad de satisfacer o reparar; y las palabras de absolución del sacerdote: "Te absuelvo de tus pecados en el nombre del Padre, y del Hijo, y del Espíritu Santo", son los elementos esenciales del sacramento de la Reconciliación.

6. ¿Cómo nos ayuda Jesús en el sacramento de la Reconciliación?

a) Jesús nos perdona los pecados mortales, y nos restituye la vida divina de la gracia santificante en abundancia creciente.

b) Jesús nos perdona también todos los pecados veniales que confesamos con contrición, y aumenta en nosotros la vida divina de la gracia.

c) Jesús nos da su compromiso de otorgarnos las gracias que necesitamos para hacer reparación por las faltas pasadas, para evitar el pecado en el futuro y para vivir una vida cristiana.

d) Jesús nos otorga la remisión, al menos parcial, de las penas temporales, consecuencia de nuestros pecados, de acuerdo con la profundidad de nuestra contrición y la fuerza de nuestro propósito de enmienda.

7. ¿Qué debe hacer una persona para acercarse a la Reconciliaciíon?

Existen tres aspectos a considerar en la participación en el sacramento de la Reconciliación: la contrición, la confesión y la satisfacción o penitencia.

8. ¿Qué es la contrición?

La contrición es el dolor por los pecados cometidos

y el odio hacia los mismos, junto con la firme intención de no pecar en el futuro. Sin contrición no puede haber perdón ni reconciliación. Dios mismo no puede perdonar un pecado si no nos arrepentimos o no queremos dejar de cometerlo.

9. ¿Cuáles son las cualidades de la verdadera contrición?

a) Debemos ser auténticos en lo que decimos. Debemos realmente aborrecer el pecado y tener la verdera resolución de cambiar nuestra vida.

b) Nuestro dolor debe estar basado en el amor, o al menos el temor de Dios. Si estamos arrepentidos de nuestros pecados sólo por la desaprobación ajena, o porque sentimos rechazo por nosotros mismos, o por cualquier otra razón puramente humana, nuestro dolor no es verdadera contrición.

c) Debemos arrepentirnos de cada uno de nuestros pecados mortales. No es suficiente estar arrepentido de uno y no de otro, o detestar nuestra condición de pecadores en general. Cuando pecamos mortalmente, nos separamos de Dios. Para volver a reunirnos con Dios, debemos arrepentirnos de todos nuestros pecados mortales y tener la resolución de no volver a cometerlos más.

10. ¿Hay distintos tipos de contrición?

Hay dos formas de contrición: perfecta e imperfecta. Son distintas en razón de sus motivos. En los dos casos estamos arrepentidos por nuestros pecados, porque son una ofensa contra Dios. En la contrición imperfecta el motivo básico es el temor de la justicia de Dios y del castigo que merecemos por nuestros pecados. En la contrición perfecta el motivo fundamental es la bondad de Dios, que nos mueve a amarlo más que nada por sí mismo, y a sufrir por haberlo ofendido.

La contrición perfecta —aún sin el sacramento de la Reconciliación— perdona todos los pecados, hasta los mortales. En el sacramento de la Reconciliación, sin embargo, la contrición imperfecta es suficiente para que sean perdonados nuestros pecados.

11. ¿Por qué forma parte la confesión del sacramento de la Reconciliación?

La confesión es parte del sacramento de la Reconciliación porque "la confesión de los pecados, incluso desde un punto de vista simplemente humano, nos libera y facilita nuestra reconciliación con los demás". Catecismo de la Iglesia Católica — 1455. A través de la confesión personal a un sacerdote, los pecadores reciben ayuda para enmendarse y crecer en el amor de Dios.

12. ¿En que forma ayuda la confesión al pecador?

a) La necesidad de confesar es natural en el ser humano. El dolor o la vergüenza disminuyen cuando se los comparte con otro.

b) La confesión nos hace conscientes de nuestros pecados. Nos fuerza a pensar en ellos. No podemos enterrarlos y olvidarlos. Tenemos que enfrentarlos una y otra vez. Esto nos ayuda a tomar conciencia de ellos, a superarlos y a darnos cuenta del alcance de nuestra fragilidad y de la misericordia de Dios.

c) Las personas necesitan tener la seguridad de que Dios los ha perdonado realmente. Los pecadores no suelen sentirse seguros del perdón, si solamente se dicen en su corazón: "Lo lamento". Cuando Jesús perdonaba los pecados lo decía, para que el pecador pudiera tener la seguridad de que estaba perdonado. En la parábola del hijo pródigo, el hijo menor estaba arrepentido de sus pecados. Pero sabía que tenía que presentarse ante su padre y admitir personalmente su culpa. Vemos allí cómo el padre bendijo al hijo arrepentido por hacerlo (cf. Lc 15, 11-31).

13. ¿Qué pecados debemos confesar?

Existen dos niveles de gravedad en los pecados: el pecado mortal y el pecado venial (esto está explicado más profundamente en la sección 31).

Debemos confesar todos nuestros pecados mortales:

a) Su cantidad, tan exactamente como podamos recordarlos.

b) Su clase, por ej. "Robé cien pesos" (no es suficiente decir: "Rompí el séptimo mandamiento").

c) Cualquier circunstancia que pudiera cambiar la naturaleza del pecado. Por ej.: "Mi esposo es muy violento y yo tenía miedo".

Se nos aconseja confesar también nuestros pecados veniales. Sin embargo, esto no es necesario. La recepción de cualquiera de los otros sacramentos, un acto de contrición imperfecta, o cualquier acto virtuoso borra también los pecados veniales por los cuales estamos arrepentidos.

Si verdaderamente olvidamos mencionar un pecado mortal al recibir el sacramento de la Reconciliación, éste es igualmente perdonado. No necesitamos dejar de comulgar ni volver inmediatamente a la confesión. En nuestra próxima confesión debemos decir: "En la última confesión olvidé mencionar un pecado grave", y a continuación confesarlo.

14. ¿Qué es una "mala confesión"?

Una mala confesión es aquella en la cual el penitente deliberadamente oculta un pecado mortal. Esto vuelve inválida y pecaminosa esta confesión y también las siguientes, hasta que el pecado sea confesado.

15. ¿Qué significa la "resolución de no volver a pecar"?

Por resolución de no volver a pecar entendemos el tener la sincera intención de no volver a hacerlo. Aún Dios no puede perdonar un pecado, a menos que el pecador tenga la intención de no volver a cometerlo. Si una persona no está resuelta a no repetir una falta, no puede decirse que esté arrepentido de ella. La resolución de evitar el pecado en el futuro es, por lo tanto, necesaria para el perdón de los pecados.

En el caso de los pecados veniales, a menos que estemos arrepentidos de aquellos que confesamos, y tengamos la intención de no volver a cometerlos, haremos mejor en no confesarlos, puesto que no están perdonados. Sólo son perdonados aquellos pecados veniales que tengamos la intención de evitar de aquí en adelante.

En el caso de los pecados mortales, a menos que estemos arrepentidos de todos nuestros pecados mortales y tengamos la intención de no volver a cometer en el futuro ningún tipo de pecado mortal, ninguno de ellos será perdonado.

Es importante recordar, sin embargo, que todo lo que Dios exige es la resolución, el que verdadera y firmemente estemos decididos a hacer lo mejor que podamos. Nadie puede decir con certeza: "Estoy seguro de que nunca voy a cometer nuevamente este pecado". Todo lo que podemos decir es: "Con la ayuda de Dios voy a hacer lo mejor que pueda. Tengo la intención de no volver a cometer este pecado; me mantendré alejado de todo lo que pueda llevarme a ello".

16. ¿Qué es la satisfacción o penitencia?

Puesto que muchos de nuestros pecados dañan a nuestro prójimo, si realmente estamos arrepentidos, debemos hacer lo posible por reparar el perjuicio causado. Por ejemplo, si hemos cometido un robo, debemos restituir lo robado. Pero todo pecado, de algún modo, nos hiere y daña nuestra vida espiritual. Para recobrar la salud espiritual es necesario, de algún modo, hacer reparación por nuestras faltas. Esta es la razón de la penitencia que nos da el sacerdote, y que puede tomar distintas formas (oración, trabajos de misericordia, sacrificios voluntarios), y cuyo propósito es ayudarnos a profundizar nuestra conversión interna y convertirnos en personas verdaderamente virtuosas.

17. ¿Cómo nos preparamos para el sacramento de la Reconciliación?

Nos preparamos para la Reconciliación poniéndonos en presencia de Dios y haciendo un examen de conciencia. El examen de conciencia es un esfuerzo razonable por recordar los pecados cometidos desde nuestra última confesión. Al examinar nuestras conciencias, debemos evitar dos peligros: por un lado, el descuido y la falta de esfuerzo al recordar nuestros pecados; por el otro, la excesiva ansiedad y preocupación.

Un buen examen de conciencia también se ocupará de las buenas obras realizadas. Debemos preguntarnos: "¿Ayudé a mi prójimo en momentos de necesidad?". "¿Soy amable al hablar con los demás?". Un cristiano no debe sólo evitar el pecado, sino también manifestar su amor a Dios y al prójimo de manera positiva. (El no hacerlo es llamado a veces "pecado de omisión").

18. ¿Cómo hacemos un examen de conciencia?

En primer lugar, pidiendo al Espíritu Santo la sabiduría para reconocer nuestros pecados y la gracia para arrepentirnos de ellos. Luego, recordando los mandamientos de Dios y de la Iglesia y las obligaciones de nuestro estado. Y, finalmente, preguntándonos en qué forma hemos dejado de responder al llamado de Cristo en nuestras vidas. Si vamos frecuentemente a confesión, podemos simplemente preguntarnos si hemos pecado en pensamiento, palabra y obra contra Dios, contra el prójimo o contra nosotros mismos desde nuestra última confesión.

19. ¿Qué debemos hacer si descubrimos que no tenemos pecados para confesar, o si vemos que nuestras confesiones se han vuelto rutinarias?

En el primer caso, podemos siempre descubrir pecados y defectos si examinamos nuestra conciencia más cuidadosamente sobre el tema de la caridad o alguna de las otras virtudes. Las personas más santas son siempre conscientes de sus imperfecciones.

En el segundo caso, deberíamos seleccionar una o dos faltas o fallas, de las cuales estamos verdaderamente arrepentidos (en lugar de recitar un catálogo de los "pecados veniales de costumbre"), y hacer un esfuerzo por recordar el número de veces que los hemos cometido.

En ambos casos puede ayudarnos el buscar el consejo de nuestro confesor.

20. ¿Cuál es el procedimiento para el sacramento de la Reconciliación?

Existen dos formas de recibir el sacramento de la Reconciliación. Una es hacer una preparación privada y acercarse al sacerdote para hacer la confesión.

Hay dos tipos de confesionarios. Uno es el tradicional, en el cual las personas están separadas del sacerdote por una persiana, que hace difícil la identificación y preserva el anonimato de aquellos que así lo deseen. El otro nos permite confesarnos cara a cara, lo que para muchas personas conduce a un acercamiento más personal al sacramento, que los ayuda y les resulta más satisfactorio.

Otra forma de celebrar la Reconciliación es la celebración comunitaria. Un grupo de fieles se reúne (generalmente en una iglesia) y, luego de la lectura de las Escrituras hacen todos un examen de conciencia general. Luego se acercan en forma individual a un sacerdote para confesar privadamente sus faltas y recibir la absolución.

21. ¿Cuál es el objeto de leer las Escrituras al recibir el sacramento de la Reconciliación?

El propósito de la lectura de las Escrituras es ayudar al pecador a recordar la misericordia de Dios y despertar en él un sincero deseo de reformar su vida.

Algunas personas eligen un pasaje específico para una confesión en particular, pero también emplean ese pasaje como guía para examinar su conciencia diariamente entre confesiones. Por ejemplo, pueden tomar una de las Bienaventuranzas: *"Felices los que trabajan por la paz, porque serán reconocidos como hijos de Dios"* (Mt 5, 9). Leyendo esto todos los días podemos preguntarnos: "¿Traigo la paz a mi familia con mi trato hacia ellos?" "¿Provoco en ellos resentimientos y desilusiones?"

En una celebración comunitaria la lección de la Escritura es leída por un lector para beneficio de la asamblea reunida. En una confesión privada tanto el sacerdote como el penitente pueden elegir una lectura.

22. ¿Qué se necesita para una digna recepción del sacramento de la Reconciliación?

a) examen de conciencia;

b) dolor por el pecado;

c) resolución de evitar el pecado en el futuro;

d) confesión de los pecados;

e) aceptación de la penitencia.

23. ¿Qué significa la "pena debida al pecado"?

El castigo por el pecado mortal sin arrepentimiento es la separación eterna de Dios, o infierno. "Dirá después a los que estén a la izquierda: '¡Malditos, aléjense de mí y vayan al fuego eterno, que ha sido preparado para el diablo y para sus ángeles!'" (Mt 25, 41).

El pecado venial no merece un castigo tan severo. Sin embargo, aún quien peca venialmente debe tratar de hacer penitencia por esos pecados.

24. ¿Cómo nos ayuda el sacramento de la Reconciliación a crecer en la vida divina?

a) El sacramento de la Reconciliación no sólo perdona el pecado; también desarrolla en nosotros virtudes que nos hacen semejantes a Cristo.

b) La Reconciliación se basa en el sentido de la santidad divina. La conciencia de la bondad de Dios debe ser la base de todo nuestro dolor. Esta conciencia debería crecer cada vez que decimos el acto de contrición o que nos confesamos.

c) La Reconciliación nos recuerda el gran amor que Dios nos tiene. El amor debe engendrar amor; debemos crecer en el amor de Dios y del prójimo cada vez que recibimos el sacramento.

d) La Reconciliación aumenta nuestra esperanza. Nos damos cuenta de que, aún siendo pecadores, podemos obtener de Dios la ayuda que necesitamos para alcanzar el cielo.

25. ¿Quién es el ministro de la Reconciliación?

Los obispos y los sacerdotes que colaboran en el ministerio del obispo son los ministros del sacramento de la Reconciliación *"...a quienes descarguen de sus pecados, serán liberados, y a quienes se los retengan, les serán retenidos."* (Jn 20, 23).

PRÁCTICA

Debemos recibir el sacramento de la Reconciliación cuando hemos cometido un pecado mortal, porque necesitamos reconciliarnos con Dios antes de poder acercarnos al sacramento de la Sagrada Eucaristía. No es necesario confesarnos cada vez que recibimos la Comunión, a menos que hayamos cometido un pecado mortal.

▲ Los Católicos deben, bajo pena de pecado mortal, confesarse una vez al año —pero sólo si han cometido un pecado mortal.

▲ No debería esperarse hasta el tiempo de la siguiente confesión para comenzar a realizar el examen de conciencia. Es altamente recomendable hacer un examen de conciencia todos los días. Antes de acostarnos es un buen momento para hacerlo. El esfuerzo de recordar los pecados cometidos en el día, seguido de un acto de contrición por éstos y por todos los pecados pasados, nos ayudará a avanzar espiritualmente.

▲ Cuando se usa el confesionario abierto, o acercamiento "cara a cara", el penitente puede recibir el sacramento de la Reconciliación de una manera más relajada. Este acercamiento alienta una más profunda reflexión y discusión del estado actual de la relación del pecador con Dios y con el prójimo, e invita a un diálogo que conducirá a una mejor comprensión de la condición del penitente, facilitando al sacerdote el aconsejarlo y guiarlo hacia una vida más plena de gracia.

▲ Al ir a confesarse, comience con palabras como éstas: "Bendígame, Padre, porque he pecado. Hace X número de semanas desde mi última confesión. Soy casado (soltero, viudo, etc.)". A continuación, usted o el sacerdote pueden leer un corto pasaje de las Escrituras. Cuente entonces sus pecados. Cuando haya acabado de confesarlos todos diga: "Estoy arrepentido por éstos y todos los pecados de toda mi vida". El sacerdote puede entonces darle algún consejo espiritual antes de asignarle una penitencia. Después de que el penitente haya expresado su dolor mediante un acto de contrición, el sacerdote le dará la absolución. Termine diciendo "Gracias, Padre" y deje el área confesional.

▲ Existen ocasiones especiales, previstas en la Ley Canónica de la Iglesia, en las que un sacerdote puede dar una "absolución general" sin confesión individual. En este caso, todos los pecados son perdonados, si se han cumplido todas las condiciones para recibir el perdón. Sin embargo, es necesario que quien ha cometido un pecado mortal lo diga a un sacerdote en Confesión lo más pronto posible.

*

Sección 27
La Unción de los enfermos

¿Hay alguno enfermo? Que llame a los ancianos de la Iglesia, que oren por él y lo unjan con aceite en el nombre del Señor. La oración hecha con fe salvará al que no puede levantarse; el Señor hará que se levante; y si ha cometido pecados, se le perdonarán. (Sgo 5, 14-15).

En casi todas las páginas del Evangelio leemos acerca de Jesús, curando o sanando a personas con todo tipo de enfermedades o dolencias físicas. Jesús sentía una honda simpatía y compasión por los enfermos, y podía devolver la salud a aquellos con quienes entraba en contacto.

La Iglesia, el nuevo Cuerpo de Jesucristo, comparte la misma preocupación por quienes sufren de toda forma de dolencia, ya sea física, mental o emocional. Es adecuado, entonces, que la Iglesia tenga un sacramento especial para aquellos de sus miembros que sufren enfermedades graves.

A lo largo de la historia, la Iglesia ha alentado a muchos de sus integrantes a fundar hospitales e instituciones varias para el cuidado de los sufrientes, de los enfermos, de los moribundos. Otros han entrado en comunidades religiosas de sacerdotes, hermanos o hermanas cuya misión es cuidar a los enfermos. Muchos clérigos y laicos visitan a los enfermos o se dedican al cuidado de los mismos en sus hogares en forma continuada. En la mayoría de las parroquias existen ministros dedicados a llevar en forma regular la Santa Comunión a los enfermos e inválidos recluidos en sus casas.

La Iglesia tiene también el sacramento de la Unción de los enfermos para ofrecer a los enfermos graves. Basándose en el ejemplo y en las directivas del mismo Jesús, la Iglesia usa la gracia especial de este sacramento para llevar fuerza y consuelo, para reconfortar y reasegurar a quienes están temerosos o ansiosos ante una enfermedad grave, o ante la muerte inminente.

1. ¿Qué es la Unción de los enfermos?

La Unción de los enfermos, junto con la Reconciliación, es uno de los dos sacramentos de la curación. La Unción de los enfermos es el sacramento por medio del cual Jesús, a través de la unción y las plegarias del sacerdote, otorga salud y fuerza a una persona seriamente enferma.

2. ¿Qué logra Jesús por medio de la Unción de los enfermos?

Por medio de la Unción de los enfermos, Jesús:

a) aumenta la vida divina en el enfermo;

b) devuelve a veces la salud a esa persona;

c) otorga la gracia necesaria para aceptar la enfermedad;

d) perdona los pecados y borra la pena temporal debida al pecado.

Cuando la confesión es imposible, Jesús perdona incluso el pecado mortal a través de este sacramento.

3. ¿Cuál es el signo de la Unción de los enfermos?

El signo de este sacramento es la unción con un aceite especial, llamado el óleo de los enfermos, junto con las palabras del sacerdote: "Por esta Santa Unción y por su bondadosa misericordia, te ayude el Señor con la gracia del Espíritu Santo, para que libre de tus pecados te conceda la salvación y te conforte en tu enfermedad".

Mientras reza, el sacerdote unge al enfermo en la frente y en las palmas de las manos.

4. ¿Cómo se administra la Unción de los enfermos?

Es importante recordar que la Unción de los enfermos es una celebración tanto litúrgica como comunitaria. Al igual que los demás sacramentos, es muy adecuado celebrarlo junto con la Eucaristía. Si se celebra comunitariamente, pero separado de la Eucaristía, se reúne a un grupo de enfermos graves con sus amigos y familiares para recibir la Unción conjuntamente. Puesto que los enfermos y los ancianos deberían ser una preocupación especial para todos los miembros de la Iglesia, es adecuado mostrar esta preocupación públicamente. Los enfermos reciben así el aliento y la fuerza de la presencia de los demás, y quienes asisten a la liturgia pueden comenzar a ver el valor cristiano de aceptar y ofrecer el dolor y sufrimiento propios.

La Unción de los enfermos comienza con el llamado del sacerdote a la plegaria de todos los allí reunidos —con la admisión de culpa por el pecado y una plegaria por el perdón. Continúa con un breve servicio de la Palabra de Dios. El sacerdote lee pasajes que hablan de la actividad sanadora de Jesús. Invita luego a todos los testigos del sacramento a unirse a él en la oración por los enfermos.

El sacerdote entonces, en silencio, impone las manos sobre cada enfermo. Esta es una invocación a Jesús pidiéndole que venga y cure la enfermedad. Si el óleo de los enfermos no ha sido previamente bendecido por un obispo, el sacerdote lo bendice. Sigue la unción. Finalmente, todos los asistentes concluyen la liturgia rezando el Padre Nuestro.

5. ¿Quién puede recibir la Unción de los enfermos?

Cualquier persona en estado grave —por causa de una enfermedad o por su edad— puede recibir este sacramento. Todo lo que se necesita es un juicio prudente para determinar si la enfermedad es suficientemente seria como para justificar la recepción del sacramento. No es necesario que el enfermo esté en peligro de muerte. Por ejemplo, un anciano que esté debilitado por su edad puede recibir la unción, aunque no exista ninguna enfermedad específica seria en ese momento. Una persona que está por ser operada a causa de una enfermedad grave puede ser ungido. También puede darse en el caso de niños enfermos que tengan suficiente uso de razón como para ser reconfortados por este sacramento.

6. ¿ Se da la Unción de los enfermos sólo a los moribundos?

No todos los enfermos graves mueren. Además, algunas enfermedades, como el cáncer en estado terminal, pueden prolongarse varios meses antes de la muerte del enfermo. Sería equivocado negar a nadie el consuelo de este sacramento y de sus gracias actuales hasta que esté en su lecho de muerte.

Para acompañar el sacramento de la Unción de los enfermos, la Iglesia ha desarrollado otros últimos ritos para los moribundos. Estos incluyen el Santo Viático (Comunión), las plegarias para los moribundos y la Bendición Apostólica.

En el caso de una persona que se encuentra en coma, la Unción de los enfermos puede ser dada condicionalmente, es decir, el sacerdote presumirá que la persona verdaderamente hubiera deseado recibirla y actuará de acuerdo con ello.

PRÁCTICA

▲ Quienes se ocupan del cuidado de un enfermo deberían llamar al sacerdote tan pronto como descubran la gravedad de la enfermedad. La persona, fortalecida por las gracias actuales del sacramento, podrá entonces enfrentar honestamente la vida o la muerte, cualquiera que sea lo que Dios en su providencia haya designado.

▲   Para la visita del sacerdote al enfermo, son necesarios los siguientes objetos: un crucifijo, dos velas bendecidas, un vaso de agua y una cuchara. Estos objetos deben estar sobre una mesa cubierta con un mantel de hilo blanco.

▲   Cuando un sacerdote llega a visitar al enfermo a una casa, a un hospital, o a un hogar de ancianos, los familiares deben permanecer junto al enfermo, excepto en el momento en el cual el sacerdote escucha su confesión.

▲   Los Católicos deben tener el cuidado de comunicar al sacerdote de su parroquia cuando hay un enfermo grave en la familia, para que éste juzgue qué es lo más apropiado. En caso de enfermedad prolongada el pastor o servidor llevará la comunión al enfermo, aún cuando no exista peligro de muerte.

▲   Si alguien está seriamente herido, debe llamarse a un sacerdote inmediatamente.

▲   Un sacerdote o ministro pastoral puede ser llamado, aunque todo parezca indicar que la persona ya ha fallecido, o aunque la muerte ya haya sido certificada por un médico. Las plegarias ofrecidas por la persona fallecida serán un consuelo para sus familiares y amigos.

*

Sección 28
El Orden Sagrado

Todo sumo sacerdote... es capaz de comprender a los ignorantes y a los extraviados, pues también lleva el peso de su propia debilidad; por esta razón debe ofrecer sacrificios por sus propios pecados al igual que por los del pueblo. Pero nadie se apropia esta dignidad, sino que debe ser llamado por Dios, como lo fue Aarón.Y tampoco Cristo se atribuyó la dignidad de sumo sacerdote, sino que se la otorgó aquél que dice: "Tú eres mi Hijo; te he dado vida hoy mismo" (Heb 5, 1-5).

Jesucristo, mediador entre Dios y los hombres, es el sacerdote eterno. En el acto supremo de su sacerdocio se ofreció al Padre en la cruz por nosotros. Pero Cristo fue sacerdote no sólo en la cruz; en su mismo ser es sacerdote, y su sacerdocio es eterno: *Jesús, en cambio, permanece para siempre y no se le quitará el sacerdocio. Por eso es capaz de salvar de una vez a los que por su medio se acercan a Dios. El sigue viviendo e intercediendo en favor de ellos (Hb 7, 24-25).*

Jesús no se contenta con vivir su sacerdocio sólo en el cielo. Desea ejercer ese sacerdocio aquí en la tierra hasta el fin de los tiempos. Jesús, el sacerdote misericordioso que perdonaba a los pecadores, el sacerdote amable que bendecía a la gente, el sacerdote celoso que buscaba a las ovejas perdidas, el sacerdote amante que se ofreció a sí mismo y alimentó a sus discípulos con su propia carne y sangre, aún vive y continúa su labor sacerdotal en el mundo. Y lo hace de una manera particular mediante el sacramento del Orden Sagrado. Jesús da a los seres humanos el poder de convertir el pan y el vino en su cuerpo y sangre, y el poder de perdonar los pecados.

Algunas personas se escandalizan ante la idea de que un sacerdote pueda afirmar tener esos poderes. Sin embargo, en realidad es Jesús quien continúa haciendo esas maravillas. Jesús elige perdonar a los pecadores, enseñar y predicar, dar la vida divina, renovar su sacrificio en la cruz a través de seres humanos, de aquellos a quienes El consagra y da poder como sacerdotes por medio del sacramento del Orden Sagrado.

Los sacerdotes reciben esos poderes, para que todos los miembros del Pueblo Peregrino de Dios que necesitan esos servicios especiales, tengan a alguien designado para cuidar de sus necesidades. Un sacerdote es ordenado para brindar servicios espirituales a los miembros de la Iglesia. Un sacerdote es un constructor de puentes que llevan a Dios a los hombres y a los hombres a Dios.

"...el sacerdote, como se suele decir con mucha razón, es verdaderamente 'otro Cristo', porque continúa, en cierto modo, al mismo Jesucristo: Así como el Padre me envió a mí, así os envío yo a vosotros".
(Encíclica *Ad Catholici Sacerdotii* sobre el Sacerdocio Católico —Pío XI–) (20/12/1935).

1. ¿Cuáles son los sacramentos de servicio?

Por medio del Bautismo, la Confirmación y la Eucaristía somos iniciados en la Iglesia y compartimos como discípulos la vida y misión de la misma. Por medio de los sacramentos de la Reconciliación y de la Unción de los enfermos somos sanados y fortalecidos. En los sacramentos del Orden Sagrado y del Matrimonio el cristiano es consagrado de una manera especial al servicio de otros. Estos dos sacramentos son, por esto, llamados los "sacramentos de servicio".

2. ¿Qué es el sacramento del Orden Sagrado?

El Orden Sagrado puede describirse más adecuadamente como "el sacramento del ministerio apostólico" —Catecismo de la Iglesia Católica— 1536. Por medio de este sacramento, la misión que Cristo encomendó a sus apóstoles es perpetuada en la vida de la Iglesia.

3. ¿Qué queremos decir cuando hablamos del sacerdocio de Cristo?

Jesucristo es el sumo sacerdote, cuyo sacrificio de redención ha traído la salvación a la familia humana. Cristo compartió su sacerdocio con la comunidad de creyentes que constituyen su Iglesia. "Por los sacramentos del bautismo y de la confirmación los fieles son 'consagrados para constituir...un sacerdocio santo' " —Catecismo de la Iglesia Católica— 1546. Aun cuando el propósito del sacerdocio ministerial difiere del sacerdocio de los fieles, en esencia y no solamente en grado, ellos están interrelacionados. De hecho, el propósito del sacerdocio ministerial es servir al sacerdocio de los fieles, para que la misión de la Iglesia pueda realizarse plenamente.

4. ¿Cómo sirve el sacerdocio ministerial a la Iglesia?

A través del ministerio de los obispos y sacerdotes Cristo está presente como cabeza de la Iglesia. La forma en la cual ellos participan en esta presencia es ejercitando el sagrado poder que les fue dado, como lo hizo Cristo: como un siervo. El sacerdocio ministerial actúa también en nombre de la Iglesia toda, cuando presenta las oraciones de la misma a Dios.

5. ¿Cuál es el signo del sacramento del Orden Sagrado?

El signo de este sacramento es la imposición de manos por el obispo. Cuando los apóstoles ordenaban a diáconos, sacerdotes y obispos, lo hacían mediante la imposición de manos. *"Por eso te invito a*

207

que reavives el don de Dios que recibiste por la impo-
sición de mis manos" (2 TM 1, 6).

6. ¿Quién administra el Orden Sagrado?

Sólo un obispo puede administrar el Orden Sagrado.

7. ¿Cuáles son los "grados" del Orden Sagrado?

Existen tres grados o estados del ministerio que
pueden ser conferidos por medio del sacramento del
Orden Sagrado: el episcopado (obispo), el presbiterado (sacerdote) y el diaconado (diácono). Los primeros
dos grados participan plenamente del sacerdocio
ministerial de Cristo, mientras que el diaconado
asiste a los dos.

Al igual que el Bautismo y la Confirmación, el sacramento del Orden Sagrado es permanente, porque
confiere un carácter espiritual indeleble.

Primero entre los ministerios de la Iglesia está el
episcopado o ministerio del obispo. El obispo participa en la plenitud del sacramento del Orden Sagrado,
y recibe la triple misión de enseñar, gobernar y santificar. Por medio de la Ordenación y de la comunión
con el obispo de Roma, un obispo se convierte en
miembro del colegio de obispos, compartiendo la preocupación y la responsabilidad por el bienestar de
todas las Iglesias. Un obispo diocesano es pastor de
una diócesis o "Iglesia local".

Un sacerdote es ordenado para colaborar con el
obispo en el cumplimiento de la misión de la Iglesia.
Su ministerio es ejercido de manera especial en la
celebración de la Eucaristía. Unido con el obispo y
sus hermanos sacerdotes en el presbiterado de una
Iglesia local, ejerce el ministerio del pueblo de Dios.

Un diácono es ordenado para un ministerio de servicio que asiste al obispo, especialmente en el ministerio de la caridad. El diácono puede asistir a un
sacerdote o a un obispo en la Misa, predicar, distribuir la Santa Comunión, bautizar, ser testigo en los
casamientos y oficiar en los funerales.

8. ¿Cuál es la tarea de un obispo?

Los obispos, como grupo, reemplazan a los doce apóstoles. Tienen la plenitud del sacerdocio. Su tarea principal es gobernar su diócesis y dirigir al Pueblo Peregrino de Dios enseñando, gobernando y santificando.

9. ¿Cuál es la tarea de un sacerdote?

El trabajo de un sacerdote es el trabajo de Cristo: enseñar, santificar y cuidar de los miembros del Cuerpo Místico de Cristo.

Los sacerdotes pueden:

a) Ser misioneros, llevando el Evangelio a otras tierras o realizando trabajo misional en su propio país.

b) Ser maestros en escuelas católicas, o capellanes de estudiantes católicos en universidades seculares.

c) Ocuparse de funciones administrativas y trabajo especializado.

d) Entrar en órdenes monásticas, viviendo la vida y haciendo el trabajo propio de la orden o congregación a la que pertenecen.

e) Trabajar en parroquias como pastores o asociados a un pastor.

La función básica de todo sacerdote, cualquiera sea su campo de trabajo o labor especial, es ofrecer la Misa y rezar la Liturgia de las Horas. Realiza estas funciones oficialmente, en nombre de toda la Iglesia.

10. ¿Cuál es la labor de un sacerdote en una parroquia?

El trabajo de un sacerdote en una parroquia es realizado con la colaboración del personal y de otros miembros de la parroquia. Participa, en algún modo, de todas las funciones que enumeramos antes.

El sacerdote de una parroquia hace trabajo misional. Tiene el cuidado, no sólo de todos los miembros sanos de la parroquia, sino también de aquellos que se han apartado de ella, se han casado fuera de la Iglesia, se han entibiado y debilitado en su fe. Trabaja también para aquellos que no son católicos, intentando ponerlos en contacto con la Iglesia Católica y sus enseñanzas.

El sacerdote de parroquia también enseña, instruyendo a aquellos que desean entrar en plena comunión con la Iglesia, dando clases de religión a adultos en la escuela parroquial y a niños en programas de educación religiosa.

Brinda además cuidado espiritual a los enfermos dentro de la parroquia. Los visita en sus hogares y en los hospitales. Se asegura de que los enfermos reciban la Santa Comunión y administra la Unción de los enfermos.

El sacerdote de parroquia bautiza, escucha confesiones, prepara a las parejas para el matrimonio, asiste en las bodas y entierra a los muertos.

Actúa a veces como capellán para distintas organizaciones de la misma. Muchos sacerdotes parroquiales son capellanes de grupos que trabajan en el apostolado laico: la Legión de María, los Grupos de Encuentro, los Cursillos y otras organizaciones de hombres, mujeres y jóvenes.

11. ¿Qué es un diácono?

Existen dos tipos de diáconos: temporarios y permanentes. Un diácono temporario es un estudiante que está preparándose para su ordenación al sacerdocio. Generalmente es ordenado diácono al final de su tercer año de estudios en el seminario teológico. Muy probablemente pasará parte de su último año de entrenamiento trabajando a tiempo completo en una parroquia.

El diácono permanente es alguien ordenado en ese oficio que no tiene intención de convertirse en sacerdote. Puede ser casado, y a veces tiene un trabajo secular. El rol del diácono permanente es primariamente uno de servicio en una parroquia, o en alguna otra función en una diócesis.Algunos diáconos visitan a los enfermos y a los presos, ayudan a los pobres, o trabajan con distintas organizaciones de ayuda. Otros trabajan como consultores conyugales, en la preparación para el matrimonio, bautismos, etc.

Ambos tipos de diaconado tienen como responsabilidad predicar el Evangelio, servir en el altar y asistir en diversos trabajos de caridad.

12. ¿Quién puede ser ordenado?

La Iglesia enseña que sólo un varón adulto, bautizado, puede recibir válidamente el sacramento del Orden Sagrado. Comúnmente, en el rito Occidental o Latino, sólo los hombres célibes pueden ser ordenados sacerdotes u obispos.

PRÁCTICA

▲ El rol del sacerdote es hoy muy exigente. Debe ser no sólo un hombre de oración sino también bien educado, con amplios conocimientos, organizador y motivador experto, administrador eficiente y sagaz hombre de negocios. Debe, además, tener la capacidad de presidir eficientemente la liturgia y ser un buen predicador.

▲ Se espera que el sacerdote esté presente, tanto en tiempos de crisis como en momentos de felicidad y alegría. La vida de un sacerdote actual es exigente y llena de tensión. Su sacerdote, al igual que todos los demás sacerdotes, necesita de su apoyo y de sus plegarias, de su cooperación y de su comprensión.

▲ El sacramento del Orden Sagrado, una vez conferido, no puede ser anulado ni revocado nunca. "Una vez sacerdote, siempre sacerdote". En circunstancias muy especiales, sin embargo, un sacerdote puede ser pasado al estado seglar, relevado de sus promesas y votos, formando parte nuevamente del laicado.

Sección 29
El Matrimonio

Expresen su respeto a Cristo siendo sumisos los unos a los otros. Lo sean así las esposas a sus maridos, como al Señor. El hombre es cabeza de la mujer, como Cristo es cabeza de la Iglesia, cuerpo suyo, del cual es asimismo salvador. Que la esposa, pues, se someta en todo a su marido, como la Iglesia se somete a Cristo. Maridos, amen a sus esposas como Cristo amó a la Iglesia y se entregó a sí mismo por ella. Y después de bañarla en el agua y la Palabra para purificarla, la hizo santa, pues quería darse a sí mismo una Iglesia radiante, sin mancha ni arruga ni nada parecido, sino santa e inmaculada. Así deben también los maridos amar a sus esposas como aman a sus propios cuerpos: amar a la esposa, es amarse a sí mismo. Y nadie aborrece su cuerpo; al contrario, lo alimenta y lo cuida. Y eso es justamente lo que Cristo hace por la Iglesia, pues nosotros somos parte de su cuerpo.
La Escritura dice: "Por eso dejará el hombre a su padre y a su madre para unirse con su esposa, y los dos no formarán sino un solo ser".
Es éste un misterio muy grande, pues lo refiero a Cristo y a la Iglesia. En cuanto a ustedes, cada uno ame a su esposa como a sí mismo, y la mujer, a su vez, respete a su marido (Ef 5, 21-33).

Luego de leer esta cita de San Pablo, algunos piensan que éste, en ella, degrada a la mujer. San Pablo no podía y no tenía intenciones de hacerlo. Lo que San Pablo estaba tratando de expresar es que la unión entre un cristiano y Jesús es tan cercana como para asemejarse a una fusión entre los dos. Pablo ve este mismo tipo de unión entre los esposos. Dos se convierten en uno.

Todos saben que las partes de un cuerpo no pueden estar en rebelión o en desobediencia con la persona total. De la misma manera los esposos no pueden dejar de amarse o de estar "sujetos" el uno al otro. Pablo ve al marido y a la mujer como totalmente unidos y trabajando en armonía con el Señor —no sumergidos en una lucha mutua por el poder.

Dentro del Cuerpo Místico de Cristo, cada miembro tiene su misión que cumplir. *En primer lugar están los que Dios hizo apóstoles en la Iglesia; en segundo lugar los profetas; en tercer lugar los maestros* (1 Cor 12, 28). Algunos de los sacramentos celebran nuestra vocación dentro del Pueblo Peregrino de Dios y nos dan la gracia para vivir con altura esa vocación. El sacramento del Matrimonio confiere la vocación de esposos y padres. Los esposos y esposas cristianos tienen, por lo tanto, un sacramento especial que los vuelve aptos para la función tan importante que deben llenar. El sacramento del Matrimonio santifica el amor natural del hombre y de la mujer; lo eleva del orden natural al sobrenatural y lo convierte en el vehículo de la gracia de Dios.

"Fundada por el Creador y en posesión de sus propias leyes, la íntima comunidad conyugal de vida y de amor se establece sobre la alianza de los cónyuges, es decir, sobre su consentimiento personal e irrevocable. Así, del acto humano por el cual los esposos se dan y se reciben mutuamente, nace, aun ante la sociedad, una institución confirmada por la ley divina. Este vínculo sagrado, en atención al bien tanto de los esposos y de la prole como de la sociedad, no depende de la decisión humana.

Pues es el mismo Dios el autor del matrimonio, al cual ha dotado con bienes y fines varios, todo lo cual es de suma importancia para la continuación del género humano, para el provecho personal de cada miembro de la familia y su suerte eterna, para la dignidad, estabilidad, paz y prosperidad de la misma familia y de toda la sociedad humana. Por su índole natural, la institución del matrimonio y el amor conyugal están ordenados por sí mismos a la procreación y a la educación de la prole, con las que se ciñen como con su corona propia" — Constitución Pastoral *Gaudium et Spes* sobre la Iglesia en el mundo actual (48) — Pablo VI (1965) Concilio Vaticano II.

1. ¿Quién estableció el matrimonio?

Dios es el autor del matrimonio, la íntima sociedad de la vida y el amor del hombre y la mujer. Puede decirse entonces con verdad que la vocación del matrimonio vino de Dios Creador, y es un reflejo del amor que es Dios, en cuya semejanza fuimos creados. Desde el mismo principio este amor marital debe ser una unión permanente y fiel. Está dirigida también "a la procreación y educación de la prole" — Constitución Pastoral *Gaudium et Spes* sobre la Iglesia en el mundo actual (48) — Pablo VI (1965) — Vaticano II.

2. ¿Cuál es el fin del Matrimonio?

El fin del Matrimonio es lograr el enriquecimiento y plenitud personal de la pareja y la continuación de la raza humana trayendo hijos al mundo. Es difícil separar estos fines porque uno lleva al otro y lo fortalece. La presencia de los hijos estimula el continuo desarrollo personal de la pareja, a medida que se adaptan y quizás hasta se sacrifican por el bienestar del otro y de los hijos.

3. ¿Qué es el sacramento del Matrimonio?

La alianza matrimonial, por la cual un hombre y una mujer establecen entre ellos una sociedad para toda la vida, está por su naturaleza orientada al bienestar de los esposos y a la procreación y la educación de los hijos. Jesucristo mismo elevó la alianza entre las personas bautizadas a la dignidad de un sacramento.

Con su presencia en las bodas de Caná, Jesús afirmó la bondad del matrimonio y proclamó que "en adelante, el matrimonio será un signo eficaz de la presencia de Cristo" Catecismo de la Iglesia Católica — 1613. Para los cristianos, entonces, el Matrimonio es un sacramento.

4. ¿Cuál es el signo del sacramento del Matrimonio?

El signo del sacramento del Matrimonio es la expresión, por parte de los novios, del consentimiento al matrimonio.

5. ¿Cuándo se hace efectivo el sacramento del Matrimonio?

El sacramento del Matrimonio se hace efectivo cuando un hombre y una mujer bautizados dan libremente su consentimiento al contrato de matrimonio. Cuando este consentimiento es consumado por la relación marital, el matrimonio es indisoluble: ha sido sellado por Dios, y existe un lazo matrimonial que no puede ser disuelto jamás.

6. ¿Cuáles son algunas de las gracias del Matrimonio?

Algunas de las gracias que Jesús promete brindar a lo largo de la vida matrimonial son:

a) la gracia del diálogo o de la comunicación, que permite a los esposos comprenderse y expresar mejor sus sentimientos mutuos;

b) la gracia de la unidad, que ayuda a la pareja a resolver los problemas que los separan;

c) la gracia de curar las heridas provocadas por

actos de egoísmo, falta de caridad, etc., de los esposos;

d) la gracia de la paternidad, que ayuda a los padres a criar y educar a sus hijos;

e) la gracia de la santificación, que asiste a los esposos en la ayuda mutua para quitar toda forma de mal y de pecado de su hogar, y para adquirir hábitos y conductas virtuosas.

Las gracias del sacramento del Matrimonio son dadas no sólo en el día de la boda sino de forma continuada en la vida de los esposos cristianos. Y estas gracias deben actuar conjuntamente con las gracias de otros sacramentos. Por ejemplo, cuando una pareja recibe los sacramentos de la Reconciliación y la Eucaristía teniendo presente su vocación, buscando por medio de la confesión librarse del pecado que impida una unión matrimonial y una vida familiar más perfectas y crecer, por medio de la Comunión, en el amor mutuo en Cristo.

7. ¿Qué enseñó nuestro Señor acerca del sacramento del Matrimonio?

En eso llegaron unos (fariseos que querían ponerle a prueba,) y le preguntaron: "¿Puede un marido despedir a su esposa?" Les respondió: "¿Qué les ha ordenado Moisés?" Contestaron: "Moisés ha permitido firmar un acta de separación y después divorciarse". Jesús les dijo: "Moisés, al escribir esta ley, tomó en cuenta lo tercos que eran ustedes. Pero, al principio de la creación, Dios los hizo hombre y mujer; y por eso dejará el hombre a su padre y a su madre para unirse con su esposa, y serán los dos una sola carne. De manera que ya no son dos, sino uno solo. Pues bien, lo que Dios ha unido, que el hombre no lo separe". Cuando ya estaban en casa, los discípulos le volvieron a preguntar sobre lo mismo, y él les dijo: "El que se separa de su esposa y se casa con otra mujer, comete adulterio contra su esposa; y si la esposa abandona a su marido para casarse con otro hombre, también ésta comete adulterio." (Mc 10, 2-12).

Jesús enseñó :

a) que el Matrimonio ha sido instituido por Dios;

b) que el esposo y la esposa encuentran su plenitud el uno en el otro;

c) que el Matrimonio es para toda la vida;

d) que el Matrimonio debe ser entre un hombre y una mujer.

8. ¿Qué hizo Jesús por el Matrimonio al elevarlo a la dignidad de sacramento?

Porque así como Dios antiguamente se adelantó a unirse a su pueblo por una alianza de amor y fidelidad, así ahora el Salvador de los hombres y Esposo de la Iglesia sale al encuentro de los esposos cristianos por medio del sacramento del matrimonio. Además, permanece con ellos para que los esposos, con su mutua entrega, se amen con perpetua fidelidad, como El mismo amó a la Iglesia y se entregó por ella — Constitución Pastoral *Gaudium et Spes* sobre la Iglesia en el mundo actual (48) — Pablo VI (1965) — Vaticano II.

Al hacer un sacramento del matrimonio, Jesús le dio un nuevo significado, una nueva belleza y un nuevo poder de santificación. El matrimonio es ya no solamente la unión legal de un hombre y una mujer; es una fuente de santidad, el medio para una unión más cercana de los esposos entre sí, y de ambos con Dios. La unión del marido y la mujer en el Matrimonio es un espejo o símbolo de la unión de Cristo y de su Iglesia.

Finalmente, al hacer del matrimonio un sacramento, Jesus concedió a las parejas gracias que hacen posible su continuo crecimiento personal, al confortarse y apoyarse mutuamente.

9. ¿En qué forma la unión de los esposos es un símbolo de la unión de Cristo y de su Iglesia?

La unión entre Cristo y su Iglesia es una unión vital y vivificante. La unión del marido y la mujer también lo es, e imparte gracia a sus almas.

La unión entre Cristo y su Iglesia es una unión orgánica, la unión de la cabeza y del cuerpo. La unión de los esposos es una unión de dos en una carne y un espíritu.

La unión entre Cristo y su Iglesia es una unión de amor infinito, constante, firme, generoso hasta el sacrificio de sí mismo. La unión de los esposos es también una unión de amor, de un amor exclusivo hacia el cónyuge, de un amor sin egoísmos, que dura hasta el fin de la vida.

Es a causa de este simbolismo que la familia nacida del sacramento del Matrimonio es llamada una "Iglesia doméstica" porque, de un modo especial, lleva adelante la misión de la Iglesia.

10. ¿Quién administra el sacramento del Matrimonio?

En el rito Latino los novios se administran mutuamente el sacramento. De esta manera, el primer regalo que se entregan mutuamente como esposos es el don de la vida divina.

El sacerdote o diácono oficia en la ceremonia matrimonial como representante de la Iglesia. Junto con los invitados a la boda y el resto de la congregación, es testigo del intercambio de los votos matrimoniales.

11. ¿Cuáles son las leyes que salvaguardan el matrimonio?

Puesto que el Matrimonio fue instituido por Dios, existen leyes divinas, como la indisolubilidad y la unidad del matrimonio.

Puesto que el matrimonio fue convertido en sacramento por Jesús, cabeza de la Iglesia, hay leyes dictadas por la Iglesia que lo protegen. Por ejemplo, las leyes que fijan la edad para un matrimonio válido, las que establecen las reglas para los casamientos con personas de distinta religión, etc.

Puesto que el matrimonio es la base de la sociedad humana, el estado también dicta leyes que lo reglamentan. Dichas leyes se refieren a la licencia matrimonial, los tests prematrimoniales, la edad legal para poder casarse, etc.

12. ¿Qué enseñó Jesús acerca del divorcio?

Jesús dijo : *"Pues bien, lo que Dios ha unido, que el hombre no lo separe"* (Mc 10, 9). Enseñó con claridad : *"El que se separa de su esposa y se casa con otra mujer, comete adulterio contra su esposa"* (Mc 10, 11)

En el Antiguo Testamento Moisés había permitido el divorcio a los judíos bajo ciertas circunstancias, porque *"tomó en cuenta lo tercos que eran..."* (Mc 10, 5). La Antigua Ley era imperfecta en esto, al igual que en otros aspectos. Cristo restauró el matrimonio según lo que Dios había querido en el comienzo: la unión de un hombre y de una mujer, por toda la vida. Enseñó que un nuevo matrimonio tras un divorcio era inválido y adúltero.

Los Católicos divorciados que no han recibido una anulación de la Iglesia Católica no son libres de volver a casarse. Sin embargo, las personas en esta situación son miembros plenos de la Iglesia y pueden recibir los sacramentos.

Quien considere la posibilidad de casarse con una persona divorciada debería buscar consejo del sacerdote de la parroquia.

13. ¿Tiene el Estado poder para conceder un divorcio?

El Estado no tiene poder para disolver el vínculo espiritual de un matrimonio sacramental válido. En consecuencia, la Iglesia no reconoce ordinariamente la validez de un matrimonio posterior al divorcio. El Estado puede, sin embargo, anular los aspectos civiles de un matrimonio. Esto, en la ley civil, es llamado divorcio

14. ¿Tiene poder la Iglesia para conceder un divorcio?

Ni siquiera la Iglesia tiene poder para disolver un matrimonio sacramental válido que ha sido consumado. Sin embargo, puesto que la institución del matrimonio encuentra su expresión legal en términos de un contrato, es correcto que la Iglesia examine las circunstancias de un matrimonio fracasado, para determinar si existió en principio un contrato válido. En otras palabras, es universalmente aceptado que deben existir ciertos elementos presentes antes de que un contrato sea considerado válido y, por supuesto, si esos elementos no existen, el contrato no obliga a su cumplimiento.

Por ejemplo, si una de las partes acuerda entrar en un contrato matrimonial, pero el acuerdo fue conseguido por la fuerza, por temor o a través de un fraude, entonces el contrato no obliga a su cumplimiento. En esos casos un Tribunal Matrimonial diocesano, después de una investigación exhaustiva, puede declarar el contrato matrimonial inválido, liberando así a ambas partes para que puedan contraer posteriormente una unión válida. En este caso, cuando la Iglesia declara el matrimonio anulado (concede una anulación), está simplemente declarando que algo existió en el momento del matrimonio que lo hizo inválido desde el mismo comienzo.

PRÁCTICA

▲   El Matrimonio es un contrato sagrado entre los esposos, y entre ellos y Dios. Una pareja debe prepararse para el Matrimonio mediante la oración. Antes de la boda los novios deberían recibir también el sacramento de la Reconciliación.

▲   Nadie aceptaría un cargo al cual nunca pudiera renunciar, sin pensarlo e investigarlo mucho. Nadie entraría en una profesión sin la preparación adecuada. Sin embargo, miles de personas entran en el matrimonio sin ninguna o con poquísima preparación. Para remediar esta situación la mayoría de las diócesis brindan distintos tipos de preparación matrimonial (Conferencias Pre-Caná, Grupos de encuentro para novios, etc.).

▲ Aún luego de muchos años de casados los esposos pueden obtener grandes beneficios asistiendo a los encuentros para matrimonios o a las conferencias de Caná. En algunos lugares estos encuentros se desarrollan regularmente en las distintas parroquias de la diócesis, proporcionando un medio excelente para despertar las gracias ya presentes en la pareja, a fin de que su unión se perfeccione todavía más.

▲ Para que su unión sea un matrimonio sacramental, válido, los católicos deben contraer matrimonio en una de las formas siguientes: Deben casarse en presencia de un sacerdote o de un diácono y de dos testigos más. Si el obispo diocesano concede una dispensa de la forma canónica, como en el caso de un matrimonio mixto, la boda puede ser celebrada por un sacerdote no católico. Los católicos no casados de acuerdo con estas reglas no han recibido el sacramento del Matrimonio.

▲ La Iglesia ha establecido ciertos impedimentos al matrimonio, condiciones que vuelven a un matrimonio ilegal, o conjuntamente ilegal e inválido. Por ejemplo, la Iglesia prohibe a un católico casarse con un no-católico sin una dispensa. Cuando hay razón suficiente para hacerlo, el obispo diocesano puede conceder una dispensa a dichos impedimentos, en tanto éstos no afecten la esencia del sacramento del Matrimonio.

▲ Las parejas que deseen casarse deberían consultar al sacerdote de la parroquia a la cual pertenece la novia varios meses antes de la boda. Los católicos deberían casarse en la Misa. Un católico no debería privarse del gran privilegio de casarse en una Misa, de no mediar razones graves. En su Misa de casamiento la nueva pareja puede presentar los dones del pan, el vino y el agua al sacerdote. De esa manera su primera acción como pareja casada será hacer una ofrenda a Dios, su socio en la alianza. La pareja puede seleccionar los textos de las Escrituras y algunos otros elementos optativos para su Misa de bodas.

▲ En un matrimonio mixto, el ministro de la parte no-católica puede ofrecer una plegaria de congratulación cuando la ceremonia se celebra en una Iglesia Católica. Un sacerdote puede hacer lo mismo cuando los novios han recibido una dispensa para casarse en una Iglesia no Católica.

▲ Si una pareja, por motivos graves y no solucionables, no puede continuar la vida en común, puede iniciar una separación, y aun un divorcio civil. Después de que éste haya sido concedido, la pareja puede explorar la posibilidad de anulación, con un sacerdote o un representante del Tribunal matrimonial diocesano. Si no existen bases para una anulación, ninguna de las partes puede volver a casarse. Muchas diócesis y parroquias ofrecen programas especiales y grupos de apoyo para católicos separados o divorciados.

▲ La Iglesia alienta a las personas divorciadas que han contraído un nuevo matrimonio, sin previa anulación, a seguir participando en la vida de su parroquia. "No están separados de la Iglesia, pero no pueden acceder a la comunión eucarística" — Catecismo de la Iglesia Católica — 1665.

Sección 30
Los Sacramentales

Entonces trajeron a Jesús algunos niños para
que les impusiera las manos y rezara por ellos.
Pero los discípulos los recibían muy mal. Jesús
les dijo: "Dejen a esos niños y no les impidan que
vengan a mí: el Reino de los Cielos pertenece a
los que son como ellos." Jesús les impuso las
manos y continuó su camino. (Mt 19, 13-15).

Nuestro Señor nos ha dado, como signos de su
amor, siete sacramentos, por medio de los cuales
nos santifica y fortalece para cumplir nuestro rol en
su Cuerpo Místico. Imitando a Cristo, la Iglesia nos
ha dado los sacramentales, que santifican las cosas
ordinarias de la vida, atraen las bendiciones de
Dios sobre nosotros y nos recuerdan de manera
práctica y vívida las verdades por las cuales vivimos. La Iglesia bendice muchos de los objetos que
usamos en la vida diaria. No necesitamos estar fuera del alcance de estas bendiciones. No estamos
nunca abandonados a nuestra debilidad en ninguna
emergencia. La Iglesia está constantemente a nuestro lado, pidiendo a Dios que nos bendiga y bendiga
las cosas que usamos.

1. ¿Qué son los sacramentales?
Los sacramentales son "signos sagrados con los
que, imitando de alguna manera a los sacramentos,
se expresan efectos, sobre todo espirituales, obteni-
dos por la intercesión de la Iglesia. Por ellos los hombres se disponen a recibir el efecto principal, el de
los sacramentos, y se santifican las diversas circuns-

tancias de la vida" —Catecismo de la Iglesia Católica— 1667.

2. ¿Qué constituye un sacramental?

Un sacramental incluye una oración y un signo determinado, apropiado al propósito de un ritual especial. Puesto que todos los bautizados están llamados a santificar la vida, los laicos pueden presidir en ciertas bendiciones sacramentales. Cuanto más cercanamente estén asociadas estas bendiciones a la vida sacramental de la Iglesia, más probable es que su administración esté reservada al ministerio ordenado.

3. ¿En qué difieren los sacramentales de los sacramentos?

Cristo instituyó los sacramentos; la Iglesia los sacramentales. Los sacramentos fueron instituidos para conceder gracia; los sacramentales para impartir una bendición o alguna protección especial y disponernos a recibir la gracia.

4. ¿Cuáles son algunos de los principales sacramentales?

Las ceremonias, acciones y plegarias que rodean el acto esencial en cada sacramento son sacramentales. Las unciones en el Bautismo, las oraciones usadas en la Unción de los enfermos, y la bendición nupcial dada en el Matrimonio son unos pocos ejemplos de tales sacramentales.

La Señal de la Cruz, el agua bendita, el Rosario y las Estaciones de la Cruz son ejemplos de sacramentales que usamos frecuentemente.

5. ¿Qué sacramentales son usados en ciertos días durante el año?

Las velas son bendecidas y distribuidas en la fiesta de la Presentación de Nuestro Señor, el 2 de febrero. La bendición de las gargantas se da en el día de San Blas, el 3 de febrero. Se coloca ceniza bendecida en nuestra frente el Miércoles de Ceniza, para recordarnos nuestra muerte y para impulsarnos a hacer penitencia durante la Cuaresma. Se distribuyen las palmas bendecidas durante el Domingo de Ramos, como recuerdo de la entrada triunfal de Nuestro Señor en Jerusalén para comenzar su Pasión. La bendición de los campos tiene lugar el 15 de agosto. Otros sacramentales, como la bendición de un hogar o de una madre durante el embarazo, o una bendición después del parto, pueden ser dadas en cualquier momento.

6. ¿Cómo debemos usar los sacramentales?

Debemos usar los sacramentales con fe y reverencia, como la Iglesia nos enseña. Debemos evitar la superstición en nuestro uso de medallas y otros objetos bendecidos, recordando que ellos, como los otros sacramentales, producen su efecto no en forma automática, sino como resultado de las oraciones de la Iglesia y de la devoción que ellas inspiran en nosotros.

PRÁCTICA

▲   Muchos laicos se asocian con diversas órdenes religiosas para participar de las oraciones y las buenas obras de estas órdenes. En épocas pasadas, a estos laicos se les permitía usar el hábito religioso de la orden con la cual estaban asociados. Ahora usan un escapulario: dos pequeños retales de tela unidos por hilos y usado sobre los hombros. Hay dieciséis escapularios con los cuales pueden ser investidos los católicos. El más antiguo y más común, entre ellos, es el escapulario de Nuestra Señora del Monte Carmelo, por medio del cual, quien lo usa, comparte el fruto de las buenas obras y oraciones de la Orden de los Carmelitas.

▲ En lugar del escapulario uno puede usar la medalla escapular, que tiene una imagen del Sagrado Corazón en un lado y de Nuestra Señora en el otro.

▲ Cuadros, estatuas y crucifijos pueden ser una ayuda para la oración y para recordarnos a Dios y a sus cosas. Todo hogar católico debe tener un crucifijo o alguna imagen o escultura religiosa en un lugar de importancia.

▲ Debemos ser cuidadosos al elegir los objetos religiosos. Deben ser de buen gusto, de un tipo que inspire la devoción, más que el mero sentimiento. El buen arte religioso está al alcance de todos. Los católicos no deben conformarse con menos.

*

PARTE V: LA VIDA EN CRISTO

Sección 31
Los fundamentos de la vida moral

Cuando terminaron de comer, Jesús dijo a Simón Pedro: "Simón, hijo de Juan, ¿me amas más que éstos?" Contestó: "Sí, Señor, tú sabes que te quiero." Jesús le dijo: "Apacienta mis corderos." Le preguntó por segunda vez: "Simón, hijo de Juan, ¿me amas?" Pedro volvió a contestar: "Sí, Señor, tú sabes que te quiero." Jesús le dijo: "Cuida de mis ovejas." Insistió Jesús por tercera vez: "Simón Pedro, hijo de Juan, ¿me quieres?" Pedro se puso triste al ver que Jesús le preguntaba por tercera vez si lo quería y le contestó: "Señor, tú lo sabes todo, tú sabes que te quiero." Entonces Jesús le dijo: "Apacienta mis ovejas" (Jn 21, 15-17).

Con demasiada frecuencia la moral católica ha sido entendida como una serie de leyes o reglas, la violación de las cuales constituye el pecado. Esta concepción ha tenido por lo menos dos consecuencias desgraciadas. Por un lado, muchos rechazan la enseñanza de la moral cristiana como muy legalista. Y por el otro, muchos católicos, tomando el evitar el pecado como única meta, se conforman con observar los mínimos requerimientos de la ley.

De hecho, la misma Iglesia enseña que debe rechazarse cualquier intento de reducir sus enseñanzas morales a una mera fórmula, que cubra las limitaciones externas de una exigencia legal. Para los Católicos Romanos la vida moral fluye de nuestra relación con Dios. Si realmente amamos y adoramos al Dios Trino, nuestros pensamientos, palabras y obras serán fieles y consistentes con nuestro profesado amor y fidelidad. El que no alcancemos esto revelará nuestro fracaso para comprender y vivir plenamente de acuerdo con nuestra especial relación con Dios.

Este fracaso daña la unidad que Dios busca establecer entre El y nosotros, y entre nosotros y su Iglesia. La verdadera esencia del pecado es la separación de lo divino, provocada por nuestra conducta y actitudes, libremente elegidas, ya sea que nos lleven a cometer actos de comisión, o de omisión.

1. ¿De dónde obtienen los Cristianos la fuerza para vivir una vida moral?

Nuestra capacidad para vivir una vida moral comienza con la unión con Cristo en el Bautismo, que nos convierte en templos del Espíritu Santo. Es el Espíritu el que nos guía y nos sana, mientras nos esforzamos por vivir como discípulos de Jesús nuestro Señor.

2. ¿Cuál es el fundamento de la dignidad humana?

La fuente de nuestra dignidad como personas se encuentra en el hecho de haber sido creados a imagen y semejanza de Dios (cf. Gn 1, 27). Dotados de un alma inmortal, estamos destinados a gozar de la verdadera felicidad. Podemos realizar este destino porque nuestra razón humana puede comprender el plan de Dios para la creación, y nuestra libre voluntad puede conducirnos a buscar lo bueno y lo verdadero.

3. ¿Por qué pecamos, entonces?

Por haber abusado el hombre de su libertad en el comienzo de la historia, todos los seres humanos están inclinados al mal. El poder de esta inclinación, sin embargo, puede ser superado por el don de la vida de Dios, que es la gracia.

4. ¿Cómo podemos determinar la moralidad de nuestros actos?

Hemos dicho que existen tradicionalmente tres fuentes para determinar la moralidad de un acto humano: el objeto o materia de la acción; la intención de la persona que realiza la acción; y las circunstancias que la rodean.

5. ¿Cuándo una acción es moralmente buena?

Para que una acción sea moralmente buena, el acto objetivo, el propósito y las circunstancias deben ser todos ellos buenos. Existen algunos actos, sin embargo que, no importa cuáles sean la intención o las circunstancias, son siempre moralmente ilícitos (por ej., el perjurio y el adulterio).

6. ¿Cómo puede una persona llegar a conocer, en forma personal, la verdad moral?

La conciencia nos impulsa, a cada uno de nosotros, a hacer el bien y evitar el mal. Nuestra conciencia juzga también las elecciones morales específicas. Estamos obligados a seguir a la conciencia, y tenemos la libertad de hacerlo. Sin embargo, puesto que ésta puede estar mal orientada a causa de nuestra ignorancia, somos responsables de buscar su correcta formación.

7. ¿Cómo puede formarse una buena conciencia?

Puesto que el pecado ofende principalmente a Dios, debemos aprender qué es lo que Dios espera de nosotros en nuestra conducta moral. En las Sagradas Escrituras encontramos lineamientos para una vida moral. Bajo la conducción de la Iglesia, los teólogos morales han escrito acerca de problemas y cuestiones morales. La Iglesia misma, a través de su autoridad para enseñar (o magisterium) nos otorga muchas directivas sobre la vida moral. Una vez conocidas estas diversas enseñanzas, podemos hacer un juicio práctico acerca de la bondad o maldad de nuestras acciones personales.

8. ¿Qué es el pecado?

Contra ti, contra ti sólo pequé, lo que es malo a tus ojos yo lo hice (Sal 51,6). El pecado es decirle no a Dios y al plan de Dios para nosotros. El pecado es la desobediencia voluntaria a Dios. Esta desobediencia puede ser una acción, un pensamiento, un deseo, una intención, una palabra, o puede ser una omisión o falta de amor.

El pecado también ofende al prójimo y a nosotros mismos. Por ejemplo, el séptimo mandamiento nos prohibe robar. En ese acto ofendemos a nuestro prójimo privándolo de algo de su propiedad. Hacemos posible la ruina de nuestra reputación cuando nuestro pecado se vuelve de conocimiento público. Nuestros pecados también afectan al bien común de toda la comunidad.

9. ¿Cómo puede un acto interior ser pecado?

De hecho, la esencia del pecado está en el pensamiento, deseo o intención. Tan pronto como deliberadamente deseamos o tenemos intención de realizar un acto pecaminoso ya hemos ofendido a Dios. Nos puede faltar el coraje o la oportunidad de poner en acción nuestro deseo, pero esto no cambia el hecho de que hemos negado nuestra obediencia a Dios. Todos los actos de los cuales somos responsables comienzan con un pensamiento pecaminoso; la conducta es simplemente la puesta en acción de ese deseo o intención. Este hecho explica las palabras de Cristo: *"Pero yo les digo: Quien mira a una mujer con malos deseos, ya cometió adulterio con ella en su corazón"* (Mt 5, 28).

10. ¿Cuáles son los diferentes tipos de pecado?

Los diferentes tipos de pecado son:

a) El pecado original, el pecado de nuestros primeros padres. Sufrimos los efectos del pecado original, pero no somos personalmente responsables de él.

b) El pecado actual o personal, el que nosotros personalmente cometemos. El pecado personal puede ser mortal o venial.

11. ¿Qué es el pecado mortal?

Si alguno ve a su hermano en el pecado, —un pecado que no ha traído la muerte— ore por él y Dios le dará vida. (Hablo de esos pecadores cuyo pecado no es para la muerte). Porque también hay un pecado que lleva a la muerte, y no pido oraciones en este caso.Toda maldad es pecado, pero no es necesariamente pecado que lleva a la muerte (1 Jn 5, 16-17).

El pecado mortal es llamado así porque nos hace perder la vida divina de la gracia santificante. En consecuencia, Dios ya no vive en nosotros. El pecado mortal es una grave ofensa contra Dios. Para que un pecado sea mortal deben cumplirse tres condiciones:

a) La ofensa en sí debe ser grave. Por ejemplo, decir una mentira que dañe seriamente la reputación de alguien es un pecado mortal; decir una mentira ordinaria, que no provoque daño grave, un pecado venial.

b) La persona que comete el pecado debe tener conciencia de lo que está haciendo, y de que es una seria ofensa contra Dios. Por ejemplo, es un pecado mortal matar a una persona deliberada e injustamente; no es pecado matar a alguien accidentalmente.

c) Debe haber total consentimiento de la voluntad. Una persona que actúe bajo cualquier circunstancia que la prive de la libertad de decisión no es culpable de pecado mortal. Por ejemplo, no es pecado mortal verse forzado a cometer un pecado bajo amenaza de violencia hacia la propia persona o hacia otros.

12. ¿Cuáles son los efectos del pecado mortal?

a) El pecado mortal destruye nuestra vida divina; de allí que usemos la palabra "mortal", con el significado de "dadora de muerte".

Pero con todas esas cosas de las que ahora se avergüenzan, ¿cuál ha sido el fruto? Al final está la muerte. Ahora, en cambio, siendo libres del pecado y sirviendo a Dios, trabajan para su propia santificación, y al final está la vida eterna. El pecado paga un salario y es la muerte. La vida eterna, en cambio, es el don de Dios en Cristo Jesús, nuestro Señor (Rom 6, 21-23).

b) El pecado mortal quiebra nuestra relación con Dios. Nos lleva a dejar de hacer la voluntad de Dios para hacer nuestra propia voluntad.

c) Si una persona muere en estado de pecado mortal, se aliena para siempre de Dios.

13. ¿Qué es un pecado venial?

Un pecado venial es una ofensa menos grave contra Dios. No rompe nuestra relación con Dios pero debilita nuestro amor por El. *Todos tenemos nuestras fallas.* (Sgo 3, 2).

En el pecado venial, puede ocurrir que la ofensa no sea en sí misma grave (una excusa mentirosa, un pequeño hurto, una leve falta de respeto hacia Dios), o que el pecador no tenga conciencia suficiente de la seriedad de sus actos, o que no exista en él un total consentimiento de la voluntad.

14. ¿Puede un pecado ser plenamente deliberado y ser sólo venial?

Sí. Ese pecado es llamado un pecado venial deliberado. El pecado venial deliberado debilita la voluntad y allana el camino para el pecado mortal, disminuyendo también la intimidad entre nosotros y Dios. El pecado venial habitual lleva a un estado de tibieza espiritual verdaderamente peligroso.

15. ¿Cómo sabemos si una acción es pecado?

Nuestra conciencia nos dice si una acción es buena o mala, si es un pecado mortal o venial.

16. ¿Puede ser perdonado el pecado mortal?

Dios perdonará cualquier pecado mortal y cualquier cantidad de ellos si el pecador está verdaderamente arrepentido. Dios no sólo perdona el pecado sino que restaura la vida divina y los dones de fe, esperanza y amor.

17. ¿Qué le ocurre a la persona que muere en estado de pecado mortal?

Quien muere en estado de pecado mortal continuará rechazando a Dios por toda la eternidad. Nunca se arrepentirá, nunca volverá a Dios. Esa persona deberá, por lo tanto, pasar la eternidad en el infierno.

18. ¿Qué es el infierno?

El infierno es un estado de condenación eterna. Cuando una persona, cuyo fin es Dios, ha muerto rechazándolo, debe pasar la eternidad privado de Dios y por lo tanto de toda felicidad. *"Dirá después a los que estén a la izquierda: '¡Malditos, aléjense de mí y vayan al fuego eterno, que ha sido preparado para el diablo y para sus ángeles!'"* (Mt 25, 41).

19. ¿Es que Dios, siendo Todo-misericordioso, manda a alguien al infierno?

De hecho, no es Dios sino los pecadores quienes se mandan a sí mismos al infierno. El infierno es el pecado mortal llevado a su lógica y eterna conclusión. Dios, que ama a todas las personas, desea ciertamente su salvación y les da todas las oportunidades para arrepentirse y convertirse. Sólo El sabe si alguien realmente rechaza su misericordia.

20. ¿Qué es el purgatorio?

El purgatorio es un estado de purificación después de la muerte para aquellos que mueren sin arrepentirse de sus pecados veniales. Las almas del purgatorio poseen la vida divina y saben que están salvados, pero no tienen la visión de Dios. No pueden ayudarse a sí mismos, pero pueden ser ayudados por las oraciones y los sacrificios de los fieles en la tierra y las almas del cielo.

21. ¿Qué es la tentación?

La tentación es algo que nos induce o nos atrae al pecado. El pecado deliberado, ya sea mortal o venial, no ocurre por sí mismo; es precedido por una inducción o atracción al pecado, llamado tentación.

22. ¿Cuáles son las fuentes de la tentación?

Las fuentes de la tentación son tres: el mundo que nos rodea, el demonio, y nuestra propia inclinación al pecado. Estas inclinaciones son llamadas los pecados capitales.

23. ¿Qué son los pecados capitales?

Los pecados capitales son siete : la soberbia, la avaricia, la envidia, la ira, la lujuria, la gula y la pereza. Son llamados capitales porque son tendencias o inclinaciones a una gran cantidad de actos específicos, que son pecado.

PRÁCTICA

▲ El pecado, por definición, tiene consecuencias comunitarias. Por lo tanto, siempre que examinemos nuestra conciencia, debemos tomar conciencia de cómo nuestras fallas morales contribuyen al dolor y al sufrimiento de nuestro mundo pecador. Al reconocer nuestra propia participación en los efectos comunitarios del pecado, deberíamos buscar el perdón a través de una penitencia que lleve, de modo más efectivo, nuestra cura a un mundo herido. Por ejemplo, si nos damos cuenta de que somos culpables de desperdiciar los bienes naturales, nuestra penitencia debería incluir algún esfuerzo por reciclar los materiales que usamos.

▲ Recordemos que existen situaciones que podrían aparecer, ante un observador objetivo, como pecado mortal, pero que, por influencias subjetivas —ignorancia, temor u otros factores— pueden no serlo, y el individuo involucrado estar libre de culpa moral en ese caso particular. No es sabio, sin embargo, hacer estos juicios por nuestra cuenta, sino que debemos, en caso de duda, pedir consejo y ayuda a un confesor prudente.

▲ Se alienta a los católicos a evitar las "ocasiones próximas de pecado", es decir, la gente, los lugares o cosas que son una fácil tentación al pecado. Por ejemplo, la Iglesia publica su propio sistema de evaluación de películas, que informa a los fieles sobre cuáles son las películas aceptables para niños, adolescentes y/o adultos, y cuáles son moralmente objetables para todos.

✳

Sección 32
Los fundamentos de la vida moral
(continuación)

"Nadie enciende una lámpara para esconderla o taparla con un cajón, sino que la pone en un candelero para que los que entren vean la claridad. Tu ojo es la lámpara de tu cuerpo. Si tu ojo recibe la luz, toda tu persona tendrá luz; pero si tu ojo está oscurecido, toda tu persona estará en oscuridad. Procura, pues, que la luz que hay dentro de ti no se vuelva oscuridad. Si toda tu persona se abre a la luz y no queda en ella ninguna parte oscura, llegará a ser radiante como bajo los destellos de la lámpara."s (Lc 11, 33-36).

De alguna manera, nuestra vocación humana encuentra sentido en nuestra capacidad de dar. Ya sea compartiendo nuestras habilidades y talentos con los demás, o brindando apoyo financiero o emocional a quienes lo necesiten, todos tenemos numerosas oportunidades de dar algo de nosotros mismos a los otros.

A veces sentimos que los "otros" de los cuales debemos preocuparnos son sólo los miembros de nuestra familia, o aquellos que viven en nuestra propia comunidad. Esta perspectiva no es muy coherente con nuestra tradición cristiana. Nuestra "luz" y nuestra "sal" no son solamente para compartir en nuestra comunidad, sino dondequiera que exista necesidad. Es cierto que nuestras responsabilidades se ven más claramente cuando se refieren a aquellos más próximos a nosotros, pero no debemos perder de vista que el llamado de Jesús no se limita a los problemas definidos por la proximidad.

1. ¿Cuál es el fundamento social de la vida moral?

Cristo nos dijo que no podemos separar el amor de Dios del amor al prójimo. Los hombres, creados por Dios como seres sociales por naturaleza, viven en comunidad. Es un hecho que ciertas instituciones sociales, como la familia y el estado, son necesarias para el cumplimiento de nuestra vocación humana.

El fin de todas las instituciones sociales debe ser promover el bien de la persona humana. Para permitir que la sociedad alcance este propósito algunas personas son investidas de una autoridad que nosotros debemos obedecer. Toda autoridad, sin embargo, incluida la autoridad del gobierno, debe trabajar para el "bien común". La autoridad que actúa injustamente o contra el bien moral, no debe ser obedecida.

2. ¿Qué es el bien común?

La enseñanza tradicional católica ha descripto el bien común como "el conjunto de condiciones de la vida social que hacen posible a las asociaciones y a cada uno de sus miembros el logro más pleno y más fácil de la propia perfección" — Constitución Pastoral *Gaudium et Spes* sobre la Iglesia en el Mundo Actual (26) Pablo VI—1965—Vaticano II. El bien común comprende tres aspectos esenciales: el respeto por cada persona, el bien social y desarrollo del grupo mismo, y la promoción de la paz entre los individuos y los grupos. Es una responsabilidad primaria del estado promover el bien común.

3. ¿Cuál es la responsabilidad de los individuos en la promoción del bien común?

A causa de nuestra dignidad humana individual,

promover el bien común es nuestra responsabilidad personal, de acuerdo con el puesto y el rol de cada uno. Esto se puede hacer en el hogar, en el trabajo, y en la vida pública de nuestras comunidades locales y nacionales.

4. ¿Qué es la justicia social?

La justicia social está íntimamente conectada al bien común. Es el esfuerzo por ayudar a los individuos y a los grupos a lograr las condiciones bajo las cuales puedan conseguir aquello a lo cual tienen derecho.

La justicia social incluye respetar la dignidad de la persona humana y los derechos asociados con esa dignidad. Este respeto nos permite cuidar a los demás, especialmente a los menos privilegiados, tanto como a aquellos con los que no estamos de acuerdo. La dignidad es la base de la igualdad de todas las personas y del sentido de solidaridad humana por la cual los bienes materiales son distribuidos y compartidos.

5. ¿Qué es la ley moral?

La ley moral, cuya fuente es la sabiduría de Dios, plantea para la humanidad una manera de vivir y de actuar que nos permita experimentar la verdadera felicidad prometida por Dios. La ley moral ha sido expresada en distintas formas.

6. ¿Qué es la ley moral "natural"?

La ley moral natural es la capacidad concedida a los seres humanos, en el momento de la creación, de saber lo que es moralmente bueno y lo que es moralmente malo. Las reglas morales que conocemos a través de la razón son universales, permanentes e inmutables. La ley natural, aunque no es siempre fácil de comprender, es la base para el desarrollo de toda la legislación civil que protege la dignidad de la persona humana.

7. ¿Qué son la "Ley antigua" y la "Ley nueva"?

La "Ley antigua" o "Ley de Moisés" fue dada por Dios al pueblo elegido, Israel, y se resume en los diez mandamientos. La ley antigua es imperfecta porque nos dice solamente lo que es contrario al amor a Dios y al prójimo, pero no nos concede la gracia para vivir más plenamente la ley del amor.

La ley nueva dada por Cristo y expresada en las Bienaventuranzas, completa las prescripciones morales de la ley antigua, "extrae de ella sus virtualidades ocultas y hace surgir nuevas exigencias". Catecismo de la Iglesia Católica — 1968. La nueva ley de Cristo llama a una verdera reforma del corazón humano.

8. ¿Cómo llegamos a conocer la verdad moral?

Además de lo que conocemos por medio de la razón, también podemos aprender sobre la verdad moral de los pastores de la Iglesia: el Papa y los obispos. De la auténtica enseñanza de la Iglesia, que llamamos el Magisterium, "el 'depósito' de la moral cristiana, compuesto de un conjunto característico de normas, mandamientos y virtudes que proceden de Cristo y están vivificadas por la caridad". Catecismo de la Iglesia Católica — 2033. Esta enseñanza del magisterium debe ser observada y respetada por todos los que buscan vivir una vida moral.

9. ¿Por qué la Iglesia crea sus propias leyes?

Las leyes de la Iglesia están destinadas a ayudarnos a vivir una vida moral. Sin embargo, al igual que Jesús, la Iglesia enfatiza que cambiar nuestros corazones y amar a nuestro prójimo es más importante que cumplir con los mínimos requerimientos de la ley (cf. Mc 2, 23-28).

10. ¿Cuáles son los preceptos de la Iglesia?

Los preceptos de la Iglesia son leyes que las autoridades de la Iglesia nos dan y que brindan los fundamentos mínimos para una vida moral de oración:

El primer precepto: "Oirás Misa los domingos y fiestas de precepto", requiere de los fieles participar en la celebración eucarística, cuando la comunidad cristiana se reúne en el día que conmemora la Resurrección del Señor.

El segundo precepto: "Confesarás los pecados al menos una vez al año" asegura una preparación adecuada para la Eucaristía mediante la recepción del sacramento de la Reconciliación, que continúa la obra de conversión y de perdón del Bautismo.

El tercer precepto: "Recibirás humildemente a tu Creador en la Santa Comunión al menos durante el tiempo de Pascua" garantiza como mínimo la recepción del cuerpo y la sangre del Señor en conexión con la fiesta Pascual, origen y centro de la liturgia cristiana.

El cuarto precepto: "Santificarás las fiestas de guardar" completa la observancia del domingo mediante la participación en las principales fiestas litúrgicas que honran los misterios del Señor, de la Virgen María y de los santos.

El quinto precepto: "Observarás los días prescriptos para el ayuno y la abstinencia" asegura tiempos de ascesis y de penitencia que nos preparan para las fiestas litúrgicas y nos ayudan a adquirir la libertad del corazón y el dominio sobre nuestros instintos.

"Los fieles tienen también la obligación de ayudar a la Iglesia en sus necesidades materiales, cada uno según su capacidad". Catecismo de la Iglesia Católica—2042-2043.

PRÁCTICA

▲ La Iglesia, en todos los países, designa ciertos días como "fiestas de precepto". Los católicos deben asistir a Misa en esos días, lo mismo que los domingos. Los días de precepto son: María Madre de la Iglesia (enero 1), la Ascensión de Nuestro Señor (cuarenta días después de Pascua), la Asunción de María (agosto 15), la Fiesta de Todos los Santos (noviembre 1), la Inmaculada Concepción (diciembre 8) y Navidad (diciembre 25).

▲ La Iglesia ha desarrollado leyes de ayuno y abstinencia que obligan a limitar la calidad y/o cantidad de comida que ingerimos en ciertos días. El ayuno limita la cantidad de alimento; la abstinencia prohibe comer carne.

En los días de ayuno y abstinencia sólo está permitida una comida completa a los mayores de 18 años y menores de 59. Pueden tomarse dos pequeñas comidas más, en cantidad suficiente para mantener las fuerzas, de acuerdo con las necesidades propias. No se permite comer entre comidas, pero están permitidos los líquidos, incluidos los jugos de fruta y la leche. Todos los mayores de 14 años deben observar las leyes de abstinencia, lo que significa no comer nada de carne.

Las leyes actuales de la Iglesia requieren que nos abstengamos de comer carne los Viernes de Cuaresma y que observemos el ayuno y la abstinencia el Miércoles de Ceniza y el Viernes Santo. Pese a esto, la Iglesia nos recomienda elegir nosotros mismos algunos otros días para ayunar y hacer abstinencia de carne. Los viernes, de todo el año, o los días de semana durante Cuaresma, serán buenos días para observar estas prácticas saludables, que dan alabanza a Dios y nos ayudan a desarrollar la disciplina en nuestras vidas.

▲ En algunas instancias una persona puede estar automáticamente excusada de cumplir con una ley de la Iglesia. Por ejemplo, un enfermo de diabetes está excusado del requerimiento del ayuno. En otros casos, en los que el cumplimiento de una ley particular de la Iglesia sea muy arduo o dificultoso, puede ser prudente pedir una dispensa especial de un sacerdote. Esto puede hacerse en persona, o hasta por teléfono.

▲ Un desarrollo reciente en la Iglesia es el crecimiento del concepto de servicio. Visto inicialmente como una buena forma de aumentar las ofrendas de la parroquia, las expectativas del servicio de que demos de nuestro tiempo, talento y bienes, ha tenido un impacto positivo en la vida moral individual. Cuanto más dispuestas están las personas a compartir lo recibido de Dios, mejor comprenden lo que significa ser realmente católico.

▲ Existen diversas organizaciones católicas que trabajan por la justicia social, incluyendo la Campaña por el Desarrollo Humano y las Caridades Católicas. Muchos católicos están también comprometidos en una variedad de esfuerzos por la justicia social, incluyendo las organizaciones locales comunitarias, sindicatos, grupos de paz y justicia, y movimientos por la vida y el medio ambiente.

▲ La principal manera en que los católicos pueden trabajar por la justicia es a través del trabajo diario, en sus empleos, con sus familias y en sus comunidades.

*

Sección 33
Fe, Esperanza y Caridad

Queridos míos, amémonos unos a otros, porque el amor viene de Dios. Todo el que ama ha nacido de Dios y conoce a Dios. El que no ama no ha conocido a Dios, pues Dios es amor. Miren cómo se manifestó el amor de Dios entre nosotros: Dios envió a su Hijo único a este mundo para que tengamos vida por medio de él. En esto está el amor; no es que nosotros hayamos amado a Dios, sino que él nos amó primero y envió a su Hijo como víctima por nuestros pecados. Queridos, si Dios nos amó de esta manera, también nosotros debemos amarnos mutuamente (1 Jn 4, 7-11).

El hecho más importante de nuestra existencia humana es que cada uno de nosotros posee un alma. El alma es tanto el medio como el símbolo de nuestra única y especial sociedad con Dios. La dignidad de nuestra relación con El es elevada así al status de hijos de Dios, a través de las aguas vivificantes del Bautismo.

Puesto que en el Bautismo hemos recibido una nueva vida de Cristo, debemos vivir una existencia congruente con la dignidad de un cristiano. La vida cristiana se ve hermosamente reflejada y definida por la palabra "amor". La vida cristiana es una vida de amor.

No podríamos vivir esta nueva vida sin tres dones especiales de Dios. Estos dones son el poder de creer en Dios, el poder de esperar en Dios y el poder de amar a Dios y a todos los hijos de Dios. Llamamos a estos tres dones las virtudes de la fe, la esperanza y la caridad.

Estos dones, junto con los dones del Espíritu Santo y la ayuda adicional que recibimos de Dios, nos permiten vivir de acuerdo con la vida nueva que nos pertenece, como miembros del Cuerpo Místico de Cristo.

1. ¿Por qué recibimos la vida divina aquí en la tierra?

Recibimos la vida divina aquí en la tierra porque Dios quiere que podamos nacer nuevamente, y que comencemos aquí y ahora a compartir su vida. Cuanto más semejantes seamos a Dios, mayor es la gloria que le daremos.

2. ¿Cómo recibimos la vida divina?

Recibimos la vida divina a través del Bautismo, al cual nos lleva la fe. *"El que crea y se bautice, se salvará"* (Mc 16, 16).

3. ¿Cómo crece la vida divina en nosotros?

Cuando Dios nos otorga la vida divina también nos concede nuevos poderes que nos permiten actuar y crecer en esa vida. Estos nuevos poderes son las virtudes de la fe, la esperanza y la caridad ; las virtudes morales de la prudencia, la justicia, la fortaleza y la templanza; y los dones del Espíritu Santo.

4. ¿Qué es la fe?

La fe es el poder, dado a nosotros por Dios, que nos permite creerle en todo lo que nos ha revelado. Nuestra mente no puede comprender plenamente los misterios que Dios nos revela. Pero la fe nos da la certeza de la verdad de todo lo que Dios ha dicho, una certeza aún mayor que la que tenemos con respecto a la evidencia de nuestros sentidos, porque la fe descansa en la autoridad de Dios mismo. En último término, la fe es la obediencia que responde a la revelación de Dios.

244

5. ¿Podemos hacer algo por ganar el don de la fe?

Recibimos la fe de Dios como un don gratuito. No hay nada que podamos hacer para ganarla. Pero Dios, que *quiere que todos se salven y lleguen al conocimiento de la verdad* (1 Tm 2, 4), ofrece a todos el don de la fe.

6. ¿Qué es un acto de fe?

Un acto de fe es la expresión que damos al don de la fe. Un acto de fe es un acto de gran humildad; exige que sometamos nuestras mentes a Dios y aceptemos su palabra acerca de algo que no podemos ver nosotros mismos. *"En verdad les digo que el que no reciba el Reino de Dios como un niño no entrará en él"* (Lc 18, 17).

7. ¿Cómo vivimos por la fe?

Vivimos por la fe actuando de acuerdo con lo que creemos, y no de acuerdo con lo que el mundo nos dice. Vivir por la fe significa también luchar por profundizar nuestra fe y desear que se haga la voluntad de Dios antes que la nuestra.

Hermanos, si uno dice que tiene fe, pero no viene con obras, ¿de qué le sirve? ¿Acaso lo salvará esa fe? Si un hermano o una hermana no tienen con qué vestirse ni qué comer, y ustedes les dicen: "Que les vaya bien, caliéntense y aliméntense", sin darles lo necesario para el cuerpo; ¿de qué les sirve eso? Lo mismo ocurre con la fe: si no produce obras, muere solita.

Y sería fácil decirle a uno: "Tú tienes fe, pero yo tengo obras. Muéstrame tu fe sin obras, y yo te mostraré mi fe a través de las obras".

Porque así como un cuerpo sin espíritu está muerto, así también la fe que no produce obras está muerta (Sgo 2, 14-18, 26).

8. ¿Qué es la esperanza?

La esperanza es el poder que nos da Dios y que nos permite tener confianza en el perdón de los pecados y la vida eterna. La esperanza también incluye un deseo de las recompensas que Dios ha prometido a aquellos que lo aman.

Ustedes que temen al Señor, esperen su miseri-
cordia, no se aparten de él, pues podrían caer.
Ustedes que temen al Señor, confíen en él, no
perderán su recompensa.
Ustedes que temen al Señor, esperen recibir todo
lo que vale la pena,
esperen misericordia y alegría eterna.
Recuerden lo que les pasó a sus antepasados:
¿Quién confió en el Señor y se arrepintió de
haberlo hecho?
¿Quién perseveró en su temor y fue abandona-
do?
¿Quién lo llamó y no fue escuchado?
Pues el Señor es ternura y misericordia;
perdona nuestros pecados y nos salva en los
momentos de angustia.

(Sir 2, 7-11)

9. ¿Qué es un acto de esperanza?

Un acto de esperanza es la expresión que damos al don de la esperanza. Al igual que el acto de fe, es un acto de gran humildad. Librados a nosotros mismos, no tenemos derecho a esperar el perdón ni a aspirar al cielo. Pero sujetos a Cristo, nuestro Salvador, que ha pagado el precio de nuestra salvación, contamos con la bondad de Dios, que ha prometido salvarnos si colaboramos con la ayuda que nos da.

10. ¿Qué es la caridad?

La caridad es el don de Dios que nos permite amarlo por sobre todas las cosas, por sí mismo, y amarnos a nosotros mismos y todas las personas como hijos de Dios.

11. ¿Cómo podemos aumentar la fe, la esperanza y la caridad en nosotros?

La fe, la esperanza y la caridad aumentan en nosotros por su uso. Cuanto más ejercitamos la fe, más fuerte se vuelve; cuanto más esperamos y amamos, más fuerte se vuelve nuestra esperanza; cuanto más amamos, más fácil es amar.

12. ¿Qué son las virtudes morales?

Las virtudes morales son:

a) la prudencia, virtud que nos lleva a formar juicios rectos acerca de lo que debemos o no debemos hacer;

b) la justicia, virtud que nos inclina a dar a todas las personas lo que les es debido;

c) la templanza, virtud que nos inclina a gobernar nuestros apetitos de acuerdo con lo que es recto y agradable a Dios;

d) la fortaleza, virtud que nos inclina a hacer lo que Dios desea, aún cuando sea difícil y desagradable.

13. ¿Cuáles son los dones del Espíritu Santo?

Los dones del Espíritu Santo son:

a) la sabiduría, don que nos lleva a juzgar todas las cosas, humanas y divinas, tal como Dios las ve, y a sentir predilección por las cosas de Dios;

b) la inteligencia, don que nos lleva a una mayor comprensión de las verdades que Dios nos ha revelado;

c) el consejo, el juicio recto que nos lleva a actuar con prudencia, especialmente en los casos difíciles;

d) la fortaleza, don que nos lleva a hacer grandes cosas por Dios, con alegría y sin temer a las dificultades y obstáculos;

e) la ciencia, don que nos mueve a ver las cosas de este mundo en su verdadera perspectiva, en su relación con Dios;

f) la piedad, don que nos lleva a amar a Dios como nuestro Padre y a sentir afecto por todas las personas y cosas consagradas a El;

g) el temor de Dios, don que nos mueve a temer ofender a Dios y ser separados de Aquél a quien amamos.

Todos los dones del Espíritu Santo nos vuelven receptivos a la conducción de Dios y a las gracias que El nos envía, permitiéndonos actuar rápida y fácilmente en la ejecución de su voluntad.

14. ¿Cómo podemos expresar nuestro amor por Dios?

Como hijos de Dios, podemos expresar nuestro amor por nuestro Padre:

a) Ofreciéndonos a nosotros mismos y a todas nuestras obras. *Por lo tanto, ya coman, beban o hagan lo que sea, háganlo todo para gloria de Dios* (1 Cor 10, 31).

b) Haciendo Su voluntad. *Y por eso, cuando amamos a Dios y cumplimos sus mandatos, con toda certeza sabemos que amamos a los hijos de Dios. Amar a Dios es guardar sus mandatos, y sus mandatos no son pesados* (1 Jn 5, 2-3).

c) Imitando a Cristo, a quien Dios ha enviado no sólo como nuestro Salvador sino como nuestro modelo. *"Aprendan de mí, que soy paciente y humilde de corazón..."* (Mt 11, 29).

d) Uniéndonos a Cristo comiendo su carne y bebiendo su sangre en la Eucaristía. *"...quien me come vivirá por mí"* (Jn 6, 57).

e) Recordando la misericordia de Dios para con nosotros. *"Por eso te digo que sus pecados, sus numerosos pecados, le quedan perdonados, por el mucho amor que ha manifestado. En cambio aquél al que se le perdona poco, demuestra poco amor"* (Lc 7, 47).

f) Orando. *Vivan orando y suplicando. Oren en todo tiempo según les inspire el Espíritu.* (Ef 6, 18).

g) Amando a los otros. *Si uno goza de riquezas en este mundo y cierra su corazón cuando ve a su hermano en apuros, ¿cómo puede permanecer en él el amor de Dios?* (1 Jn 3, 17).

15. ¿Cómo mostramos nuestro amor por todas las personas?

Mostramos nuestro amor por los demás tratándolos con la reverencia que les es debida como hijos de Dios. Esto significa mucho más que "no molestar" a las personas o abstenerse de insultarlas o dañarlas. Debemos tratar a la gente como lo haría Jesús mismo. Debemos practicar las obras de misericordia. Jesús nos dice que en el Ultimo Juicio nos dirá:

> *Entonces el Rey dirá a los que están a su derecha: "Vengan, benditos de mi Padre, y tomen posesión del reino que ha sido preparado para ustedes desde el principio del mundo.Porque tuve hambre y ustedes me dieron de comer; tuve sed y ustedes me dieron de beber. Fui forastero y ustedes me recibieron en su casa. Anduve sin ropas y me vistieron. Estuve enfermo y fueron a visitarme. Estuve en la cárcel y me fueron a ver." Entonces los justos dirán: "Señor, ¿cuándo te vimos hambriento y te dimos de comer, o sediento y te dimos de beber? ¿Cuándo te vimos forastero y te recibimos, o sin ropa y te vestimos? ¿Cuándo te vimos enfermo o en la cárcel, y te fuimos a ver?" El Rey responderá: "En verdad les digo que, cuando lo hicieron con alguno de los más pequeños de estos mis hermanos, me lo hicieron a mí" (Mt 25, 34-40).*

16. ¿Cuáles son las obras de misericordia?

Las obras de misericordia son: dar de comer al hambriento, corregir al pecador, dar de beber al sediento, enseñar al que no sabe, vestir al desnudo, aconsejar a quien duda, visitar a los presos, consolar a los afligidos, dar abrigo a quien no tiene hogar, sobrellevar pacientemente las injurias, visitar a los enfermos, perdonar las ofensas, enterrar a los muertos y orar por los vivos y los muertos.

A veces no encontramos oportunidades para practicar las obras de misericordia porque no las comprendemos correctamente. El desnudo no es sólo aquél que no tiene ropa alguna sino también aquél que no tiene la suficiente. Las personas sin hogar no son sólo quienes no tienen un techo, sino también aquellas familias que no encuentran un lugar decente para vivir porque los dueños no quieren alquilar a parejas con chicos, o a gente de ciertas razas.

Las palabras de San Juan: *Si uno goza de riquezas en este mundo y cierra su corazón cuando ve a su hermano en apuros, ¿cómo puede permanecer en él el amor de Dios?* (1 Jn 3, 17), se aplican tanto a las naciones como a los individuos. Y sin embargo existen todavía hoy países donde la miseria está tan extendida, que no es la excepción sino la regla, países que necesitan ayuda financiera y técnica para poder alimentar y vestir a sus pueblos. Los cristianos, recordando esas palabras de San Juan, no pueden cerrar sus ojos ante estas condiciones de vida, ni aceptar una política de apatía o de oposición a medidas que podrían acercar ayuda a los necesitados de esos países.

17. ¿Por qué debemos amar a toda la gente?

Cuando le plantearon a Jesús la pregunta: "¿Quién es mi prójimo?", respondió contando la historia del buen samaritano, que nos enseña que nuestro prójimo son todos, no sólo aquellos que pertenecen a nuestra raza, nuestro país o nuestra religión (cf. Lc 10, 29-37). Aún aquellos que nos odian y nos dañan deben ser incluidos en nuestro amor. Jesús nos dice en el Sermón de la Montaña: *"Pero yo les digo: Amen a sus enemigos y recen por sus perseguidores, para que así sean hijos de su Padre que está en los Cielos. Porque él hace brillar su sol sobre malos y buenos, y envía la lluvia sobre justos y pecadores"* (Mt 5, 44-45).

PRÁCTICA

▲   Todo católico debe preocuparse por practicar
obras de misericordia. La mayoría de las parroquias
ofrecen numerosas organizaciones y ministerios en
los cuales podemos participar. Por ejemplo, podemos
ofrecernos voluntariamente como ministros de la
Eucaristía, para llevarla a quien no puede salir de
su hogar, o participar en los grupos parroquiales que
se ocupan de problemas sociales, o planificar una
colecta de alimentos para Navidad o Pascua. Casi
todas las parroquias pueden aprovechar los servicios
de un profesor de religión más, o de un ayudante de
catequesis. Podemos involucrarnos con la Sociedad
de San Vicente de Paul, o participar como voluntario
para organizar grupos de ayuda parroquiales que
auxilien a personas en duelo, apoyando a quienes
han sufrido la pérdida de un ser querido. Estas son
sólo algunas de las formas en las que podemos practicar regularmente las obras de misericordia dentro
de la propia comunidad.

▲   En su examen de conciencia observe si está
compartiendo con los demás los conocimientos ad-
quiridos acerca de Dios y de la Iglesia.

▲   ¿Existen amigos o conocidos enfermos a quienes no ha visitado últimamente? ¿Hay algún vecino
nuevo en su barrio a quien podría dar la bienvenida
con una visita?

*

Sección 34
Los primeros tres mandamientos

Un hombre joven se le acercó y le dijo: "Maestro, ¿qué es lo bueno que debo hacer para conseguir la vida eterna?" Jesús contestó: "¿Por qué me preguntas sobre lo que es bueno? Uno solo es el Bueno. Pero si quieres entrar en la vida, cumple los mandamientos" El joven dijo:"¿Cuáles?" Jesús respondió: "No matar, no cometer adulterio, no hurtar, no levantar falso testimonio, honrar al padre y a la madre y amar al prójimo como a sí mismo" (Mt 19, 16-19).

El gran mandamiento del amor exige de nosotros que actuemos hacia Dios como hijos, y hacia las otras personas como hijos del mismo Padre, miembros del Cuerpo de Cristo.

Estos dos mandamientos son amplios y pueden ser implementados de distintas formas. Pero, además, Dios nos dio los Diez Mandamientos, donde encontramos en términos claros nuestros mínimos deberes hacia Dios y hacia el prójimo.

Si amamos a Dios observaremos los primeros tres mandamientos, que se refieren a nuestros deberes hacia nosotros mismos y hacia nuestro prójimo.

Los Diez Mandamientos no son leyes que fueron dictadas para establecer el orden, o poner a prueba nuestra obediencia. Fluyen de nuestra propia naturaleza como seres humanos. Porque fuimos creados por Dios y dependemos completamente de El, debemos, como seres humanos inteligentes y responsables, reconocer esa dependencia. Debemos alabar a Dios, amarlo, creerle y mostrar reverencia por su nombre. Y porque todos los seres humanos tenemos ciertos derechos que recibimos de Dios, debemos respetar esos derechos en los otros.

Al estudiar los Diez Mandamientos, por lo tanto, estudiamos las leyes que nos dicen cómo debemos actuar porque somos seres humanos, con Dios y con las demás personas. Pero, aun más, al estudiar los Diez Mandamientos estamos estudiando las leyes que nos permiten cumplir la gran ley del amor.

1. ¿Cuál es el significado de los Diez Mandamientos?

"Amarás al Señor tu Dios con todo tu corazón, con toda tu alma y con toda tu mente. Este es el gran mandamiento, el primero. Pero hay otro muy parecido: Amarás a tu prójimo como a ti mismo" (Mt 22, 37-39).

Los Diez Mandamientos deben ser comprendidos en el contexto del mandato de Cristo de amar a Dios y al prójimo con todo nuestro corazón, mente y alma. Fluyen de la alianza que existe entre Dios y su pueblo. Los mandamientos expresan cómo deberíamos vivir en respuesta al amor de Dios, con Dios y con nuestro prójimo. Deben ser obedecidos en su contenido básico.

2. ¿Cuál es el primer mandamiento?

"Yo soy Yavé, tu Dios, el que te sacó de Egipto, país de la esclavitud. No tendrás otros dioses fuera de mí" (Ex 20, 2-3).

El primer mandamiento nos obliga a creer en todo lo que Dios ha revelado, a adorarlo, a confiar en El y a amarlo por sobre todas las cosas. En otras palabras, el primer mandamiento nos ordena practicar la fe, la esperanza y la caridad.

3. ¿Cómo practicamos la fe, la esperanza y la caridad?

a) Practicamos la fe creyendo todas las verdades que la Iglesia enseña como revelación de Dios, profesando nuestra fe, y no negándola bajo ninguna circunstancia.

b) Practicamos la esperanza confiando en la misericordia de Dios, no dudando nunca que El perdonará nuestros pecados si estamos realmente arrepentidos de ellos, y creyendo que nos dará toda la ayuda que necesitamos para alcanzar el cielo.

c) Practicamos el amor observando todos los mandamientos y haciendo obras de misericordia. *"Si ustedes me aman, guardarán mis mandamientos"* (Jn 14, 15).

4. ¿Qué gravedad tienen los pecados contra la fe?

Los pecados contra la fe son muy graves, porque atentan contra los fundamentos de nuestra relación con Dios.

5. ¿Cuáles son los pecados contra la fe?

Los pecados contra la fe son:

a) la negación de todas o algunas de las verdades que Dios enseña a través de la Iglesia;

b) la duda deliberada acerca de cualquier verdad de la fe;

c) no profesar nuestra fe cuando estamos obligados a ello;

d) no obtener la necesaria instrucción religiosa;

e) leer libros peligrosos para nuestra fe;

f) negarse a aceptar la autoridad del Papa como cabeza visible de la Iglesia;

g) adorar algún objeto creado, en lugar de adorar al verdadero Dios;

h) la superstición;

i) la asistencia a sesiones espiritistas o la consulta a mediums.

6. ¿Cuáles son los pecados contra la esperanza?

Los pecados contra la esperanza son la presunción y la desesperación.

7. ¿Cómo se peca por presunción?

Se peca por presunción cuando se asume que la salvación puede ser obtenida con el propio esfuerzo, sin ayuda de Dios o, por el contrario, mediante la acción de Dios, sin la propia colaboración.

8. ¿Qué es la desesperación?

La desesperación es la negativa a confiar en que Dios perdonará nuestros pecados y nos dará los medios de salvación.

9. ¿Cuáles son los pecados contra el amor?

Todo pecado es, de alguna manera, un pecado contra el amor. Los pecados específicos contra la caridad son tratados en el quinto mandamiento.

10. ¿Cuál es el segundo mandamiento?

"No tomes en vano el nombre de Yavé, tu Dios" *(Ex 20, 7).*

Observamos el segundo mandamiento mostrando reverencia a Dios, y especialmente a su santo nombre.

11. ¿Cuáles son los pecados contra el segundo mandamiento?

Los pecados contra el segundo mandamiento son:

a) la blasfemia, es decir, el burlarse, ridiculizar, despreciar a Dios, a su Iglesia, a los santos o a los objetos sagrados (éste es uno de los pecados más graves);

b) la irreverencia al usar el nombre de Dios, de Jesús o de los santos (este pecado es generalmente venial);

c) maldecir, es decir, pretender que un daño caiga sobre otra persona (éste sería un pecado mortal si la persona lo hiciera con intención seria; habitualmente no es así);

d) jurar en nombre de Dios, es decir, llamar a Dios como testigo de la verdad de lo que estamos diciendo, cuando lo que decimos no es cierto, o cuando no hay suficiente razón para hacerlo (el perjurio, es decir, el mentir bajo juramento, puede ser un pecado mortal);

e) romper un voto, es decir, una promesa deliberada hecha a Dios de hacer algo especialmente agradable a El (romper una promesa puede ser un pecado venial o mortal, dependiendo de la forma de la obligación).

12. ¿Cuál es el tercer mandamiento?

"Acuérdate del día del Sábado, para santificarlo. Trabaja seis días, y en ellos haz todas tus faenas. Pero el día séptimo es día de descanso, consagrado a Yavé, tu Dios" (Ex 20, 8-10).

Observamos el tercer mandamiento adorando a Dios de una manera especial y absteniéndonos de trabajo innecesario el domingo.

13. ¿Por qué la Iglesia cambió el Sabbath del sábado al domingo?

La Iglesia, usando el poder de atar y desatar que Cristo dio al Papa, cambió el Sabbath, para los católicos, del sábado (en el que lo celebran los judíos), al domingo, porque fue en domingo (el primer día de la semana) cuando Cristo resucitó de entre los muertos, y también cuando el Espíritu Santo descendió sobre los apóstoles.

Los obispos de muchas diócesis han obtenido permiso del Papa para anticipar las misas dominicales obligatorias al sábado por la noche. Esto está basado en la idea bíblica de que el día termina en la puesta de sol y el siguiente comienza en el crepúsculo.

14. ¿De qué manera debemos adorar a Dios los domingos y fiestas de guardar?

La ley de Dios no especifica la cantidad de adoración requerida, pero existe una ley de la Iglesia que nos obliga a asistir a Misa los domingos y fiestas de guardar. Observando esta ley de la Iglesia, estamos observando también la ley divina de adoración en el día del Señor.

15. ¿Es obligatoria nuestra asistencia y participación en la Misa del domingo?

Estamos obligados a asistir y participar en la liturgia dominical, a menos que tengamos un inconveniente grave. Sería preferible, sin embargo, que consideráramos la Misa dominical como la oportunidad —que realmente es— de estar con Dios y con la comunidad cristiana local. En la Misa nos encontramos y oramos con otros que comparten nuestras convicciones religiosas. Estar ausentes de la Misa del domingo es perder esa oportunidad.

16. ¿Es solamente la asistencia a Misa lo requerido por la Iglesia los domingos y fiestas de guardar?

La asistencia a Misa en estos días es lo que la Iglesia requiere bajo pena de pecado mortal. Pero el espíritu de la ley pide una real santificación de todo el día.

"Manténgase inviolable la observación pública y privada de las fiestas de la Iglesia que están, de una manera especial, consagradas a Dios; y especialmente el día del Señor que los apóstoles, bajo la guía del Espíritu Santo, sustituyeron por el Sabbath... Los Domingos, entonces, y los días santos deben ser santificados por la adoración de Dios, que rinde a Dios homenaje y alimento espiritual al alma – Encíclica sobre la Sagrada Liturgia — (Pío XII – 1947).

17. ¿Qué tipo de trabajo está prohibido el domingo?

El trabajo prohibido el domingo es el trabajo innecesario. Los factores económicos y sociales han cambiado el concepto de trabajo. Por lo tanto, es difícil dar principios de clara aplicación en todas y cada una de las situaciones.

18. ¿Qué tipo de trabajo está permitido el domingo?

Todo trabajo que sea necesario para el bien común está permitido en domingo. Por ejemplo, a veces es necesario que la policía, los trabajadores de ferrocarril, quienes trabajan en farmacias, hospitales, etc., trabajen los domingos.

Otros trabajos son necesarios por razones distintas (cocinar y limpiar en el hogar). Algunos trabajos son necesarios en caso de emergencias o en situaciones inusuales. En este último caso, y si existen dudas, lo mejor es consultar a un confesor. El realizar trabajos que no son necesarios para el bien común no es honrar el día del Señor. En el Código de Derecho Canónico encontramos una buena guía para nuestra conducta: "...los fieles se abstendrán de aquellos trabajos y actividades que impidan dar culto a Dios, gozar de la alegría propia del día del Señor, o disfrutar del debido descanso de la mente y del cuerpo" Codex Iuris Canonici 1247.

PRÁCTICA

▲   No podemos amar a quien no conocemos. Dios nos habla de sí mismo para que podamos amarlo. Puesto que somos hijos de Dios, conocemos a nuestro Padre mucho mejor que quienes no tienen el don de la fe. Pero nunca podremos conocer suficientemente a Dios. Nuestro amor por el Padre debe impulsarnos a buscar más y más el conocimiento acerca de El, de acuerdo con nuestra edad, inteligencia y educación.

▲   Todo hombre y mujer es llamado a conocer, amar y adorar a Dios. La Iglesia tiene la obligación de hacer conocer a todos las gentes la presencia de Dios, y cómo la única, verdadera religión reside en la iglesia Católica. Al mismo tiempo, existe un derecho a la libertad religiosa basado en la dignidad de la persona humana.

▲   No es lo mismo tener dificultades acerca de problemas de fe, que tener dudas. Las dificultades son preguntas que surgen de una mente inquisitiva, por necesidad de mayor conocimiento, o por información errónea.

▲   La superstición puede incluir la creencia en la astrología, en los adivinos, y aun el juego. Puede ocultarse bajo una práctica supuestamente "religiosa", como enterrar estatuitas de San José para poder vender una casa. Aun cuando la mayoría de las supersticiones son inofensivas y pueden ser sólo pecados veniales, el guiar la vida propia por la superstición es muy grave y puede constituir un pecado mortal.

▲   Cuando un individuo jura formalmente decir la verdad, toda la verdad y nada más que la verdad "y si así no lo hiciere, Dios......me lo demande", está obligado, por el segundo mandamiento (y también por el octavo) a no mentir ni ocultar información por medio de una "reserva mental".

▲   El santificar el Sabbath no significa sólo hacer algo especial el domingo, sino también vivir el resto de la semana en una forma que no contradiga ni desmienta aquello que profesamos y adoramos el domingo.

*

Sección 35
El cuarto mandamiento

Hijo mío, cuida de tu padre cuando llegue a viejo; mientras viva, no le causes tristeza. Si se debilita su espíritu, aguántalo; no lo desprecies porque tú te sientes en la plenitud de tus fuerzas. El bien que hayas hecho a tu padre no será olvidado; se te tomará en cuenta como una reparación de tus pecados. En el momento de la adversidad será un punto a tu favor, y tus pecados se derretirán como hielo al sol. Abandonar a su padre es como insultar al Señor; el Señor maldice al que ha sido la desgracia de su madre. (Sir 3, 12-16).

Cuando Dios envió a su Hijo al mundo lo envió como miembro de una familia. Jesús tuvo una madre humana y un padre adoptivo humano, y eligió estar sujeto a ellos. Haciéndolo, nos enseñó la importancia que Dios concede a la familia. Por medio de su vida en Nazaret, como miembro de la Sagrada Familia, Cristo santificó la vida familiar y nos dio un ejemplo de lo que debería ser esa vida. Nos enseñó la dignidad de la paternidad y la maternidad por la reverencia que demostró a María y a José, a quienes trataba como representantes de su Padre.

Mediante el cuarto mandamiento, Dios nos recuerda que, como sus hijos, debemos respetar la autoridad dentro de la familia honrando y obedeciendo a nuestros padres. Nos recuerda también que debemos respetar y obedecer a sus otros representantes, que ejercen la autoridad legal sobre nosotros en la gran familia de Dios.

1. ¿Cuál es el significado de la familia?

Una pareja (marido y mujer) unidos en matrimonio, y sus hijos, forman una familia cuyos miembros son iguales en dignidad. Es una sociedad natural y, como tal, debe ser preservada y protegida por la ley civil y el gobierno.

2. ¿Cuál es el cuarto mandamiento?

"Respeta a tu padre y a tu madre, para que se prolongue tu vida sobre la tierra que Yavé, tu Dios, te da" (Ex 20, 12).

Todos estamos obligados, por este mandamiento, a obedecer a toda autoridad legal, y a ejercerla con conciencia.

Los padres cumplen este mandamiento cuidando las necesidades espirituales y materiales de sus hijos; dándoles afecto, protección, disciplina, educación y buen ejemplo, y preparándolos para vivir como hijos de Dios en este mundo, alcanzando así la unión eterna con Dios.

Los hijos e hijas cumplen este mandamiento obedeciendo, honrando y respetando a sus padres, y cuidando de ellos en su ancianidad.

3. ¿A quién debemos obedecer?

a) Los hijos menores dependientes de sus padres deben obedecerlos en todo lo que no esté en oposición a la ley de Dios.

b) Debemos obedecer a la Iglesia. Cristo actúa a través del Papa y del gobernador espiritual de la diócesis, el obispo:

" Y ahora yo te digo: Tú eres Pedro (o sea Piedra), y sobre esta piedra edificaré mi Iglesia; los poderes de la muerte jamás la podrán vencer. Yo

te daré las llaves del Reino de los Cielos: lo que
ates en la tierra quedará atado en el Cielo, y lo
que desates en la tierra quedará desatado en el
Cielo". *(Mt 16, 18-19).*

c) Debemos obedecer al gobierno civil, a menos
que una ley contradiga la ley de Dios. El que una ley
nos obligue bajo pena de pecado, o que sólo obligue
nuestra obediencia bajo amenaza de castigo, depen-
derá de las circunstancias particulares.

**4. ¿Nos obliga el cuarto mandamiento a amar a
nuestra patria?**
El cuarto mandamiento nos obliga a cumplir nuestras obligaciones como ciudadanos de nuestro país, a
respetar sus leyes e instituciones, a cooperar en el
bien común, y a amar y defender a nuestro país
cuando la causa y los medios que emplee sean justos.

5. Existen límites a esta obligación?
"El ciudadano tiene obligación, en conciencia, de
no seguir las prescripciones de las autoridades civiles cuando estos preceptos son contrarios a las exigencias del orden moral, a los derechos fundamentales de las personas o a las enseñanzas del Evangelio". Catecismo de la Iglesia Católica — 2242.

PRÁCTICA

▲ El derecho y el deber de educar a los hijos
pertenece a los padres. Los padres, por lo tanto, no
deben dejar la educación religiosa totalmente a cargo de la escuela o del programa de educación religiosa. La educación religiosa está destinada a ayudar a
los padres, no a suplirlos en este importante deber.

"La familia recibe, por tanto, inmediatamente
del Creador la misión y por esto mismo el derecho, de educar a la prole; derecho irrenunciable

por estar inseparablemente unido a una estricta obligación y derecho anterior a cualquier otro derecho del Estado y de la sociedad y, por lo mismo, inviolable por parte de toda potestad terrena" (Encíclica *Divini Illius Magistri* sobre la Educación Cristiana de la Juventud – (27) - Pío XI-) (31/12/1929).

▲   Los padres tienen una gran responsabilidad ante sus hijos, por la importancia que tiene darles un buen ejemplo. Es poco realista suponer que los niños van a desarrollar una actitud recta en lo que se refiere al respeto por la ley, el empleo del dinero, el respeto por los otros, la tolerancia, etc., si sus padres demuestran poseer actitudes no-cristianas hacia esos problemas.

▲   Es en el tema de la plegaria y de los sacramentos donde más se advierte el daño o el bien que puede hacer el ejemplo de los padres. Los padres a los que nunca se ve rezar, que no van siempre a Misa, que raramente reciben la Santa Comunión, no pueden esperar que sus hijos desarrollen buenos hábitos en relación con la oración y los sacramentos. Por otra parte, los padres que rezan y enseñan a sus hijos a rezar y que reciben la Comunión cada vez que asisten a Misa, dan un excelente ejemplo a sus hijos y están en una buena posición para alentarlos a hacer lo mismo.

▲   Uno de los deberes que tenemos como ciudadanos de nuestro país es el de votar y de hacerlo con inteligencia. Actualmente existen organizaciones que nos pueden dar información sobre los candidatos a un cargo. Un buen cristiano debe tomar su privilegio de votar con seriedad y ejercerlo con sabiduría. Recordando que nuestro Señor nos llamó "la sal de la tierra" y "la luz del mundo", los buenos cristianos deben mostrar interés y participar en la vida cívica.

Sólo así podemos esperar llevar los principios de Cristo a nuestra comunidad.

▲   Los padres deben respetar la elección vocacional de sus hijos. A veces los padres se equivocan empujando a sus hijos a seguir carreras que son meramente lucrativas, en lugar de aquellas que contribuyen al bienestar de la sociedad, como la docencia, la enfermería, o la vida religiosa.

*

Sección 36
El quinto mandamiento

"Ustedes han escuchado lo que se dijo a sus antepasados: 'No matarás; el homicida tendrá que enfrentarse a un juicio' Pero yo les digo: Si uno se enoja con su hermano, es cosa que merece juicio. El que ha insultado a su hermano, merece ser llevado ante el Tribunal Supremo; si lo ha tratado de renegado de la fe, merece ser arrojado al fuego del infierno. Por eso, si tú estás para presentar tu ofrenda en el altar, y te acuerdas de que tu hermano tiene algo contra ti, deja allí mismo tu ofrenda ante el altar, y vete antes a hacer las paces con tu hermano; después vuelve y presenta tu ofrenda. Trata de llegar a un acuerdo con tu adversario mientras van todavía de camino al juicio. ¿O prefieres que te entregue al juez, y el juez a los guardias que te encerrarán en la cárcel? En verdad te digo: no saldrás de allí hasta que hayas pagado hasta el último centavo" (Mt 5, 21-26) .

Como miembros de la familia de Dios debemos tratar a todas las personas como hermanos y hermanas en Cristo y asistirlos en su camino por la vida y hacia el Padre. Debemos, por lo tanto, respetar los derechos de cada uno.

El quinto mandamiento nos recuerda que debemos vivir una vida de amor y cuidado cristiano dentro de la familia de Dios, y que no debemos dañar ni el cuerpo ni el alma de nuestro prójimo. El quinto mandamiento nos recuerda también que tenemos que reconocer que nuestras vidas pertenecen a Dios, y preservar nuestra propia salud y bienestar, no arriesgándola imprudente o innecesariamente.

1. ¿Cuál es el quinto mandamiento?

"No matarás" *(Ex 20, 13)*.

Observamos el quinto mandamiento preservando nuestra propia vida y respetando el derecho a la vida del prójimo. El fundamento de este mandamiento se encuentra en el hecho de que Dios es el origen y el destino de toda vida humana. Por lo tanto, toda vida humana es sagrada. Es por esta razón que dañar directamente la vida o la salud de otra persona es pecado.

2. ¿Cuáles son los pecados contra el quinto mandamiento?

Los pecados contra el quinto mandamiento son:

a) el asesinato;

b) el aborto;

c) la eutanasia;

d) el suicidio;

e) la mutilación del cuerpo;

f) arriesgar la propia vida sin razón suficiente;

g) comer y beber excesivamente (gula);

h) la ira, que lleva al odio, la venganza, las peleas y discusiones;

i) el abuso del cuerpo y de la mente por medio de las drogas y el alcohol.

3. ¿Está permitido en algún caso tomar la vida de otro?

No es pecado matar en defensa propia.

4. ¿Por qué están el aborto y la eutanasia en contra del quinto mandamiento?

La Iglesia enseña en términos muy claros que, desde el momento de la concepción, los derechos de una persona que aún no ha nacido —especialmente el derecho a la vida — deben ser respetados. Esto es también cierto en el caso de quienes están enfermos, débiles, ancianos, inválidos o moribundos. En consecuencia, todas las formas de aborto directo, eutanasia y suicidio asistido son moralmente inaceptables. La sociedad y el gobierno civil, lo mismo que los individuos, están obligados a respetar y reconocer esos derechos.

5. ¿En qué forma estamos obligados a preservar nuestra propia vida y nuestra salud?

Puesto que tanto la vida física como la salud nos han sido dadas por Dios como dones, estamos obligados a usar todos los medios ordinarios para preservarlas. No podemos, por lo tanto, arriesgar nuestra vida excepto por una razón suficiente, por ejemplo, para rescatar a otro. Ni tampoco podemos permitir que nuestro cuerpo sea mutilado ni privado de una función importante a menos que sea para salvar al cuerpo entero, por ejemplo, una amputación o una histerectomía en casos de cáncer.

Por otra parte, no estamos obligados a usar medios extraordinarios para preservar la vida, cuando esos medios sean poco útiles o provoquen sufrimientos indebidos. Sin embargo, la decisión de rehusar, en estos casos la ayuda médica, para uno mismo o para un ser querido, debe ser tomada sólo después de mucha oración y reflexión, y de consulta con otros.

6. ¿Es un pecado grave mutilar el cuerpo innecesariamente, privarlo de una función importante, o acortar la propia vida?

La esterilización, salvo en el caso de la ablación legítima de un órgano enfermo, es muy grave, porque cancela la posibilidad de formación de una nueva vida. El uso o tráfico de narcóticos ilegales es también moralmente ilícito, por el grave daño que provoca a uno mismo y a los demás. El suicidio, o simplemente el acortar conscientemente la propia vida, puede ser un pecado mortal.

7. ¿Es permisible participar en experimentos médicos, o donar órganos?

Si los experimentos médicos contribuyen a la curación de los individuos y al mejoramiento de la salud pública, si no involucran riesgos desproporcionados o evitables para el sujeto, y si éste ha dado su consentimiento por escrito, entonces son moralmente aceptables. Esto es también cierto de la donación de órganos.

8. ¿Qué es el odio?

Odiar es desear el mal a alguien. Es un acto de la voluntad, no de los sentimientos. No somos culpables de pecado porque sintamos aversión por algunas personas, mientras no alentemos ese sentimiento ni lo manifestemos. Estamos obligados a amar a nuestro prójimo, no a que nos guste. El que nos guste o no pertenece al dominio de los sentimientos y no está siempre bajo el control de la voluntad. Además, el que no seamos capaces de gustar de una persona no es incompatible con amarla.

9. La guerra, ¿es moralmente aceptable?

La paz es el contexto necesario para que sea preservada y potenciada la dignidad de la persona humana y de la sociedad. Para que prevalezca la paz, deben ser cumplidas las demandas de la justicia. A causa de los males asociados con la guerra, debemos trabajar por la paz. Es posible, sin embargo, que cuando se han agotado todos los esfuerzos por mantener la paz, un gobierno se vea obligado a usar la fuerza militar para la legítima defensa. Las condiciones necesarias para justificar el uso de la fuerza militar están contenidas en lo que se conoce como la teoría de la "guerra justa". De acuerdo con esa teoría deben existir, al mismo tiempo, los siguientes riesgos:

a) que el daño que el agresor pueda ocasionar a la nación o a la comunidad de naciones sea grave, duradero y cierto;

b) que haya sido demostrado que otros medios de poner fin al conflicto no son ni prácticos ni eficientes;

c) que estén presentes todas las condiciones serias para el éxito;

d) que el uso de las armas no traiga males y desórdenes más graves que aquellos que se pretende eliminar (en la evaluación de esta condición juega muy fuertemente el poder de las armas modernas de destrucción).

Una vez iniciada la guerra, la ley moral —incluido el quinto mandamiento— sigue todavía en efecto y debe ser observada.

10. ¿Está obligado un cristiano a hacer el servicio militar?

El estado, para proteger el bien común y asegurar la paz, puede imponer a sus ciudadanos la obligación de hacer el servicio militar. Al mismo tiempo, debe dispensar del uso de las armas a aquellos que, por razones de conciencia, declaran que no quieren hacerlo. Los objetores, sin embargo, pueden ser obligados a servir a la nación de alguna otra forma.

11. ¿Están los prejuicios religiosos y raciales en contra del quinto mandamiento?

El prejuicio es una emoción irracional, opuesta siempre a la caridad. Juzgar y condenar a una persona porque pertenece a determinado grupo religioso, nacionalidad o raza, daña a esa persona. La manifestación de ese prejuicio mediante nuestras acciones daña los sentimientos de nuestro prójimo y es, por lo tanto, un pecado contra la caridad. Negar a una persona sus derechos es un pecado contra la justicia, además de contra la caridad. Esto es particularmente cierto en el caso de quienes se unen a una organización (como el partido Nazi o el Ku Klux Klan) que promueve el odio racial, étnico o religioso.

12. ¿Podemos vengar las afrentas, o negarnos a perdonarlas?

Jesús insistió en que nuestros pecados no serán perdonados por Dios a menos que nosotros perdonemos a quienes nos ofenden. *"Porque si ustedes perdonan a los hombres sus ofensas, también el Padre celestial les perdonará a ustedes. Pero si ustedes no perdonan a los demás, tampoco el Padre les perdonará a ustedes"* (Mt 6, 14-15).

13. ¿Qué es el escándalo?

El escándalo es cualquier mala acción —o que tenga la apariencia del mal—, que provoque en otro un daño espiritual. El mal ejemplo es frecuentemente escandaloso, puesto que puede fácilmente arrastrar a otra persona a la misma falta.

El escándalo dado a los jóvenes es particularmente grave : *"El que haga caer a uno de estos pequeños que creen en mí, sería mejor para él que le ataran al cuello una gran piedra de moler y lo echaran al mar"* (Mc 9, 42).

14. ¿Qué gravedad tienen los pecados del odio, el escándalo, la colaboración en el pecado y las palabras y acciones contrarias a la caridad?

La gravedad de esos pecados está determinada por la gravedad del daño hecho a nuestro prójimo. Desear un daño grande a otro, colaborar con alguien en un pecado grave, dar seriamente escándalo, o hablar y actuar contra nuestro prójimo de forma tal que lo dañe seriamente, pueden ser todos pecados mortales contra el quinto mandamiento.

PRÁCTICA

▲ En el campo de las relaciones interraciales los cristianos tienen una gran oportunidad de dar al mundo un ejemplo de justicia y de caridad. Sería algo muy chocante si la conducta de un cristiano con respecto a la segregación y a otras injusticias no fuera diferente de la de los demás. No debemos olvidar nunca que Cristo dijo: *"En esto reconocerán todos que son mis discípulos, en que se amen unos a otros."* (Jn 13, 35).

▲ Los cambios en nuestro conocimiento o en las circunstancias pueden hacer más profunda nuestra comprensión de la ley moral. Con respecto a la moralidad de la pena de muerte, el Papa Juan Pablo II dijo recientemente: "(respecto a este tema)... hay, tanto en la Iglesia como en la sociedad civil, una tendencia progresiva a pedir una aplicación muy limitada e, incluso, su total abolición... gracias a la organización cada vez más adecuada de la institución penal, esos casos (en los cuales la eliminación del reo es de absoluta necesidad, es decir, cuando la defensa de la sociedad no sea posible de otro modo) son ya muy raros, por no decir prácticamente inexistentes"— Encíclica *Evangelium Vitae* sobre el valor y el carácter inviolable de la vida humana (Juan Pablo II – 1995)

*

Sección 37
El sexto y el noveno mandamientos

¿No saben que su cuerpo es templo del Espíritu Santo que han recibido de Dios y que está en ustedes? Ya no se pertenecen a sí mismos. Ustedes han sido comprados a un precio muy alto; procuren, pues, que sus cuerpos sirvan a la gloria de Dios (1 Cor 6, 19-20).

Nuestro Padre nos ha dado un mundo en el cual la habilidad y el arte humano pueden aumentar el orden y la belleza de su creación. Pero Dios no se conforma con permitirnos compartir su creación simplemente como obreros y artistas, sino que quiere dar a los hombres la participación en el poder del amor divino y en la creación de nuevos seres humanos. Es por eso que ha dado al hombre el maravilloso don de la sexualidad.

La sexualidad humana es profundamente hermosa y misteriosa. El intercambio sexual es el medio por el cual una pareja casada, con la bendición de Dios, se dan mutuamente en el amor, encontrando su plenitud en el otro y una unión más cercana con Dios a través del otro. Este es también el medio por el cual ambos traen una nueva vida al mundo.

Entre todos los poderes que tenemos, el poder de la sexualidad humana es extraordinario. Es el único don que tenemos que no podemos usar para nuestro solo provecho. Utilizamos el poder de nuestros cinco sentidos para traer el mundo exterior a nuestra mente. Usamos el poder de nutrirnos para construir nuestro propio cuerpo. Pero tenemos el poder de la sexualidad humana sólo para darnos a otra persona en una unión de cuerpo y alma que dure toda la vida y que pueda (y a veces lo hace) dar como resultado la creación de una nueva vida.

El amor siempre encuentra su expresión en el intento de dar. Damos regalos a quienes amamos, regalos de atención, de interés, de tiempo. Damos a quienes amamos, y cuanto más profundo es el amor, más precioso y personal es el regalo.

Somos, de alguna manera, misteriosa, extraña, profunda, nuestra propia sexualidad. Las palabras "íntimo, privado, personal" aplicadas a la capacidad sexual, dan testimonio de este hecho. De esta manera el sexo es el medio por el cual marido y mujer pueden entregarse uno al otro de un modo especial y único.

La actividad sexual, por lo tanto, no es sólo un medio de conseguir placer, aunque ciertamente lo es también, cuando se hace de una manera amante y mutuamente sensible. El sexo es algo sagrado, la máxima forma que tienen los esposos de decirse mutuamente: "Te amo".

Es sólo el mal uso del sexo el que es vergonzoso, más aún por ser el uso inadecuado de algo sagrado. El sexto y noveno mandamientos son una prohibición contra el mal uso del sexo, tanto en actos como en pensamientos. Nos enseñan que el sexo en los seres humanos nunca puede estar divorciado del amor. El mal uso del sexo es un pecado contra el amor, no sólo contra el amor divino —como todo pecado— sino también contra el amor humano.

1. ¿Cómo debemos comprender la sexualidad humana?

Nuestra comprensión de la sexualidad humana comienza con Dios, que es amor, a cuya imagen y semejanza fuimos creados. El Dios trino "vive un misterio de comunión personal de amor", e "inscribe en la humanidad del hombre y de la mujer la vocación, y consiguientemente la capacidad y la responsabilidad del amor y de la comunión". Exhortación Apostólica Postsinodal *Familiaris Consortio* sobre la Misión de la Familia Cristiana en el Mundo Actual – Juan Pablo II – 1981.

Es este mismo acto creativo de Dios el que nos creó hombre y mujer. De hecho, puesto que la persona humana es una unidad de cuerpo y alma, "la sexualidad abraza todos los aspectos de la persona humana... Concierne particularmente a la afectividad, a la capacidad de amar y de procrear y, de manera más general, a la aptitud para establecer vínculos de comunión con otro". Catecismo de la Iglesia Católica — 2331, 2332.

Esta visión de la sexualidad implica también una misma dignidad personal y complementariedad entre hombres y mujeres.

2. ¿Cuáles son el sexto y el noveno mandamientos?

"No cometas adulterio..."
"No codicies la mujer de tu prójimo" (Ex 20, 14-17).

Estos dos mandamientos nos exigen respetar la sexualidad humana y emplearla en el modo deseado por Dios, llamándonos a una vida de castidad, de fidelidad y de plenitud en todas nuestras relaciones personales.

3. ¿Qué es la castidad?

La castidad es la integración de nuestra sexualidad con todos los demás aspectos de nuestro ser persona. Se alcanza usando nuestra libertad humana para lograr el auto-control, informado por la virtud de la templanza, para responder a los desafíos sexuales que encontramos en las distintas etapas de la vida. La castidad es una característica de todas las personas, cada una de acuerdo con su estado en la vida, ya sea soltera, casada o con votos religiosos.

4. ¿ Cuáles son los pecados contra el sexto y el noveno mandamientos?

Todo lo que se oponga a la virtud de la castidad es un pecado contra el sexto y el noveno mandamiento. Dichos pecados incluyen la concupiscencia, la masturbación, la fornicación, el adulterio, los actos homosexuales, la pornografía, la prostitución, la violación y el incesto.

¿No saben acaso que los injustos no heredarán el Reino de Dios? No se engañen: ni los que tienen relaciones sexuales prohibidas, ni los que adoran a los ídolos, ni los adúlteros, ni los homosexuales y los que sólo buscan el placer, ni los ladrones, ni los que no tienen nunca bastante, ni los borrachos, ni los chismosos, ni los que se aprovechan de los demás heredarán el Reino de Dios. Tal fue el caso de algunos de ustedes, pero han sido lavados, han sido santificados y rehabilitados por el Nombre de Cristo Jesús, el Señor, y por el Espíritu de nuestro Dios (1 Cor 6, 9-11) (cf. también Gal 5, 19-24, Ef 5, 5).

5. ¿Por qué es moralmente malo el control artificial de la natalidad?

El uso del control artificial de la natalidad —ya sea mediante drogas o por medios mecánicos— es condenado por la Iglesia porque separa el acto sexual del acto de procreación. Es por ello un pecado contra la virtud de la castidad, aún cuando sea empleado por parejas casadas.

6. ¿Qué es la Planificación Familiar Natural?

La Iglesia enseña que la responsabilidad en la procreación de los hijos es no sólo legítima, sino necesaria. Los problemas de salud (físicos y psíquicos), los problemas económicos, hasta la superpoblación, pueden ser todas ellas razones para que las parejas decidan limitar el número o espaciar los nacimientos de sus hijos. En estos últimos años los científicos y médicos han aprendido a ayudar a las parejas a identificar y reconocer con cada vez mayor certeza los signos del tiempo fértil en la mujer. Las parejas que deseen tener hijos pueden entonces hacer el amor en esos días, mientras que las que deseen evitar el embarazo pueden hacerlo absteniéndose de relaciones sexuales en ellos. La Planificación Familiar Natural trabaja de acuerdo y en colaboración con las funciones corporales normales, y está aprobado por la Iglesia.

7. Las demostraciones de afecto entre personas solteras, ¿están en contra de la virtud de la castidad?

Las demostraciones de afecto entre personas solteras son rectas y buenas mientras sean verdaderas demostraciones de afecto y no lleven a pensamientos o acciones contra la castidad.

8. ¿Por qué son pecado los pensamientos y deseos contra la castidad?

Cualquier deseo deliberado de cometer un acto pecaminoso en en sí un pecado. Si el acto que deseamos cometer fuera un pecado mortal, el deseo deliberado de cometerlo lo sería también (cf. Mt 5, 27-28).

Los pensamientos o fantasías de naturaleza sexual pueden fácilmente despertar sentimientos sexuales, especialmente en los jóvenes. En una persona soltera, que no tiene derecho al uso del sexo, el consentir a esos sentimientos sería un pecado.

La pornografía es otro problema moral, porque los materiales sexualmente estimulantes pueden llevar fácilmente a las personas a desear pecaminosamente, y hasta a entrar en actos pecaminosos, ya sea solo o con otros.

Algunas personas tienen inclinación a pecar con otra persona del mismo sexo. Esas inclinaciones deben ser controladas antes de que causen daño moral a uno mismo o a otros. Pero, una vez afirmado esto, debemos decir que las personas homosexuales no eligen su condición. Como personas humanas que son, deben ser tratadas con todo respeto humano. La discriminación injusta contra ellas está prohibida por la ley de amor de Jesús.

9. ¿Qué es la virtud de la modestia?

La virtud de la modestia es la virtud que protege a la castidad, inclinándonos a cuidar nuestros sentidos para no invitar a la tentación, y a ser considerados en nuestro vestir y en nuestra conducta para no provocar la tentación en los demás. Los seres humanos sentimos naturalmente curiosidad por el sexo opuesto. Esto no es pecado a menos que lleve a deseos y actos pecaminosos. Las miradas, las lecturas y otras acciones que se opongan a la virtud de la modestia pueden ser pecado, dependiendo ello de las circunstancias.

10. La masturbación, ¿es pecado?

La masturbación es pecado porque es contraria al fin de la sexualidad. No implica la entrega mutua de amor del amor marital, ni está abierto a la procreación humana.

11. ¿Por qué se llama a veces al sexto mandamiento "el mandamiento difícil"?

A causa de los efectos del pecado original, el deseo de experimentar placer sexual fuera del matrimonio se despierta fácilmente en nosotros. Nuestros ojos, nuestros oídos, nuestro sentido del tacto, hasta nuestra imaginación pueden ponernos en contacto con gente o situaciones que estimulen nuestro impulso sexual. Sin embargo, entre las personas que no están casadas entre sí, y que no tienen derecho al uso del sexo, no puede haber un asentimiento deliberado a tales estímulos —y mucho menos una búsqueda de los mismos— sin pecado grave.

12. ¿Cómo preservamos nuestra castidad?

Preservamos nuestra castidad:

a) con el hábito de la plegaria y las oraciones en tiempo de tentación;

b) cultivando la devoción a nuestra santa Madre;

c) por medio de la frecuente recepción de los sacramentos de la Reconciliación y la Sagrada Eucaristía;

d) evitando las ocasiones próximas de pecado, como cierto tipo de libros, películas, entretenimientos y compañías.

PRÁCTICA

▲ Nuestra sociedad contemporánea tiene escaso respeto por la virtud de la castidad. Por lo tanto, padres y maestros deben tener especial cuidado en inculcar en los jóvenes una apreciación de esta importante virtud. La castidad debe ser presentada no como una represión de los instintos humanos sino como una virtud positiva, esencial a una plena masculinidad y femeneidad. Por sobre todo, deben enfatizar el hecho de que el sexo es algo bueno y santo, que no hay nada malo en ninguna parte del cuerpo, que el cuerpo —bueno por naturaleza— ha sido convertido en templo del Espíritu Santo. Si el sexo es presentado como bueno y sagrado, y se remarca su importancia en el matrimonio, puede ser fácil explicar por qué el mal uso del mismo es una trágica desgracia y no una desafiante aventura.

▲ Las parejas que tienen dificultades para comprender el problema del control de la natalidad deberían seguir los consejos del Papa Pablo VI y de Juan Pablo II, y pedir ayuda a Dios para responder a las enseñanzas de la Iglesia sobre este serio y delicado tema. Los Papas aconsejan fuertemente a tales parejas seguir recibiendo los sacramentos de la

Reconciliación y la Santa Comunión, que les darán las gracias que cada uno necesita.

▲ El abuso sexual y el acoso —en el trabajo o en la casa— son pecados contra el sexto y el noveno mandamiento. Los católicos deben ser ejemplares en su respeto hacia miembros del sexo opuesto y en su compromiso de no usar nunca el sexo como una fuerza degradante u opresora.

▲ El adulterio es un pecado especialmente grave por el impacto que tiene sobre las parejas y los hijos de ambas partes.

*

Sección 38
El séptimo y décimo mandamientos

Dijo Dios: "Hagamos al hombre a nuestra imagen y semejanza. Que tenga autoridad sobre los peces del mar y sobre las aves del cielo, sobre los animales del campo, las fieras salvajes y los reptiles que se arrastran por el suelo."
Y creó Dios al hombre a su imagen.
A imagen de Dios lo creó.
Macho y hembra los creó.
Dios los bendijo, diciéndoles: "Sean fecundos y multiplíquense. Llenen la tierra y sométanla. Tengan autoridad sobre los peces del mar, sobre las aves del cielo y sobre todo ser viviente que se mueve sobre la tierra." Dijo Dios: "Hoy les entrego para que se alimenten toda clase de plantas con semillas que hay sobre la tierra, y toda clase de árboles frutales. A los animales salvajes, a las aves del cielo y a todos los seres vivientes que se mueven sobre la tierra, les doy pasto verde para que coman." Y así fue (Gen 1, 26-30).

Nuestro Señor nos enseñó a ser pobres de espíritu. Esto significa que no debemos estar ni demasiado apegados ni demasiado deseosos de las cosas materiales. *¿De qué le serviría a uno ganar el mundo entero si se destruye a sí mismo? ¿Qué dará para rescatarse a sí mismo?* (Mt 16, 26).

Las posesiones materiales pueden distraernos de nuestros esfuerzos de alcanzar el cielo. Por otra parte, la Iglesia nos dice que es bueno que los hombres y mujeres provean para las necesidades propias y las de sus dependientes, reciban un salario justo, y tengan derecho a la propiedad privada. En efecto, la Iglesia pide constantemente una mejor distribución de la riqueza en la tierra. El séptimo y décimo mandamientos, sin embargo, regulan la posesión y el uso de las cosas que Dios ha confiado a nosotros y a los demás.

Existe mucha injusticia en el mundo moderno, por parte de individuos, de grupos y de gobiernos. Algunas personas son egoístas y avarientas. Algunos gobiernos aún niegan el derecho de los individuos a poseer propiedad productiva. La persona que roba (sea como ladrón, como empleador o como trabajador), el estado que priva injustamente al pueblo de lo que le pertenece, el joven que daña la propiedad, todos éstos ofenden el orden recto que Dios ha establecido entre sus hijos y las cosas que les ha dado para su uso.

1. ¿Cuáles son el séptimo y el décimo mandamientos?

"No robes..."
"No codicies la casa de tu prójimo... ni su buey ni su burro. No codicies nada de lo que le pertenece" (Ex 20, 15, 17).

Cumplimos el séptimo y el décimo mandamientos:
a) respetando la propiedad ajena;
b) pagando nuestras justas deudas;
c) siendo honestos en nuestros negocios;
d) pagando un salario justo a nuestros empleados;
e) cumpliendo con nuestro trabajo de acuerdo con nuestro salario;
f) cumpliendo nuestros compromisos y nuestros contratos;
g) devolviendo lo que hemos encontrado.

2. ¿Cuáles son los pecados contra el séptimo y el décimo mandamientos?

Los pecados contra el séptimo y el décimo mandamientos son:

a) robar;

b) estafar;

c) el vandalismo;

d) la aceptación de sobornos;

e) el uso de pesos y medidas falsos;

f) el cobro de precios exhorbitantes;

g) la pérdida de tiempo;

h) el trabajo realizado con descuido;

i) la violación de los contratos y compromisos;

j) la envidia por las posesiones ajenas.

3. ¿ Cómo se determina la gravedad de los pecados contra el séptimo mandamiento?

La gravedad de los pecados contra el séptimo mandamiento se determina por la gravedad del daño efectuado tanto al individuo como a la comunidad. Ordinariamente se considera grave si el perjuicio es equivalente al salario de un día de la parte damnificada. En muchos casos, el robar una cantidad considerable, aun de una persona rica o de una corporación, constituiría un pecado grave contra la justicia.

4. ¿Cuándo existe obligación de restituir o reparar?

Siempre que haya existido una violación a la justicia, debe hacerse una total restitución. El culpable de injusticia tiene en conciencia que restituir el objeto injustamente poseído, retenido o destruido. Esta restitución debe ser equivalente al valor que tenía en el momento en que fue sustraída, junto con el valor que pudiera haber adquirido naturalmente en ese tiempo.

La intención sincera de restituir el valor de los bienes robados es necesaria antes de que pueda ser perdonado un pecado contra la justicia. Si el culpable de una injusticia no puede ya restituir los bienes al dueño legítimo o a sus herederos, estará obligado a dar los bienes robados o su valor a los pobres, o a usarlos para una causa caritativa.

5. ¿Qué dice la Iglesia sobre el derecho a la propiedad privada?

La Iglesia sostiene que el derecho a la propiedad privada es un derecho natural, que no puede ser anulado. Esto no significa, sin embargo, que las personas puedan hacer con sus propiedades lo que ellas quieran, puesto que los bienes que nos han sido dados por la creación tienen como fin el bienestar de toda la familia humana. Es por lo tanto malo malgastar o emplear mal la propiedad, o usarla de manera que dañe a los demás. En algunos casos, el bien de la sociedad puede dictar que alguien renuncie a la posesión de determinada propiedad, pero sólo después de haber sido justamente compensado por ello.

"Tampoco quedan en absoluto al arbitrio del hombre los réditos libres, es decir aquellos que no le son necesarios para el sostenimiento decoroso y conveniente de su vida, sino que, por el contrario, tanto la Sagrada Escritura como los Santos Padres de la Iglesia evidencian con un lenguaje de toda claridad que los ricos están obligados por el precepto gravísimo de practicar la limosna, la beneficencia y la liberalidad" (Encíclica *Quadragesimo Anno*, sobre la Reestructuración del Orden Social – (50) – Pío XI – (15/5/1931).

Finalmente, nuestro respeto por la integridad de la creación requiere que las plantas, los animales y los seres inanimados reciban el respeto moral apropiado y sean usados de modo que mejore la calidad de toda vida, hoy y en el futuro.

6. La justicia entre dos individuos, ¿es la única forma de justicia que debe preocupar a los cristianos?

Los cristianos deben preocuparse por toda forma de justicia y de injusticia. Un orden social decente y humano es vitalmente necesario si queremos que todos los hombres puedan buscar a Dios con todo su ser.

...toda forma de discriminación en los derechos fundamentales de la persona, ya sea social o cultural, por motivos de sexo, raza, color, condición social, lengua o religión, debe ser vencida y eliminada por ser contraria al plan divino.

Más aún, aunque existen desigualdades justas entre los hombres, sin embargo, la igual dignidad de la persona exige que se llegue a una situación social más humana y más justa. Resulta escandaloso el hecho de las excesivas desigualdades económicas y sociales que se dan entre los miembros o los pueblos de una misma familia humana. Son contrarias a la justicia social, a la equidad, a la dignidad de la persona humana y a la paz social e internacional.

Las instituciones humanas, privadas o públicas, esfuércense por ponerse al servicio de la dignidad y del fin del hombre. Luchen con energía contra cualquier esclavitud social o política, y respeten, bajo cualquier régimen político, los derechos fundamentales del hombre. Más aún, estas instituciones deben ir respondiendo cada vez más a las realidades espirituales que son las más profundas de todas, aunque es necesario todavía largo plazo de tiempo para llegar al final deseado. Constitución Pastoral *Gaudium et Spes* sobre la Iglesia en el mundo actual — (29) — Vaticano II.

7. ¿Por qué la preocupación por la justicia es una preocupación religiosa?

La preocupación por la justicia es una preocupación religiosa porque lo fue para Jesús:

a) Jesús vino a liberar a todos los hombres y mujeres del pecado y de los efectos del pecado. La injusticia, la guerra, la discriminación, son todos efectos del pecado. Jesús quiere vencerlos. Las personas que no son libres a causa de condiciones políticas, económicas o sociales, las personas que sufren por la guerra y la agresión, necesitan experimentar la preocupación y el amor liberador de Jesús a través de las acciones de los miembros del cuerpo de Jesús, la Iglesia.

b) Jesús vino a unir a todos los hombres y mujeres. Toda forma de discriminación e injusticia los separa.

c) Jesús vino a establecer el Reino de Dios aquí en esta tierra. El Reino encontrará su culminación en la próxima vida, pero ha comenzado ya, y abraza todos los aspectos de la vida del hombre: el trabajo, la política, la educación, la recreación, al igual que la oración y las creencias religiosas.

8. ¿Qué dice la Iglesia acerca de la justicia?

En los últimos cien años papas y obispos han hablado una y otra vez acerca de los problemas sociales, subrayando los principios de justicia con respecto a los cuales el individuo y la sociedad deben juzgar sus normas. La persona que realmente desea vivir un compromiso bautismal debe familiarizarse con la enseñanza social reciente de la Iglesia contenida en los siguientes documentos:

a) Mater et Magistra: El Cristianismo y el Progreso Social (1961);

b) Pacem in Terris: Paz en la Tierra (1963);

c) Gaudium et Spes: Constitución Pastoral sobre la Iglesia en el Mundo Actual (1965);

d) Dignitas Humanae: Declaración sobre la Libertad Humana (1965);

e) Populorum Progressio: Sobre el Desarrollo de los Pueblos (1967);

f) Justicia Económica para Todos (1986);

g) Laborem Exercens: Sobre el Trabajo Humano (1981);

h) Sollicitudo Rei Socialis: Sobre la Preocupación Social (1987);

i) Centessimus Annus: Sobre el Centésimo Aniversario de la Rerum Novarum (1991);

j) Evangelium Vitae: El Evangelio de la Vida (1995).

Estos, al igual que otros documentos más breves y discursos de los papas y obispos, demuestran la obligación de los cristianos de comprometerse en la búsqueda de justicia, del derecho de la Iglesia de hablar sobre estos problemas, y de los lineamientos para ayudar a las personas a formar sus conciencias en estos temas.

PRÁCTICA

▲ La Iglesia sostiene el derecho de los trabajadores de afiliarse a sindicatos, y los alienta a tomar parte activa en ellos, no sólo para la protección de los mismos trabajadores sino también para el establecimiento de un orden económico caracterizado por la justicia, la tranquilidad y el orden. Con este mismo fin la Iglesia promueve la creación de asociaciones de empresarios que trabajen igualmente por la justicia, la tranquilidad y el orden.

▲ Las enseñanzas sociales de la Iglesia nos recuerdan que el propósito de la actividad económica es servir a los individuos y a la familia humana íntegra, que el trabajo humano puede ser un medio de santificación, que el Estado tiene un rol propio pero relativo en los temas económicos, que debe existir solidaridad entre las naciones y que estamos llamados a sentir un amor preferencial por los pobres.

▲ La tradición moral de la Iglesia nos recuerda el mal asociado a la avaricia y a la envidia, y el rol adecuado de un espíritu de desprendimiento de los bienes materiales, que nos permita centrarnos en nuestro destino final.

▲ El salario ideal es el que se paga teniendo en cuenta a la familia. El Papa Pío XI dijo : "El salario pagado al trabajador debe ser suficiente para la manutención de la persona y de su familia". Encíclica sobre la Reestructuración del Orden Social – Pío XI — 1931.

▲ La prevalencia de ciertas prácticas injustas no altera el hecho de que son pecados contra la justicia. Entre esas prácticas deberían encontrarse los tratos de negocios basados en este lema : "Que se cuide el comprador". Vender artículos defectuosos, cuyas fallas están cuidadosamente disimuladas, es injusto y por lo tanto no-cristiano.

▲ Robar al gobierno o a una corporación es tan pecaminoso como robar a un individuo. La excusa cínica: "todos lo hacen", no es digna de un cristiano.

▲ El décimo mandamiento contiene las semillas de su propio castigo. El desear los bienes del prójimo nos lleva a la insatisfacción con nuestras propias bendiciones y, por ello, a una infelicidad generalizada en nuestra propia vida.

*

Sección 39
El octavo mandamiento

Y todos tenemos nuestras fallas. El que no peca en palabras es un hombre perfecto de verdad, pues es capaz de dominar toda su persona. Poniendo un freno en la boca del caballo podemos dominarlo, y sometemos así todo su cuerpo. Lo mismo ocurre con los barcos: con un pequeño timón el piloto los maneja como quiere, por grandes que sean, aun bajo fuertes vientos. Así también la lengua es algo pequeño pero puede mucho; aquí tienen una llama que devora bosques. La lengua es un fuego, y es un mundo de maldad; rige nuestro organismo y mancha a toda la persona: el fuego del infierno se mete en ella y lo transmite a toda nuestra vida. Animales salvajes y pájaros, reptiles y animales marinos de toda clase han sido y de hecho son dominados por la raza humana. Pero nadie ha sido capaz de dominar la lengua. Es un azote que no se puede detener, un derrame de veneno mortal. Con ella bendecimos a nuestro Señor y Padre y con ella maldecimos a los hombres, hechos a imagen de Dios. De la misma boca salen la bendición y la maldición. Hermanos, esto no puede ser así. ¿Es que puede brotar de la misma fuente agua dulce y agua amarga? La higuera no puede producir aceitunas ni la vid higos, y lo salobre no dará agua dulce. (Sgo 3, 2-12).

Jesucristo es el camino, la verdad y la vida. Por ser la verdad misma, detesta la mentira y la hipocresía. Nuestro Señor fue siempre paciente con los pecadores, pero denunció una y otra vez con severidad a los mentirosos e hipócritas fariseos. Cristo espera que nosotros amemos la verdad, así como El la ama.

El octavo mandamiento nos recuerda que, como miembros de Cristo, debemos abstenernos de la mentira, del engaño y de la hipocresía. Esas cosas vienen del demonio, *"mentiroso y padre de toda mentira"* (Jn 8, 44); no tienen cabida en la familia de Dios.

Como miembros de Cristo, debemos estar atentos para proteger el buen nombre de los demás. Debemos imitar el ejemplo que Jesús nos dio en la Ultima Cena cuando, con la máxima delicadeza, hizo saber a Judas que tenía conciencia de su próxima traición, pero no lo señaló como traidor delante de los demás apóstoles.

1. ¿Cuál es el octavo mandamiento?

"No darás testimonio falso contra tu prójimo" (Ex 20, 16).

Observamos el octavo mandamiento diciendo la verdad y teniendo cuidado de no dañar el buen nombre de los otros.

2. ¿Cuáles son los pecados contra el octavo mandamiento?

Los pecados contra el octavo mandamiento son:
a) la mentira;
b) la calumnia;
c) la maledicencia;
d) revelar ciertos secretos (que puedan dañar a otro);
e) el perjurio.

3. ¿Qué es una mentira?

Una mentira es la expresión de algo que sabemos que es falso, hecha con la intención de engañar.

4. ¿Cuán grave es decir una mentira?

Decir una mentira es comúnmente un pecado venial. Si una mentira daña a otro seriamente o es dicha bajo juramento (perjurio), puede ser un pecado mortal.

5. ¿Está permitido decir alguna vez una mentira?

Nunca está permitido decir una mentira, aun para evitar un mal o realizar un bien. Cuando existe razón suficiente, sin embargo, podemos usar lo que se llama "reserva mental".

6. ¿Qué es una "reserva mental"?

Una reserva mental es el uso de una expresión que puede ser tomada en forma ambigua, o el acto de dejar algo sin decir. En la vida social y de negocios se emplean habitualmente muchas reservas mentales. Por ejemplo: "La señora García no se encuentra en casa", puede significar que verdaderamente no está, o considerarse como una forma aceptada de decir educadamente que no quiere recibir a quien pregunta.

Las reservas mentales pueden ser mucho más serias: por ejemplo, el hecho de no comunicar a un cliente un defecto en el producto que está llevando. En cualquier caso, las reservas mentales pueden usarse sólo cuando existe razón suficiente y cuando nadie es perjudicado por su uso.

7. ¿Qué es la calumnia?

Calumniar es mentir acerca de alguien de manera tal que se perjudique su buen nombre.

8. ¿Qué es la maledicencia?

La maledicencia es la innecesaria revelación de algo que es verdadero acerca de una persona, pero que daña su buen nombre.

9. ¿Qué gravedad tienen los pecados de calumnia y de maledicencia?

Tanto la calumnia como la maledicencia pueden ser pecados mortales, si lo declarado acerca de la otra persona es seriamente perjudicial para su reputación. Son pecados veniales si lo que se dice acerca del otro no es grave. El contar chismes, cuando constituye calumnia o maledicencia, es pecaminoso.

Quien ha cometido una falta de calumnia o maledicencia debe hacer todo el esfuerzo necesario para restaurar el buen nombre de la persona dañada. Para obtener el perdón de estos pecados, es necesario tener la resolución de hacer esta reparación.

10. ¿Cuál es la gravedad de no guardar un secreto?

La gravedad de faltar a la obligación de guardar un secreto está determinada por la importancia del secreto para la persona que nos lo confió, y por la gravedad del tema mismo del secreto.

El secreto del confesionario no puede ser violado nunca por el sacerdote, por ninguna razón, aun a costa de su vida.

PRÁCTICA

▲ Las columnas de chismes y las revistas tienen hoy tanto prestigio, que somos proclives a olvidar el hecho de que la revelación innecesaria de los pecados y los crímenes ajenos es injustificable, y puede ser gravemente pecaminosa. Un cristiano debe cuidarse de apoyar a las revistas difamatorias que se especializan en las insinuaciones, el escándalo y la maledicencia.

▲ Una exageración puede ser una mentira. Este hecho debe ser recordado no sólo en la vida social sino también en los negocios. No es justificado hacer alabanzas exageradas de un producto con el fin de hacer una venta. Los católicos deben recordar que un discurso honesto es el que debe caracterizarlos, tanto en la vida social como en las transacciones comerciales.

▲ Es muy fácil criticar y quejarse de los demás, discutir sus faltas sin necesidad, y juzgar sus acciones —en especial en su ausencia. Los católicos debemos, por el contrario, buscar los aspectos positivos de la persona a la cual se discute, y defenderla como querríamos que se nos defendiera a nosotros.

▲ Uno de los peores pecados contra el octavo mandamiento es la hipocresía. Cristo nos ordenó que viviéramos de acuerdo con lo que decimos creer. *"No bastará con decirme: ¡Señor!, ¡Señor!, para entrar en el Reino de los Cielos; más bien entrará el que hace la voluntad de mi Padre del Cielo"* (Mt 7, 21).

✻

Sección 40
La vida eterna

Después vi un cielo nuevo y una tierra nueva, pues el primer cielo y la primera tierra habían desaparecido, y el mar no existe ya. Y vi a la Ciudad Santa, la nueva Jerusalén, que bajaba del cielo, de junto a Dios, engalanada como una novia que se adorna para recibir a su esposo. Y oí una voz que clamaba desde el trono: "Esta es la morada de Dios con los hombres; él habitará en medio de ellos; ellos serán su pueblo y él será Dios-con-ellos; él enjugará las lágrimas de sus ojos. Ya no habrá muerte ni lamento, ni llanto ni pena, pues todo lo anterior ha pasado." (Ap 21, 1-4).

Cuando el Hijo de Dios vino a este mundo, lo hizo como un niño indefenso. Jesús vivió una vida de pobreza. Fue rechazado por la misma gente a quien vino a salvar. Y sin embargo, su muerte en la cruz, una humillación y fracaso aparentes, fue en realidad un triunfo glorioso.

Mientras vivió entre nosotros, Jesús profetizó que volvería a la tierra un día, no ya en medio de la pobreza y de la humillación, sino para juzgar a los vivos y a los muertos como "Señor del Cosmos y de la historia". Catecismo de la Iglesia Católica — 668.

La fe en la segunda venida de Cristo sostuvo a la Iglesia naciente hasta en sus horas más oscuras, en las que la persecución amenazaba con aniquilar a la comunidad cristiana que luchaba por sobrevivir. No obstante lo desesperado de su situación, los primeros cristianos no dejaron nunca de creer en la victoria final de Cristo.

Creían que se encontraban ya en *"la última hora"* (1 Jn 2,18). Actualmente comprendemos esa frase como queriendo expresar que la era final del mundo ya ha comenzado, aunque no se ha completado todavía.

Aun cuando reconocemos que éste es el tiempo del Espíritu Santo, tenemos también conciencia de que el nuestro es un tiempo de prueba, que afecta a la Iglesia y a toda la humanidad. Enfrentamos hoy poderosas y sutiles formas del mal que impregnan nuestra vida personal y social. No deberíamos descorazonarnos ante este hecho. Nuestro Señor nos avisó que estas cosas sucederían.

No debemos escatimar esfuerzo ni oraciones para extender el Reino de Dios en esta tierra, recordando al mismo tiempo que, por poderosos que sean sus enemigos, la victoria final será de Cristo. Volverá triunfante y glorioso. Sus enemigos serán vencidos para siempre, y aquellos que estén unidos con El y compartan su vida, compartirán su victoria eterna.

1. ¿Acabará algún día la misión de la Iglesia?

La misión de proclamar y santificar de la Iglesia acabará cuando el mundo llegue a su fin, pero su labor de alabar y glorificar a Dios continuará eternamente en el cielo.

2. ¿Cómo será la felicidad en el cielo?

Aún cuando el cielo sobrepasa la capacidad de comprensión humana, las Escrituras nos brindan una visión más profunda del misterio:

a) Creemos que en el cielo seremos felices de un manera mucho más intensa que la vivida anteriormente, aún en los momentos de máxima felicidad en la tierra. No habrá tristeza, ni dolor, ni privaciones ni necesidad.

"El enjugará las lágrimas de sus ojos. Ya no habrá muerte ni lamento, ni llanto ni pena, pues todo lo anterior ha pasado" (Ap 21, 4).

*Y por ahí regresarán los libertados por Yavé;
llegarán a Sión dando gritos de alegría, y con
una dicha eterna reflejada en sus rostros; la alegría y la felicidad los acompañarán y ya no
tendrán más pena ni tristeza (Is 35, 10).*

*Las almas de los justos están en las manos de
Dios y ningún tormento podrá alcanzarlos. A los
ojos de los insensatos están bien muertos y su
partida parece una derrota. Nos abandonaron:
parece que nada quedó de ellos. Pero, en realidad, entraron en la paz (Sab 3, 1-3).*

b) Habrá un reposo perfecto, no el reposo de la
inactividad, sino el que sigue a la perfecta satisfacción de todo anhelo, el que descubre el corazón en el
contento del amor perfecto. Como decimos en la
Misa que se ofrece en los funerales:

"Que los ángeles te conduzcan al paraíso; que
los mártires vengan a darte la bienvenida en tu
camino y te conduzcan a la ciudad santa, Jerusalén. Que el coro de los ángeles te reciba y que
junto con Lázaro, que una vez fue pobre, puedas
tener el descanso eterno".

c) Habrá una unión final y plena con Dios, fuente
de toda alegría y felicidad. En este mundo sólo podemos conocer a Dios a través de la fe. En el cielo lo
veremos como es, cara a cara, y nos sentiremos abru-
mados por su belleza y bondad.

*Así también en el momento presente vemos las co-
sas como en un mal espejo y hay que adivinarlas,
pero entonces las veremos cara a cara. Ahora conozco
en parte, pero entonces conoceré como soy conocido (1
Cor 13, 12).*

d) Habrá una comodidad y familiaridad completas
en nuestro conversar con Dios. La oración, frecuen-

temente dificultosa aquí en la tierra, y que requiere a veces gran aplicación y esfuerzo, será en el cielo una alegría suprema. Nuestra conversación con Dios será infinitamente más maravillosa que ninguna de las que hayamos tenido aquí en la tierra, aun con aquellas personas en cuya compañía hayamos gozado más.

e) Existirá un gran compañerismo con todos los miembros de la gran familia de nuestro Padre, los ángeles, los santos y todos aquellos que hayamos conocido y amado en este mundo. No habrá despedidas ni separaciones, ni fin del amor, paz y alegría que prevalecerán entre los hijos de Dios.

'f) Todo lo que encontramos agradable, hermoso o deseable en este mundo nos atrae porque es un débil reflejo de Dios. Tenemos momentos de exaltación, períodos de alegría y contento aquí en la tierra, pero nunca perduran. No pueden satisfacernos porque no pueden durar, y no duran. Si esos atisbos de la belleza y la amabilidad de Dios nos deleitan ahora, no podemos imaginar siquiera lo que será nuestra felicidad cuando contemplemos la realidad de Dios mismo, la inacabable fuente de toda felicidad, por toda la eternidad.

3. ¿Se acabará alguna vez el mundo?
El mundo, tal como lo conocemos, acabará algún día. Sin embargo, habrá *"un cielo nuevo y una tierra nueva"* (Ap 21,1), cuyos detalles están aún envueltos en el misterio.

4. ¿Cuándo acabará el mundo?
Sólo Dios conoce el día y la hora. Nuestro Señor habló del fin del mundo varias veces, pero, puesto que sus palabras son proféticas, son misteriosas y susceptibles de ser interpretadas en distintas formas.

Como Jesús después se sentara en el monte de los Olivos, los discípulos se acercaron y le preguntaron en privado: "Dinos cuándo ocurrirá todo eso. ¿Qué señales anunciarán tu venida y el fin de la historia?" Jesús les contestó: "No se dejen engañar cuando varios usurpen mi nombre y digan: Yo soy el Mesías. Pues engañarán a mucha gente. Ustedes oirán hablar de guerras y de rumores de guerra. Pero no se alarmen; todo eso tiene que pasar, pero no será todavía el fin. Unas naciones lucharán contra otras y se levantará un reino contra otro reino; habrá hambre y terremotos en diversos lugares. Esos serán los primeros dolores del parto. Entonces los denunciarán a ustedes, y serán torturados y asesinados. Todas las naciones los odiarán por mi causa. En esos días muchos tropezarán y caerán; de repente se odiarán y se traicionarán unos a otros. Aparecerán falsos profetas, que engañarán a mucha gente, y tanta será la maldad, que el amor se enfriará en muchos. Pero el que se mantenga firme hasta el fin, ése se salvará. Esta Buena Nueva del Reino será proclamada en el mundo entero, y todas las naciones oirán el mensaje; después vendrá el fin" (Mt 24, 3-14).

"Entonces, si alguien les dice: Miren, el Mesías está aquí o está allá, no le crean. Porque se presentarán falsos mesías y falsos profetas, que harán cosas maravillosas y prodigios capaces de engañar, si fuera posible, aun a los elegidos de Dios. Miren que yo se los he advertido de antemano. Por tanto, si alguien les dice: ¡Está en el desierto!, no vayan. Si dicen: ¡Está en tal lugar retirado!, no lo crean. Pues así como refulge el relámpago desde el oriente e inflama el cielo hasta el poniente, así será la venida del Hijo del Hombre. En otras palabras: "Donde hay un cadáver, allí se juntan los buitres." Después de esos días de angustia, el sol se oscurece-

rá, la luna perderá su brillo, caerán las estrellas del cielo y se bambolearán los mecanismos
del universo. Entonces aparecerá en el cielo la
señal del Hijo del Hombre. Mientras todas las
razas de la tierra se golpearán el pecho, verán al
Hijo del Hombre viniendo sobre las nubes del
cielo con el poder divino y la plenitud de la gloria. Enviará a sus ángeles, que tocarán la trom-
peta y reunirán a los elegidos de los cuatro puntos cardinales, de un extremo al otro del mundo"
(Mt 24, 23-31).

"Por eso estén despiertos, porque no saben en
qué día vendrá su Señor" (Mt 24, 42).

5. ¿Cómo interpretaron los primeros cristianos estas profecías?

Algunos de los primeros cristianos esperaban evi-
dentemente el fin del mundo en su propia vida, aun
cuando habían sido advertidos por San Pedro:

Sepan, en primer lugar, que en los últimos días
se presentarán burlones que no harán caso más
que de sus propias codicias, y preguntarán en
son de burla: "¿En qué quedó la promesa de su
venida? Desde que murieron nuestros padres en
la fe todo sigue igual que al comienzo del mundo." Estos quieren ignorar que al principio hubo
un cielo, y una tierra que surgió del agua y se
mantuvo sobre ella por la palabra de Dios.Y por
la misma palabra este mundo pereció anegado
por las aguas del diluvio. Del mismo modo ahora
la palabra de Dios es la que conserva nuestro
cielo y nuestra tierra, pero serán destruidos por
el fuego el día del Juicio, cuando los impíos también sean destruidos. No olviden, hermanos, que
ante el Señor un día es como mil años y mil años
son como un día. El Señor no se demora en cumplir su promesa, como algunos dicen, sino que es
generoso con ustedes, y no quiere que se pierdan

algunos, sino que todos lleguen a la conversión.
Llegará el día del Señor como hace un ladrón....
Mas nosotros esperamos, según la promesa de
Dios, cielos nuevos y una tierra nueva en que
reine la justicia.
Con una esperanza así, queridos hermanos, es-
fuércense para que Dios los encuentre en su paz,
sin mancha ni culpa. Así pues, queridos, estan-
do ya advertidos, tengan cuidado para que esa
gente extraviada no arrastre a los que estaban
firmes y los haga caer.(2 Pe 3, 3-10; 13-14; 17).

Sin embargo, es también claro que aun esos cristianos que, a lo largo de los siglos, no esperaban ver
la segunda venida de Cristo antes de su muerte, in-
tentaban igualmente vivir de manera tal que estu-
vieran preparados para ella. Y esperaban ansiosamente la segunda venida de Cristo como el cumplimiento final y glorioso de todo lo que un cristiano
podría desear.

6. ¿Cuál será el gran acontecimiento en el fin del mundo?

El gran acontecimiento será el retorno de Cristo a
la tierra. La labor de Cristo en este mundo no estará
cumplida hasta que vuelva gloriosamente a revelar
su triunfo a todos los hombres. El mismo describe
esta escena:

Cuando el Hijo del Hombre venga en su gloria
rodeado de todos sus ángeles, se sentará en el
trono de Gloria, que es suyo.Todas las naciones
serán llevadas a su presencia, y separará a unos
de otros, al igual que el pastor separa las ovejas
de los chivos. Colocará a las ovejas a su derecha
y a los chivos a su izquierda. Entonces el Rey
dirá a los que están a su derecha: "Vengan, ben-
ditos de mi Padre, y tomen posesión del reino
que ha sido preparado para ustedes desde el
principio del mundo.Porque tuve hambre y uste-

des me dieron de comer; tuve sed y ustedes me dieron de beber. Fui forastero y ustedes me recibieron en su casa. Anduve sin ropas y me vistieron. Estuve enfermo y fueron a visitarme. Estuve en la cárcel y me fueron a ver". Entonces los justos dirán: "Señor, ¿cuándo te vimos hambriento y te dimos de comer, o sediento y te dimos de beber? ¿Cuándo te vimos forastero y te recibimos, o sin ropa y te vestimos? ¿Cuándo te vimos enfermo o en la cárcel, y te fuimos a ver?" El Rey responderá: "En verdad les digo que, cuando lo hicieron con alguno de los más pequeños de estos mis hermanos, me lo hicieron a mí." Dirá después a los que estén a la izquierda: "¡Malditos, aléjense de mí y vayan al fuego eterno, que ha sido preparado para el diablo y para sus ángeles! Porque tuve hambre y ustedes no me dieron de comer; tuve sed y no me dieron de beber; era forastero y no me recibieron en su casa; estaba sin ropa y no me vistieron; estuve enfermo y encarcelado y no me visitaron." Estos preguntarán también: "Señor, ¿cuándo te vimos hambriento o sediento, desnudo o forastero, enfermo o encarcelado, y no te ayudamos?" El Rey les responderá: "En verdad les digo: siempre que no lo hicieron con alguno de estos más pequeños, ustedes dejaron de hacérmelo a mí". Y éstos irán a un suplicio eterno, y los buenos a la vida eterna. (Mt 25, 31-46).

7. El juicio que Cristo realice al fin del mundo, ¿será un verdadero juicio?

No será un verdadero juicio, en el sentido de que exista una decisión de Cristo en ese día. En el momento de la muerte todos recibiremos las consecuencias de nuestra aceptación o rechazo de la gracia de Dios en nuestras vidas. Cada uno de nosotros participará de las bendiciones de la vida eterna, ya sea inmediatamente, o después de un período de purificación (purgatorio), o podrá " incluso condenarse eternamente al rechazar el Espíritu de amor". Catecismo de la Iglesia Católica — 679.

Nada de lo que se decida en este "juicio particular" será cambiado en el juicio final, en el fin de los tiempos. Los condenados estarán todavía en el infierno y los salvados en el cielo. Cristo simplemente anunciará quién se ha salvado y quién se ha condenado.

8. ¿Qué significa la resurrección de los muertos?

En el fin del mundo se levantarán los cuerpos de los muertos. San Pablo, hablando de los cuerpos de los justos tras la resurrección, dice: *Porque es necesario que nuestro ser mortal y corruptible se revista de la vida que no conoce la muerte ni la corrupción.* (1 Cor 15, 53).

Nuestros cuerpos, luego de la resurrección, estarán espiritualizados. La belleza del alma brillará a través de ellos. En una palabra, nuestros cuerpos serán hermosos, como lo fue el de Cristo en la Transfiguración, y poseerán todas las cualidades del cuerpo de Cristo luego de la Resurrección.

9. ¿Cómo debemos prepararnos para la segunda venida de Cristo?

Nuestra preparación para el fin del mundo y la segunda venida de Cristo debe ser positiva, más que negativa. En lugar de temer el fin del mundo y buscar ansiosamente signos y portentos, debemos prepararnos para encontrar a nuestro Salvador, esforzándonos por llevar una vida santa, y cumpliendo con nuestra parte en la propagación del Reino de Dios. Con estas palabras de expectativa, San Juan termina el libro de la Revelación, el último libro de las Escrituras:

El que da fe de estas palabras dice:"Sí, vengo pronto." Amén.¡Ven, Señor Jesús!

Que la gracia del Señor Jesús esté con todos (Ap 22, 20-21).

PRÁCTICA

▲ Es alentador recordar que la victoria final será de Cristo, y que compartiremos esa victoria si permanecemos unidos a nuestro Salvador. Pero antes de la victoria final queda mucho por hacer. La Misión de la Iglesia nos obliga a proclamar constantemente el mensaje de amor y de perdón de Cristo, y a trabajar por la transformación del mundo. El triunfo final está asegurado pero, mientras tanto, Dios requiere nuestra colaboración. Existen otros —nuestros parientes, amigos y conocidos— que pueden llegar a amar más a Cristo, convertirse quizás en miembros de su Iglesia, si nuestro ejemplo y esfuerzos son lo que deben ser. Los demás tienen que poder ver que nuestras vidas se han enriquecido enormemente porque nos hemos unido al Cuerpo de Cristo. Deben poder ver en nuestras vidas la evidencia de aquella profunda unión con Dios que surge de la oración. Y deben poder ver que vivimos por la fe, que nos sostiene la esperanza, que practicamos el amor de Dios y del prójimo en nuestra vida diaria.

▲ Todos los medios que necesitamos para estar a la altura del gran desafío de vivir una vida cristiana están a nuestra disposición. Dios nos sostiene en nuestros esfuerzos. Ninguna oración queda sin respuesta. Y la ayuda de nuestros hermanos y hermanas en la gran familia de Dios llega a nosotros, si nos entregamos a la Comunión de los Santos.

▲ Los sacramentos dadores de vida están allí para otorgarnos santidad y fuerza. Debemos recibirlos a menudo. Por sobre todo, está allí la gran fuente de gracia y amor, la Eucaristía. Si queremos estar más profundamente unidos a Cristo y a nuestro prójimo, debemos tener como ideal la Misa y Comunión diaria.

▲ La asociación con nuestros hermanos en la comunidad de la fe nos brindará ayuda y aliento. Cuanto más profundamente entremos en la vida de la parroquia, más efectivos seremos como católicos. Debemos asumir nuestra parte en ella y en sus organizaciones.

▲ Finalmente, debemos recordar siempre las palabras del Papa Pío XII:

"No hay nada más glorioso, noble y honroso que formar parte de la Iglesia santa, católica, apostólica y romana, por medio de la cual somos hechos miembros de un solo cuerpo, dirigidos por una sola y excelsa Cabeza, penetrados de un solo y divino Espíritu y alimentados por una misma doctrina y un mismo angélico Pan, hasta que por fin gocemos en los cielos de una misma felicidad eterna" (Encíclica *Mystici Corporis Christi*, sobre el Cuerpo Místico de Cristo – (46) – Pío XII) (29/6/1943).

*

Oraciones Católicas

"Oren sin cesar" (1 Tes 5,17)

1. ¿Qué es la oración?

Santa Teresa del Niño Jesús, la Florecilla de Lisieux, lo expresó muy bien de este modo: "Para mí, la oración es un impulso del corazón, una sencilla mirada lanzada hacia el cielo, un grito de reconocimiento y de amor, tanto desde dentro de la prueba como desde dentro de la alegría" (ms.autob. C 25r).

2. ¿Por qué oramos?

Encontramos el origen de toda plegaria en el movimiento de Dios hacia nosotros, y en la invitación de Dios al encuentro con El. Oramos en respuesta a esta invitación.

3. ¿ En dónde podemos aprender a orar?

En primer lugar, aprendemos a orar del mundo de la naturaleza, que prácticamente nos exige que elevemos nuestras voces, en alabanza y acción de gracias a su Creador.

Aprendemos a orar leyendo las experiencias de oración que encontramos en las Escrituras Hebreas. Las plegarias de Jesús, que encontramos en las Escrituras Cristianas, son también excelentemente instructivas, al igual que las plegarias de María. También la liturgia de la Iglesia y las plegarias de sus santos son maestras de oración.

4. ¿ Cuáles son los distintos tipos de oración?

Desde los primeros tiempos de la Iglesia se reconocen cinco tipos distintos de oración:

a) adoración: reconocemos la grandeza del Dios trino; bendecimos a Dios por habernos bendecido.

b) petición: reconociendo nuestro estado de pecadores y nuestra dependencia como criaturas, pedimos la venida del Reino de Dios y todo lo necesario para que esa venida se realice.

c) intercesión: al igual que Jesús, elevamos nuestros corazones y nuestras mentes a Dios para expresar nuestra preocupación por los otros.

d) acción de gracias: todas nuestras acciones y necesidades se convierten en ocasión de dar gracias a Dios.

e) alabanza: unimos todas las demás formas de oración para proclamar la gloria de Dios.

5. ¿ A quién oramos?

El centro principal de nuestras plegarias es Dios Padre, pero podemos también dirigirlas a Jesús, Dios Encarnado, y al Espíritu que nos alienta a rezar. Podemos también dirigir nuestras oraciones a Dios por medio de María, Madre de Jesús, los santos y los ángeles.

6. ¿ Cómo podemos expresar nuestras plegarias?

La plegaria puede ser expresada en distintas formas:

a) plegaria oral: expresamos lo que sentimos en palabras, propias o ajenas.

b) meditación: todas nuestras facultades humanas se comprometen buscando comprender el verdadero significado de la vida cristiana.

c) contemplación o plegaria mental: una "conversación sin palabras" en la cual entramos en comunión con el misterio que es Dios.

7. ¿Es fácil orar?

Orar no siempre es fácil. En la plegaria podemos encontrar nuestra propia falta de fe, podemos distraernos por nuestras preocupaciones, o pensar que nuestra plegaria no es eficiente. La humildad —esto es, la verdadera confianza en Dios y el coraje de perseverar— nos abre al amor de Dios que puede superar esas dificultades.

SEÑAL DE LA CRUZ

En el nombre del Padre y del Hijo y del Espíritu Santo. Amén.

PADRE NUESTRO

Padre nuestro que estás en el cielo, santificado sea tu nombre; venga a nosotros tu Reino; hágase tu voluntad en la tierra como en el cielo. Danos hoy nuestro pan de cada día; perdona nuestras ofensas, como también nosotros perdonamos a los que nos ofenden; no nos dejes caer en la tentación y líbranos del mal. Amén.

AVE MARÍA

Dios te salve, María, llena eres de gracia, el Señor es contigo, bendita tú eres entre todas las mujeres y bendito es el fruto de tu vientre, Jesús. Santa María, Madre de Dios, ruega por nosotros pecadores, ahora y en la hora de nuestra muerte. Amén.

GLORIA

Gloria al Padre y al Hijo y al Espíritu Santo. Como era en el principio, ahora y siempre y por los siglos de los siglos. Amén.

CREDO DE LOS APÓSTOLES

Creo en Dios, Padre Todopoderoso, creador del cielo y de la tierra.

Creo en Jesucristo, su único Hijo, Nuestro Señor, que fue concebido por obra y gracia del Espíritu Santo, nació de santa María Virgen, padeció bajo el poder de Poncio Pilato, fue crucificado, muerto y sepultado, descendió a los infiernos, al tercer día resucitó de entre los muertos, subió a los cielos y está sentado a la derecha de Dios, Padre Todopoderoso. Desde allí ha de venir a juzgar a vivos y muertos.

Creo en el Espíritu Santo, la santa Iglesia Católica, la comunión de los santos, el perdón de los pecados, la resurrección de la carne y la vida eterna. Amén.

EL CREDO NICEANO

Creo en un solo Dios, Padre Todopoderoso, Creador del cielo y de la tierra, de todo lo visible y lo invisible.

Creo en un solo Señor, Jesucristo, Hijo único de Dios, nacido del Padre antes de todos los siglos: Dios de Dios, Luz de Luz, Dios verdadero de Dios verdadero, engendrado, no creado, de la misma naturaleza del Padre, por quien todo fue hecho; que por nosotros los hombres, y por nuestra salvación bajó del cielo, y por obra del Espíritu Santo se encarnó de María, la Virgen, y se hizo hombre; y por nuestra causa fue crucificado en tiempos de Poncio Pilato; padeció y fue sepultado, y resucitó al tercer día, según las Escrituras, y subió al cielo, y está sentado a la derecha del Padre; y de nuevo vendrá con gloria para juzgar a vivos y muertos, y su Reino no tendrá fin.

Creo en el Espíritu Santo, Señor y dador de vida, que procede del Padre y del Hijo, que con el Padre y el Hijo recibe una misma adoración y gloria, y que habló por los profetas. Creo en la Iglesia, que es una, santa, católica y apostólica. Confieso que hay un solo bautismo para el perdón de los pecados. Espero la resurrección de los muertos y la vida del mundo futuro. Amén.

PLEGARIA AL ESPÍRITU SANTO

Ven, Espíritu Santo, llena mi corazón con tus santos dones. Permite que mi debilidad se llene de tu fuerza, para que en este día pueda cumplir con esmero todos los deberes de mi estado; para que pueda hacer lo que es recto y justo.

Que mi caridad sea tan grande que no ofenda ni

hiera los sentimientos de nadie; que sea tan generosa que perdone con sinceridad toda ofensa recibida. Oh, Espíritu Santo, en todas las pruebas de la vida, ilumina mi ignorancia, aconséjame en mis dudas, fortalece mi debilidad, ayúdame en todas mis necesidades, protégeme de las tentaciones y consuélame en la tristeza.

Escúchame, Santo Espíritu, y derrama tu luz en mi corazón, mi alma y mi mente.

Ayúdame a llevar una vida santa y a crecer en bondad y gracia. Amén.

LAS ALABANZAS DIVINAS

Bendito sea Dios.

Bendito sea su Santo Nombre.

Bendito sea Jesucristo, verdadero Dios y verdadero hombre.

Bendito sea el nombre de Jesús.

Bendito sea su Sagrado Corazón.

Bendito sea Jesús en el Santísimo Sacramento del Altar.

Bendito sea el Espíritu Santo, el Paráclito.

Bendita sea la Madre de Dios, María Santísima.

Bendita sea su santa e Inmaculada Concepción.

Bendita sea su gloriosa Asunción.

Bendito sea el nombre de María, Virgen y Madre.

Bendito sea San José, su castísimo esposo.

Bendito sea Dios en sus ángeles y en sus santos.

Que el corazón de Jesús en el Santísimo Sacramento sea alabado, adorado y amado con agradecido afecto, en todo momento, en todos los tabernáculos del mundo, por los siglos de los siglos. Amén.

PLEGARIA A LA SANTÍSIMA TRINIDAD

El Padre es mi esperanza. El Hijo es mi refugio. El Espíritu Santo es mi protector. Gloria a la santa e indivisa Trinidad, ahora y siempre.

Alabemos al Padre y al Hijo y al Espíritu Santo; bendigamos y exaltemos por siempre a Dios en lo alto.

Todopoderoso y eterno Dios, a quien debemos la gracia de profesar la verdadera fe, concédenos que, reconociendo la gloria de la eterna Trinidad y adorando su unidad, podamos, por medio de tu majestuoso poder, ser confirmados en esta fe y defendidos contra toda adversidad, por Jesucristo nuestro Señor, que vive y reina contigo en la unidad del Espíritu Santo, un solo Dios, por los siglos de los siglos. Amén.

ORACIÓN PARA ANTES DE LA CONFESIÓN

Ven, Espíritu Santo, a mi alma. Ilumina mi mente para que conozca los pecados que debo confesar, y concédeme tu gracia para confesarlos plena y humildemente, y con corazón contrito. Ayúdame a resolver firmemente no cometerlos más.

Santísima Virgen, Madre de mi Redentor, espejo de inocencia y de santidad, refugio de pecadores penitentes, intercede por mí, para que por la Pasión de tu Hijo, pueda obtener la gracia de hacer una buena confesión.

Benditos ángeles y santos de Dios, oren por mí, miserable pecador, para que arrepentido de mi mala conducta, podamos estar entonces unidos en el amor eterno. Amén.

ACTO DE CONTRICIÓN

Dios mío, me arrepiento de haberte ofendido. Aborrezco todos mis pecados porque te ofenden a Ti, todo bondad y merecedor de todo mi amor. Resuelvo firmemente, con ayuda de tu gracia, no pecar más y evitar todo aquello que me lleve al pecado. Amén.

Pésame, Dios mío, y me arrepiento de todo corazón de haberte ofendido. Pésame por el infierno que merecí y por el cielo que perdí; pero mucho más me pesa porque pecando ofendí a un Dios tan bueno y tan grande como tú. Antes quería haber muerto que haberte ofendido y propongo firmemente no pecar más y evitar todas las ocasiones próximas de pecdo. Amén.

PLEGARIA ANTES DE LA SANTA COMUNIÓN

Ven, Bienaventurado Salvador, y nutre mi alma con el Alimento eterno, Alimento que contiene toda dulzura y toda delicia. Ven, Pan de los Angeles, y satisface el hambre de mi alma.

Ven, brillante hoguera de Caridad, y enciende en mi alma la llama del amor divino.

Ven, Luz del mundo, e ilumina la oscuridad de mi mente.

Ven, Rey de Reyes, y hazme obediente a tu santa voluntad.

Ven, Salvador amante, y hazme manso y humilde.

Ven, Amigo de los Enfermos, y cura los males de mi cuerpo y la debilidad de mi alma.

Ven, Buen Pastor, mi Dios y mi Todo, y llévame a Ti. Oh, santísima Madre, María Inmaculada, prepara mi corazón para recibir a mi Salvador. Amén.

PLEGARIA DESPUÉS DE LA SANTA COMUNIÓN

Señor, ayúdame a quitar de mi mente todo pensamiento u opinión que no apruebes; de mi corazón todo sentimiento que no sea de tu agrado.

Concédeme pasar las horas del día trabajando contigo con alegría, de acuerdo con tu voluntad.

Ayúdame hoy y acompáñame en este día.

En las largas horas de trabajo, para que no afloje ni me canse de servirte.

En las conversaciones, para que no sean ocasión de faltar a la caridad.

En las preocupaciones y frustraciones del día, para que sea paciente conmigo y con quienes me rodean.

En los momentos de cansancio y enfermedad, para que piense en los problemas de los demás antes que en los míos.

En las tentaciones, para que sea generoso y fiel y, cuando el día acabe, pueda ponerlo a tus pies, con los éxitos –que son todos tuyos– y los fracasos —que son todos míos– y sentir que la vida es verdadera, pacífica y bendita cuando la vivo contigo como Huésped de mi alma. Amén.

PLEGARIA A JESÚS EN LA EUCARISTÍA
Alma de Cristo, santifícame.
Cuerpo de Cristo, sálvame.
Sangre de Cristo, embriágame.
Agua del costado de Cristo, lávame.
Pasión de Cristo, confórtame.
¡Oh, buen Jesús, óyeme!
Dentro de tus llagas escóndeme.
No permitas que me separe de ti.
Del enemigo maligno defiéndeme.
En la hora de mi muerte,
llámame y mándame ir a ti,
para que con tus santos te alabe,
por los siglos de los siglos. Amén.

OFERTORIO DE LA MAÑANA
Oh, Jesús, por medio del Inmaculado Corazón de María, te ofrezco mis plegarias, trabajos, alegrías y sufrimientos de este día, en unión con el Santo Sacrificio de la Misa en toda la tierra. Los ofrezco por las intenciones de todos nuestros obispos y por todos nuestros hermanos, y en particular por aquellas intenciones recomendadas este mes por nuestro Santo Padre. Amén.

BENDICIÓN (ANTES Y DESPUÉS) DE LA COMIDA
Bendícenos, Señor, a nosotros y a estos dones tuyos que hemos recibido de tu generosidad. Por Jesucristo nuestro Señor. Amén.

Te damos gracias, Dios Todopoderoso, por todos tus beneficios. Tú que vives y reinas por los siglos de los siglos. Que las almas de los fieles que nos precedieron, por la gracia de Dios, descansen en paz. Amén.

PLEGARIA DE LA NOCHE

Oh, Dios, otro día acaba y te llamo una vez más. Te alabo por el amor y la bondad que me has demostrado a lo largo de este día.

Ayúdame a hacer tu voluntad y a esforzarme por ser lo que Tú quieres que sea.

Cuida a mis seres queridos, y guárdalos junto a Ti.

Permite que me despierte en la mañana recuperado en cuerpo y espíritu, agradecido por otro día en tu gracia. Amén.

SALVE

Dios te salve, Reina y Madre de misericordia; vida, dulzura y esperanza nuestra, Dios te salve. A ti clamamos los desterrados hijos de Eva; a ti suspiramos, gimiendo y llorando en este valle de lágrimas. Ea, pues, Señora, abogada nuestra, vuelve a nosotros esos tus ojos misericordiosos y, después de este destierro, muéstranos a Jesús, fruto bendito de tu vientre. ¡Oh, clementísima, oh piadosa, oh dulce Virgen María! Ruega por nosotros, santa Madre de Dios, para que seamos dignos de alcanzar las promesas de nuestro Señor Jesucristo.

Todopoderoso y eterno Dios, que con la cooperación del Espíritu preparaste el cuerpo y el alma de la gloriosa Virgen Madre María para que fuera una morada adecuada para tu Hijo, concédenos que quienes nos regocijamos en su memoria podamos ser liberados por sus amables oraciones de los males presentes y de la muerte eterna, por el mismo Jesucristo nuestro Señor. Amén.

MEMORARE

Acordaos, oh piadosísima Virgen María, que jamás se ha oído decir que ninguno de los que han acudido a vuestra protección, reclamando vuestra asistencia e implorando vuestro socorro, haya sido abandonado de Vos. Animado por esta confianza, a Vos también acudo, ¡oh, Virgen!, Madre de las Vírgenes, y aunque gimiendo bajo el peso de mis pecados,

me atrevo a aparecer ante vuestra presencia sobera-
na. No despreciéis mis súplicas, ¡oh, Madre de Dios!,
antes bien escuchadlas y acogedlas benignamente.
Amén.

(San Bernardo de Claraval)

LETANÍA DE LOS SANTOS

Señor, ten piedad de nosotros.

> *(Señor, ten piedad de nosotros).*

Cristo, ten piedad de nosotros.

> *(Cristo, ten piedad de nosotros).*

Señor, ten piedad de nosotros.

> *(Señor, ten piedad de nosotros).*

Santa María, Madre de Dios,

> *(Ora por nosotros).*

San Miguel,
Santos Angeles de Dios,
San José,
San Juan Bautista,
San Pedro y San Pablo,
San Andrés,
San Juan,
Santa María Magdalena,
San Esteban,
San Ignacio,
San Lorenzo,
Santa Perpetua y Santa Felicitas,
San Inés,
San Gregorio,
San Agustín,
San Atanasio,
San Basilio,
San Martín,
San Benito,
San Francisco y Santo Domingo,
San Francisco Javier,
San Juan Vianney,
Santa Catalina,
Santa Teresa,
Todos vosotros santos de Dios,

Señor, ten misericordia,

(Señor, sálvanos).

De todo daño,
De todo pecado,
De toda tentación,
De la muerte eterna,
Por tu venida a nosotros,
Por tu muerte y tu ascensión a una nueva vida,
Por tu don del Espíritu Santo,
Ten misericordia de nosotros pecadores,

(Señor, escucha nuestra oración).

Guía y protege a tu santa Iglesia
Guarda a nuestro Papa y a todo el clero
en el servicio fiel a tu Iglesia,
Une a toda la gente en la confianza
y en la paz,
Fortalécenos en tu servicio.

PLEGARIA A NUESTRO ÁNGEL GUARDIÁN

Angel de Dios, mi querido Guardián, a quien el amor de Dios me encomienda, quédate hoy siempre a mi lado, para iluminarme y cuidarme, para gobernarme y guiarme. Amén.

PLEGARIA POR LA VIDA

Dios amante, Creador de toda vida, que nos has conocido desde toda la eternidad. Aún antes de que nos formaras en el seno de nuestra madre, ya nos conocías.

Enséñanos a cultivar actitudes de respeto hacia toda tu creación: los por nacer, los ancianos, los discapacitados, los enfermos terminales.

Ayúdanos a ver siempre el milagro y el carácter sagrado de toda vida, y haz que tengamos una mayor conciencia de nuestra responsabilidad hacia este regalo tuyo.

Te pedimos esto por Cristo nuestro Señor. Amén.

PLEGARIA POR LOS DIFUNTOS

Que las almas de los fieles difuntos, por la misericordia de Dios, descansen en paz.

Dales, Señor, el descanso eterno, y que la luz perpetua brille sobre ellos. Descansen en paz. Amén.

PLEGARIA POR LAS VOCACIONES

Oh, Dios, nos has llamado a la salvación y has enviado a tu Hijo para establecer la Iglesia con este propósito, brindándonos sus sagrados ministros. La cosecha está siempre lista pero los trabajadores son escasos. Inspira a nuestra juventud a seguir a Cristo en el sacerdocio y en la vida religiosa. Amén.

PLEGARIA POR EL PAPA

Padre, pedimos tu protección y guía para nuestro Santo Padre Juan Pablo II. Dale fuerza y sabiduría para ser un profeta en nuestros tiempos. Que sea una luz en la oscuridad, alrededor de la cual podamos reunirnos en la esperanza.

Te pedimos que traigas la reconciliación a través de su fiel enseñanza de la paz y la justicia. Dale compasión y cuidado para vivir el Evangelio en el amor y el servicio hacia todos.

Que camine en los pasos de Pedro y Pablo, quienes, llenos del Espíritu Santo, predicaron que el Señor salva a todos los que lo piden en su nombre. Amén.

PLEGARIA DE UN SACERDOTE

Señor Dios, Tú quisiste que los sacerdotes surgieran de la comunidad para servir a tu pueblo. Nosotros, como todos los hombres, somos pecadores y debemos confiar en tu misericordia. No tenemos siempre razón, y a menudo nos equivocamos. Luchamos por alcanzar la perfección pero fallamos a menudo. Hemos sido llamados a predicar la verdad pero somos muchas veces falsos. Nuestra labor es sanar pero a veces herimos.

Por todas las expectativas y demandas que pesan sobre nosotros olvidamos a veces que somos solamente humanos – luchando por cumplir con altura nuestro llamado sagrado. Olvidamos que nuestra fuerza no está en nuestra inteligencia y habilidades, sino en la sumisión a tu voluntad y en la fe en tu permanente amor.

Señor Dios, ayúdame, y ayuda a todos los sacerdotes a ponerte por encima de nuestra comodidad y nuestros intereses. Danos el poder del Espíritu Santo para evitar el orgullo, el empecinamiento, y el deseo del propio enaltecimiento. Ayúdanos a ser santos y enséñanos a perdonar a quienes injustamente nos critican y lastiman. Perdónanos nuestras muchas fallas y condúcenos a vivir nuestra vida sacerdotal con comprensión y compasión. Amén.

ORACIÓN DE SAN FRANCISCO

Señor, haz de mí un instrumento de tu paz.
Allí donde haya odio, que yo ponga amor;
allí donde haya discordia, que yo ponga unión;
allí donde haya error, que yo ponga verdad;
allí donde haya duda, que yo ponga fe;
allí donde haya desesperación, que yo ponga esperanza;
allí donde haya tinieblas, que yo ponga luz;
allí donde haya tristeza, que yo ponga alegría.
Que no me empeñe tanto en ser consolado como en consolar;
en ser comprendido como en comprender,
en ser amado como en amar.
Porque dando se recibe,
olvidando se encuentra,
perdonando se es perdonado,
muriendo se resucita a laVida.

(San Francisco de Asís)

ACTO DE FE

¡Oh, Señor mío! Creo firmemente que eres un solo Dios en tres Personas Divinas: Padre, Hijo y Espíritu Santo. Creo que tu Hijo Divino se hizo hombre y murió por nuestros pecados, y que vendrá a juzgar a vivos y muertos. Creo éstas y todas las verdades que enseña la santa Iglesia Católica porque las has revelado Tú, que no puedes engañar ni ser engañado.

ACTO DE ESPERANZA

¡Oh, Señor mío! Confiando en tu infinita bondad y en tus promesas, espero obtener el perdón de mis pecados, la ayuda de tu gracia y la vida eterna, a través de los méritos de Jesucristo, mi Señor y Redentor.

ACTO DE CARIDAD

¡Oh, Dios mío! Te amo por sobre todas las cosas, con todo mi corazón y con toda mi alma, porque eres Todo-bondadoso y merecedor de todo amor. Amo a mi prójimo como a mí mismo por amor a Ti. Perdono a todos los que me han dañado y pido perdón a todos los que he ofendido.

Referencias citadas

- *Catecismo de la Iglesia Católica* (Editorial Lumen, 1992).
- *Código de Derecho Canónico* (Librería Editrice Vatican, 1983).
- *Constitución dogmática Lumen Gentium, sobre la Iglesia* (Concilio Vaticano II, 1964).
- *Constitución pastoral Gaudium et Spes, sobre la Iglesia en el mundo actual* (Concilio vaticano II, 1965).
- *Constitución Sacrosanctum Concilium, sobre la sagrada liturgia* (Concilio Vaticano II, 1963).
- *Declaración Nostra Aetate, sobre las relaciones de la Iglesia con las religiones no cristianas* (Concilio Vaticano II, 1965).
- *Decreto Unitatis Redintegratio, sobre el ecumenismo* (Concilio Vaticano II, 1964).
- *Decreto sobre la Comunión frecuente* (Pío X, 1905).
- *Encíclica sobre la Reestructuración del Orden Social* (Pío XI, 1931).
- *Encíclica sobre la Educación Cristiana de la Juventud* (Pío XI, 1929).
- *Encíclica sobre el Desarrollo de la Santidad de la Vida Sacerdotal* (Pío XI, 1935).
- *Encíclica sobre la Familia, Familiaris Consortio* (Juan Pablo II, 1981).
- *Encíclica sobre el Evangelio de la Vida* (Juan Pablo II, 1995).
- *Encíclica sobre el Cuerpo Místico, Mystici Corporis* (Pío XII, 1943).

- *Encíclica sobre María Reina* (Pío XII, 1954).
- *Encíclica sobre la Sagrada Liturgia, Mediator Dei* (Pio XII, 1947).
- *La Imitación de Cristo* (Thomas de Kempis, 1486).
- *Ineffabilis Deus* (Constitución Apostólica del Papa Pío IX definiendo el dogma de la Inmaculada Concepción, 1854).
- *Munificentissimus Deus* (Constitución Apostólica de Pío XII definiendo el dogma de la Asunción, 1950).

Índice temático

INDICE

Se terminó de imprimir en el mes de Noviembre de 1999,
en los talleres de, **GAMA Producción Gráficas (GPG),**
Martín Rodríguez 545 (1159), Buenos Aires.